Georg Mayrhofer
Die Reise zum Goldenen Apfel

Georg Mayrhofer

Die Reise zum Goldenen Apfel

Eine gemeinsame Geschichte von Orient und Okzident

Residenz Verlag

Bibliografische Information der Deutschen Nationalbibliothek
Die Deutsche Nationalbibliothek verzeichnet diese Publikation in der Deutschen Nationalbibliografie; detaillierte bibliografische Daten sind im Internet über http://dnb.dnb.de abrufbar.

www.residenzverlag.at

Umschlaggestaltung: Thomas Kussin / buero8
Grafische Gestaltung / Satz: Lanz, Wien
Schriften: Minion Pro, Fertigo Pro
Lektorat: Stephan Gruber
Gesamtherstellung: CPI Moravia Books

ISBN 978 3 7017 3341 5

Inhalt

Für Tom Holland,
der meinen Zugang zur Geschichte veränderte.

Ouvertüre

Alles hat einen Anfang, dieses Buch sogar mehrere. Den ersten Impuls, mich mit dem Orient und seiner Beziehung zum Okzident zu beschäftigen, erhielt ich 1992: Ein Freund outete sich überraschend als *Derwisch* und lud mich ein, mit ihm zu Feierlichkeiten für den Gründer der tanzenden Derwische, Mevlana Dschelaleddin Rumi, nach Konya im Zentrum Anatoliens zu fahren. Im damals streng laizistischen türkischen Staat waren diese Feiern ein Novum: Den Derwischorden und damit auch den *Mevlevi* war erst kurz zuvor wieder erlaubt worden, öffentlich aufzutreten. Ohne recht zu wissen, wofür Derwische oder *Sufismus* – eine mystisch-spirituelle Strömung des Islam – überhaupt standen, reizte mich die Exotik einer Reise in das winterliche Anatolien, um den Todestag des mittelalterlichen seldschukischen Dichters Rumi zu begehen.

Die knappe Woche in Konya erlebte ich als ein Eintauchen in eine Spielart des Islam, die in ihrer Weltoffenheit und ihrer Betonung des Individualismus Europäern sehr zugänglich ist. Vor allem ein Element der Rituale blieb mir im Gedächtnis: Der berühmte Drehtanz der Mevlevi, eigentlich eine musikalische Meditation, erinnerte mich frappant an den Walzer. Eifrig bestätigten mir die Derwische auch, dass ihr Tanz das Vorbild für den Wiener Walzer gewesen sei – eine Behauptung, die ich bei den Recherchen für dieses Buch zwar nirgendwo ausreichend belegt fand. Doch seither lebe ich mit dem Bewusstsein, dass es viele unsichtbare Verbindungen zwischen morgenländischer und abendländischer Kultur gibt, die es wert sind, näher betrachtet zu werden: Dieses Buch ist bevölkert von persischen Herrschern, die griechische Philosophie pflegten; Päpsten, die an arabischen Universitäten studierten; Kreuzrittern, die orientalische Dichtkunst imitierten; türkischen Prinzen, die zusammen mit römisch-deutschen Kaisern erzogen wurden; laizistischen Staatsgründern, die religiöse Gutachten einholten; italienischen Kaufleuten, die das Finanzwesen der Araber übernahmen; Sultanen, die sich als Renaissancefürsten verstanden; Elefanten als Geschenke für fränkische Herrscher; khasarischen Prinzessinnen auf dem byzantinischen

Thron; und mittelalterlichen Kirchengelehrten, die ihre Erkenntnisse auf Büchern von Juden und Arabern aufbauten.

Mein erster Kontakt mit den Mevlevi fand zu einer Zeit statt, als das Schreckgespenst des Islamismus noch nicht in Europa umging. Die scheinbar undurchdringliche Grenze zum Osten, der »Eiserne Vorhang«, war gerade erst gefallen und die neue »Kulturgrenze« noch nicht gezogen. Das Verhältnis zum Islam und zur Religion überhaupt war entspannt, man sah darin eher ein Auslaufmodell und eine Spielwiese dörflicher Kultur. Mit dem Attentat auf das World Trade Center in New York und dem darauffolgenden amerikanischen »Kreuzzug« gegen die islamische Welt änderte sich alles. Und wieder war es ein persönliches Erlebnis, das mein Verständnis für den Orient infrage stellte: Eine türkische Freundin äußerte sich über orientalische Frauen mit Kopftüchern in einer Art und Weise, die eher zu einem europäischen Rechtspopulisten gepasst hätte. Vorsichtig nachgefragt, was die Verbalinjurien dieser sonst sehr wohlerzogenen Frau ausgelöst hatte, merkte ich schnell, dass sie sich in ihrer Identität als säkular denkende sunnitische Muslima bedroht fühlte. Die grobe Verallgemeinerung, mit der »der Islam« und »der Orient« seit 9/11 in Europa betrachtet wurden, versetzte Menschen mit orientalischen Wurzeln in permanenten Erklärungsnotstand. Ständig musste man sich vom Bild des grimmigen Selbstmordattentäters distanzieren. Das erinnerte sehr an den ähnlich peinlichen Erklärungsnotstand, den man als Europäer wegen dumm-dreister Äußerungen heimischer Rechtspopulisten zu haben glaubte. Solche Peinlichkeiten verstehe ich als verbindendes Glied, denn die Grenzverläufe der Moderne ziehen sich mitten durch die Kulturen. Ein modern orientierter »Europäer« und ein ebenso modern orientierter »Orientale« haben mehr Berührungspunkte miteinander als mit Teilen ihrer eigenen Kultur. Die beklemmende Nähe zwischen den Aussagen evangelikaler amerikanischer Prediger und den Tiraden von Dschihadisten repräsentieren das in extremster Form.

Ausschlaggebend für mich, dieses Buch zu verfassen, war dann ein anderes Buch: Tom Holland beschreibt in *Persisches Feuer* den wohl bekanntesten Konflikt der Antike, die Perserkriege. Für historisch interessierte Menschen sind die Fakten wohlbekannt: Persische Großkönige versuchten im 5. Jahrhundert v. Chr., Griechenland mit militärischer Gewalt ihrem Reich einzuverleiben. Holland nimmt aber eine neue Perspektive bei der Betrachtung der Ereignisse ein: Er verabschiedet sich von dem Paradigma, dass der antike persisch-griechische Konflikt der Selbstbehauptung europäischen Denkens gegen die orientalische Despotie diente, und er beschreibt neutral, wie eine Großmacht, das Persische Reich, an der Eroberung eines peripheren Gebietes der damaligen zivilisierten Welt scheiterte.

Diesen Gedanken beschloss ich aufzunehmen und auf das Verhältnis zwischen Orient und Okzident insgesamt umzulegen. Die Verflechtung und gegenseitige Beeinflussung dieser beiden Hemisphären ist so groß, dass eine getrennte Betrachtung geschichtlicher Vorgänge eigentlich nur dann funktioniert, wenn man einen dogmatischen Grund hat. Dieser Grund ist im Selbstverständnis des Europas der Kolonialmächte in den letzten Jahrhunderten zu suchen. Man trachtete danach, sich von allen anderen Kulturen, vor allem von jenen, die man kolonisieren wollte, abzugrenzen. Beim Versuch, die eigene Einzigartigkeit zu betonen, ging aber die Erinnerung verloren, dass Orient und Okzident aus denselben Quellen schöpfen. Beide Kulturkreise beziehen ihre grundsätzlichen Vorstellungen aus der persischen und aus der griechischen Zivilisation; sie haben Ideen und Traditionen im Lauf der Geschichte immer wieder abgeglichen und sowohl mit- als auch gegeneinander weiterentwickelt. Die Vorstellung einer trennenden Kulturgrenze ist dagegen neueren Datums und stammt aus dem Beginn der wissenschaftlichen Geschichtsschreibung im 18. und 19. Jahrhundert.

Auch ich werde in diesem Buch die gewohnte Erzählperspektive verlassen und versuchen, die letzten 3000 Jahre als das zu beschreiben, was sie meiner Meinung nach waren: eine Geschichte des permanenten Austausches zwischen Orient und Okzident. In meinem Konzept für dieses Buch stand zu lesen: »Die Reise zum Goldenen Apfel ist eine Reise zur Vielfalt in uns selbst.« In diesem Satz schwingt ein Pathos mit, das ich versucht habe, beim Schreiben tunlichst zu vermeiden. Es drückt aber doch sehr gut aus, warum man *Die Reise zum Goldenen Apfel* mitmachen sollte.

Georg Mayrhofer, im Juni 2014

I.

Die Pragmatiker von Bursa: Vom Ende der Antike bis zur Eroberung Konstantinopels 330–1453

Der Goldene Apfel

Mit Äpfeln hatte man in der Region schon einige Erfahrungen, und nicht immer die besten: der fatale Apfel, der zur Vertreibung aus dem Garten Eden führte, dessen Lage die Völker der Antike im »Fruchtbaren Halbmond« annahmen; oder jener goldene Apfel, den die beleidigte Göttin Eris in die Hochzeitsgesellschaft der Thetis und des Peleus warf. Das Kleinod hatte die Aufschrift »der Schönsten« und sollte in der Hand des kleinasiatischen Hirten Paris zum Auslöser des Trojanischen Krieges werden. In den Gärten der Hesperiden wuchsen Äpfel, die ewige Jugend verleihen sollten; und die selbsternannten Herren der Welt, die römischen Imperatoren, hielten einen Reichsapfel, den *globus,* in Händen. Äpfel galten Arabern, Türken und Christen gleichermaßen als Sinnbild des Begehrenswerten schlechthin und eigneten sich daher gut als universelles Symbol.

Mehmed II., genannt »der Eroberer«, jener Osmane, der schließlich 1453 den überreifen *Goldenen Apfel* Konstantinopel pflückte, brauchte ein solches Symbol. Seine Vorfahren hatten über 150 Jahre hinweg ein bedeutendes Reich aufgebaut, das sich von den Grenzen Persiens bis weit in den Balkan spannte. Dieses Reich erstreckte sich über ein gewaltiges, äußerst heterogenes Gebiet, besiedelt von verschiedenen Völkern mit sehr unterschiedlichen Traditionen, die vor allem eines gemeinsam hatten: Sie waren ursprünglich Teil des Römischen Reiches gewesen. Der Eroberer verstand sich nun als Nachfolger dieses Römischen Reiches, das immer noch den Nimbus des Ewigen in sich trug, wenn auch seine Reste eher einem verschrumpelten Winteräpfelchen glichen. Mehmed und seine Nachfolger sollten stolz den Titel *Kayser-i Rum,* also Kaiser von Rom, führen – und mit ihm auch den Anspruch byzantinischer Herrscher, alleinige römische Kaiser zu sein. Der Begriff *Byzanz* kommt aus der Geschichtsschreibung des 19. Jahrhunderts und diente vor allem der Unterscheidung zwischen dem antiken und dem mittelalterlichen Oströmischen Reich. Die Byzantiner selbst hätten mit dem Begriff wenig anfangen können, sie betrachteten sich als Römer. Der Herrschaftsanspruch der byzantinischen Kaiser war universell und wurde auch niemals aufgegeben. Alles, was jemals römisch gewesen war, verblieb, in ihrem Verständnis, für immer unter der Herrschaft

Roms. Dieser Gedanke gefiel den Osmanen und kam ihrem Expansionsdrang entgegen.

Die Strahlkraft des *Imperium Romanum* hielt noch lange nach dessen Untergang an. »Römisch« zu sein wurde damit gleichgesetzt, legitim zu herrschen. Auch die germanischen Eroberer Italiens und Galliens legitimierten sich mit der römischen Kaiserkrone, und die damit verbundene Würde blieb über Jahrhunderte der höchstmögliche zu erlangende weltliche Status. Selbst als die realen Machtverhältnisse nichts mehr mit dem Besitz der Kaiserwürde zu tun hatten, war die sakrale Bedeutung des Kaiseramtes omnipräsent – noch Jahrhunderte später: Um den bürgerlichen Aufsteiger Napoleon Bonaparte daran zu hindern, sich von den mit ihm verbündeten Kurfürsten zum römisch-deutschen Kaiser wählen zu lassen, löste Franz II. das Alte Reich, das seit Karl dem Großen bestanden hatte, 1806 auf. Napoleon kümmerte das wenig; er krönte sich, ganz cäsarisch, einfach selbst. Danach wurde die Angelegenheit inflationär: Nach dem französischen Kaiser, dem österreichischen Kaiser und später dem deutschen Kaiser gab es sogar einen in Brasilien. Auch die Seldschuken, die ab dem 11. Jahrhundert das erste türkische Großreich etablierten, schmückten sich mit dem Beiwort *Rûm,* also römisch. Allein die Nähe zu Rom machte aus Ansprüchen legitime Ansprüche. Nach der Eroberung Konstantinopels durch die Osmanen zogen jedoch die Russen ebenfalls die Kaiserwürde an sich. Als Beschützer der christlichen Orthodoxie versuchten auch sie noch vom Glanz des verblichenen Roms zu profitieren. Wer also auf sich hielt, versuchte Römer zu sein.

Legitimiert wurde man, nach allgemeinem Verständnis, vor allem durch Ehen mit Mitgliedern des römischen Kaiserhauses. Römisch-deutsche Kaiser, die von den Byzantinern eher verächtlich betrachteten Usurpatoren der römischen Kaiserwürde im Westen, versuchten dies mit wechselndem Erfolg, Bulgaren und Russen schafften es zwar, aber die Osmanen brachten es auf den verhältnismäßig nächsten Verwandtschaftsgrad: Sie waren mit der letzten kaiserlich-byzantinischen Familie, den Palaiologen, mehrfach verschwägert und konnten durchaus einen legitimen Thronanspruch ableiten. Sollte es daran Zweifel gegeben haben, bekam sie Mehmed II. sicher nicht zu spüren. Der Machtapparat der Osmanen hatte das Reich fest im Griff und es gab keinerlei regionale Konkurrenz. Dieser Machtapparat war von Mehmeds Vorgängern klug auf Vorhandenem aufgebaut worden: Seldschukische, persische und römische Elemente waren geschickt kombiniert worden. Die modernste und vor allem logistisch effizienteste Armee ihrer Zeit war die der Osmanen. Verwaltung und Fiskus bauten auf den römischen Strukturen auf und versuchten von vornherein, jene Fehler zu vermeiden, die zum Untergang des Byzantinischen Reiches geführt hatten. Der Zugang der Osmanen zur Macht war eklektisch und bedächtig.

Konstantinopel, das »zweite Rom«, zu nehmen, davor scheuten die türkischen Sultane lange zurück, obwohl es militärisch keine große Herausforderung gewesen wäre. Ostrom gab es zum Zeitpunkt seiner Eroberung fast 1200 Jahre. Eine unendlich lange scheinende Zeitspanne, in der andere Reiche gekommen und gegangen, Kulturen verfallen, Religionen entstanden und wieder verschwunden waren. Das einzig unveränderliche schien Rom. Generationen von Moslems hatten gehofft, Konstantinopel einzunehmen, arabische Dynastien hatten sich abgelöst, ohne dieses Ziel erreicht zu haben. Die Araber und später die Türken waren überwältigt von der Schönheit Byzanz': »Die Wunder dieser Stadt sind die Lebensumstände dort, die Menge an Fisch im Meer, die goldene Brücke, die Marmortürme, die Bronzeelephanten. Die Stadt ist größer als ihr Name, möge Allah sie in seiner Größe und Güte dem Islam gewinnen«, schrieb der Reiseschriftsteller Al Harawi im 12. Jahrhundert. Dieser Wunsch beherrschte alle potenziellen Eroberer. Allerdings war damit auch ein Nimbus aufgebaut, der abschreckte: Fast wie ein Sakrileg schien es, den Plan auch in die Tat umzusetzen; ihn zu träumen, war schon genug.

Es brauchte einen jungen Feldherrn, einen Renaissancefürsten, der den Willen zum Machtanspruch über den ganzen Erdball in sich trug, um den entscheidenden Schritt zu tun. Kurz vor der Eroberung schrieb Mehmed, verbunden mit wüsten Drohungen, an den letzten byzantinischen Kaiser: »Die Stadt ist alles, was ich wünsche, selbst wenn sie leer sein sollte.« Der militärische Akt war vergleichsweise einfach. Es gab zu diesem Zeitpunkt keine christliche Macht, die den Osmanen diesbezüglich etwas entgegenzusetzen hatte. Über Jahrhunderte hatten westliche Abenteurer und Kreuzfahrerheere bei ihrem Versuch, das »Heilige Land« zu befreien, vor allem die Macht von Byzanz geschwächt. Griechenland, der Balkan und Kleinasien waren ein Flickenteppich aus kleinen Kreuzfahrerstaaten, Resten des Seldschukenreiches und – zum Teil den Osmanen tributpflichtigen –

slawischen Kleinfürstentümern. Europa musste aus dem ritterlichen Feudalwesen erst herausfinden, und die großen arabischen Kalifate waren längst zwischen Türken und Mongolen zerrieben worden. Einzig Venedig und Genua, die den Handel im östlichen Mittelmeer beherrschten, waren ernst zu nehmende regionale Gegenspieler der Osmanen. Doch die Interessen der beiden italienischen Stadtstaaten waren hauptsächlich auf die Sicherung ihrer Handelsstationen und der Seewege ausgerichtet. Mehmed ging ein Zweckbündnis mit den Genuesen ein und nützte neue, großkalibrige Artillerie, der die Befestigungen Konstantinopels wenig entgegenzusetzen hatten. Kaiser Konstantinos Palaiologos setzte sich ebenso tapfer wie aussichtslos zur Wehr. Die Angelegenheit zog sich eigentlich nur deswegen etwas länger hin, weil der Kaiser kämpfend sterben wollte. Der Wunsch wurde ihm erfüllt, sein Leichnam wurde niemals aufgefunden.

Der große, finale Akt der Eroberung Konstantinopels bedurfte eines bedeutenderen Rahmens. Es konnte nicht sein, dass man die Stadt der Städte einfach eroberte. Da musste ein Drama her, mit überirdischen Momenten, Verzweiflung, wiedergefundenem Mut, göttlicher Unterstützung und schlussendlichem Triumph. Die osmanische Propaganda leistete ganze Arbeit und deutete die Eroberung Konstantinopels zum schicksalshaften, ja mythischen Ereignis um. Alle Kräfte des Reiches, selbst die seit Jahrhunderten verstorbenen Weggefährten des Propheten Mohammed, wurden eingebunden, um die neuen Herren am Bosporus zu legitimieren. Die Legende will es, dass kurz vor der Eroberung Konstantinopels das Grab von Abu Ayyub Al-Ansari gefunden wurde. Wie so oft in der Geschichte der Osmanen soll ein Traum des Sultans zu diesem Fund geführt haben. Abu Ayyub, der Fahnenträger und Vertraute Mohammeds, war 800 Jahre zuvor bei einem der vergeblichen Versuche der Araber, Konstantinopel einzunehmen, gestorben. Als man das Grab öffnete, fand man den Gotteskrieger angeblich ohne Spuren von Verwesung vor. In seiner Hand hielt er einen kleinen Stein von mutmaßlich magischer Herkunft und voller Wunderkraft. Schon König Salomon soll diesen Stein in einem Zauberring getragen haben, und Alexander der Große verdankte ihm angeblich die Weltherrschaft. Der Zauberstein und der heilige Tote gaben den erlahmenden osmanischen Truppen neue Energie, und am 29. Mai 1453 wurde die Stadt in Besitz genommen. Dass das Grab Abu Ayyubs schon in einer arabischen Reisebeschreibung aus dem 12. Jahrhundert auftauchte, tut der schönen Legende keinen Abbruch.

Nachdem nun – mit himmlischer Fürsprache – das Titanenwerk vollbracht war, wurde Mehmed schmerzhaft bewusst, dass seine Forderung an Kaiser Konstantin in Erfüllung gegangen war: Die Stadt war tatsächlich weitgehend leer. Doch er besann sich seines Staatsvolkes, das aus Christen, Moslems und Juden bestand, aus Armeniern, Griechen, Türken, Arabern und Italienern, Serben, Bulgaren und Tartaren, und er wollte etwas schaffen, das dieser heterogenen Masse als gemeinsamer Mittelpunkt dienen konnte. Die systematische Ansiedlung aus allen Teilen des Reiches begann. Die Hauptstadt sollte in ihrer ethnischen und religiösen Zusammensetzung das ganze Reich repräsentieren.

Über dem Grab des Fahnenträgers Mohammeds steht heute die Eyüp-Sultan-Moschee. Osmanische Herrscher wurden dort als Zeichen ihrer Macht mit dem Schwert Osmans – des Gründers der Dynastie – umgürtet. An der Stelle des römischen Kaisers, über den Gebeinen eines islamischen Märtyrers, der den Weltherrschaftsstein Alexanders in Händen hält: So zeigte ein Sultan seit Mehmed dem Eroberer seinen Machtanspruch. Das Ritual vereinigte römische, hellenistische, islamische und vorislamische Traditionen. Die Symbole, die der hochgebildete Renaissancefürst Mehmed für seine Inthronisierung benutzte, beinhalteten ein ganzes Bündel von Botschaften nach innen und außen: Zunächst einmal war er an die Stelle des römischen Kaisers getreten, also bekleidete er ein Amt, das nach den Vorstellungen der Zeit universell war und, zumindest theoretisch, zur Weltherrschaft berechtigte. Mehmed signalisierte seinen christlichen Untertanen und Gegnern, dass er bereit war, in die Fußstapfen der römischen Imperatoren zu treten. Gleichzeitig stand er als islamischer Herrscher für den universellen Anspruch eines gemeinsamen Staates aller Muslime, den seine Nachfahren – inklusive der Übernahme des Kalifats, also der religiösen Führung – auch verwirklichen sollten. Und dann gab es da noch das türkische Element, ein aus dem Nomadentum entstandenes, in Grundzügen noch schamanisches, auf persönlicher Loyalität zum Sultan begründetes Staatsdenken, auf dem sich die Macht der Osmanen begründete. Das Schwert Osmans trug der Sultan als Versprechen an seine Untertanen, ein *Ghāzī,* ein islamischer Krieger, zu bleiben, der weiter und weiter erobern würde. Der Traum hieß: nicht enden wollende Expansion.

Da der Wunderstein, der die Weltherrschaft versprach, aus Pietät in den Händen Abu Ayyubs verbleiben musste, ließ Mehmed der Eroberer ein Simile anfertigen, eine gewaltige goldene Kugel, die er in der Hagia Sophia aufhängen ließ. Die goldene Kugel hing nun an jenem Ort, an dem sich nach byzantinischem Volksglauben das Zentrum des Reiches und des römischen Glücks befunden hatte – nämlich in Form des Reichsapfels des Kaisers Konstantin. Sie markierte das Zentrum der Welt in der größten Kirche der Welt, die unter den Osmanen zur größten Moschee der Welt wurde. Bis in den letzten Winkel seines Reiches sandte Mehmed damit die Botschaft, wohin sich ab jetzt alle Blicke zu richten hatten, wo Peripherie war und wo sich das (alte und neue) Zentrum befand. Der Sultan war *Kayser-i Rum*.

Die Sultane, nominell Mitglieder des Janitscharenkorps, integrierten die Sehnsucht nach dem *Goldenen Apfel* sogar in ihre Inthronisation. Auf seinem Weg zum Palast, nach der feierlichen Schwertumgürtung über dem Grab des islamischen Märtyrers Abu Ayyub, machte der neue Sultan traditionell vor der Kaserne der Janitscharen halt, jener Infanterietruppe, die in den ersten Jahrhunderten der Garant osmanischer Überlegenheit gewesen war. Der *Agha,* der Anführer der Eliteeinheit, trat aus dem Tor und demonstrierte seine Loyalität, indem er dem Sultan einen Stärkungstrunk reichte. Der neue Herrscher nahm Loyalitätsbekundung und Getränk an und verabschiedete sich mit dem Gruß: »Kızıl elmada görüşürüz« – »Beim Goldenen Apfel sehen wir uns wieder«. Nach der erfolgreichen Eroberung Konstantinopels und nachdem Mehmed »seinen« Goldenen Apfel in der Hagia Sophia aufgehängt hatte, wurde der Begriff als Metapher auf andere, noch nicht eroberte kaiserliche Städte übertragen: Rom, Buda und Wien waren die neuen Goldenen Äpfel; sie wurden zu osmanischen Sehnsuchtsorten, vorsorglich belagert von den Gräbern weiterer heiliger Krieger, deren Existenz in teilweise abenteuerlichen Geschichten konstruiert wurde.

Schon die frühen türkischen Eroberungen der Seldschuken bedienten sich der Figur des vergöttlichten Kriegers. Überall dort, wo türkische Herrschaftsbereiche entstanden, musste es auch Gräber von Helden geben, die diesen Vorgang legitimierten. Dabei wurde von christlichen Heiligengräbern bis zu steinzeitlichen Tumuli alles vereinnahmt, was opportun erschien. Der jeweilige Begräbnisort wurde zu einer *Meşhed,* einem Grab, das die Funktion einer Bezeugungsstätte hatte. Gräber heiliger Krieger pflasterten den Weg der sich ausbreitenden türkischen Weltmacht. Selbst an Orten, die niemals erobert worden waren, wie etwa im *Goldenen Apfel* Wien, wurden diese Heldengräber imaginiert. Der Eroberungsdrang träumte sich seinen Weg voraus, die zukünftigen Herren wurden demnach am Ziel schon von heldenhaften Märtyrern erwartet. Die faktische Eroberung stellte sich nach osmanischer Vorstellung als bloßer Vollzug des spirituell bereits erfolgten Gebietsgewinnes dar.

Bei der ersten Türkenbelagerung Wiens im Herbst 1529 ist der Held Çerkez Dayı – so will es zumindest die osmanische Legendenbildung, die sich mit einem Versagen vor Wien ohne göttliche Intervention nicht abfinden wollte – just in dem Moment gefallen, als die Stadt so gut wie genommen war. Erschüttert von dem Verlust zogen sich die Truppen zurück, um die Eroberung am nächsten Tag zu vollenden. Allah, der Sultan Süleyman vor Augen führen wollte, dass sich ein Werk nur zu seiner vorbestimmten Zeit vollenden lässt, schickte einen gewaltigen Schneesturm. Der Wintereinbruch, und damit ist man wieder auf historischem Boden, zwang die Osmanen, die Belagerung abzubrechen. Voll Respekt vor dem türkischen Helden soll dann – so die osmanische Legende weiter – der habsburgische Erzherzog Ferdinand den Leichnam von Çerkez Dayı einbalsamieren und samt Pferd und Rüstung begraben lassen haben. Der Krieger wartete nun also auf die Eroberung Wiens, wohl in der Hoffnung, dass auf seinem Grab ähnlich bedeutsame Rituale vollführt würden wie auf jenem von Abu Ayyub.

Die osmanische Sehnsucht nach dem *Goldenen Apfel* war vorrangig mit Säbelrasseln und handfesten Machtinteressen verbunden, allerdings stand sie auch für den Wunsch nach einer Universalität, die es im Mittelmeerraum seit dem Untergang des Römischen Reiches nicht mehr gegeben hatte. Das Territorium der Osmanen umfasste das Gebiet des ehemaligen Byzanz sowie weite Teile des ehemaligen arabischen Kalifats und reichte bis nach Zentraleuropa. Das Zentrum befand sich damit nicht nur genau an der geografischen Grenze zwischen Asien und Europa, sondern das Reich beheimatete auch Kernländer christlicher und islamischer Identität. Anfänglich schien das Osmanische Reich tatsächlich das Potenzial zu haben, den Konflikt zwischen den Religionen, der im Mittelalter das Verhältnis zwischen Orient und Okzident geprägt hatte, aufzulösen. Nicht nur in der Symbolik wurde versucht, die Multikulturalität und den religiösen Pluralismus in das Herrschaftssystem zu integrieren. Der »Ost-West-Mensch« Mehmed forcierte in allen Bereichen den Ausgleich. Sichtbares Zeugnis war die umfassende Bautätigkeit, die kurz nach der Eroberung von Konstantinopel einsetzte: Ein eklektischer Baustil vereinte türkische, persische und europäische Elemente und sollte Konstantinopel als neue Welthauptstadt sichtbar machen.

Mehmed gilt als »zweiter Gründer« der osmanischen Dynastie, und seine Staatsgründung war auf lange Zeit der letzte Versuch, einen säkular ausgerichteten Staat zu formen. Die nicht uneitle Utopie sah vor, dass sich in der Person des Sultans alle ethischen und religiösen Konflikte vereinen und dadurch auflösen sollten. *Sultan* bedeutet, wörtlich übersetzt, ganz unpersönlich »die Herrschaft«. Religion als Basis für staatliche Identität hatte an Bedeutung eingebüßt: Der griechische Philosoph Georgios Gemistos Plethon und später, von ihm inspiriert, Thomas More entwickelten Utopien eines neuen Gemeinwesens, das auf Interessenausgleich und antiken Idealen aufbaute. Religion bekam zusehends privaten Charakter, und Staatsziele wurden nicht mehr mit religiösen Zielen gleichgesetzt. Man war des ewigen Kampfes, der sich seit fast 400 Jahren in Kreuzzügen und vermeintlichen Grundsatzkonflikten niedergeschlagen hatte, leid – vor allem deshalb, weil die mit großer Geste vor sich hergetragene Bereitschaft, den einen »wahren« Glauben durchzusetzen, allen übrigen Interessen widersprach: Ein prosperierender Welthandel schloss ganz selbstverständlich auch den islamischen Raum ein und wäre ohne ihn gar nicht entstanden. Die sogenannten islamischen Staaten unterliefen ihre eigenen religiösen Vorschriften genauso, wie es ihre christlichen Handelspartner taten.

Die religiösen Führer steckten ebenfalls in einer Krise. Die letzten arabischen Kalifen waren Marionetten der ägyptischen Mameluken und nur noch pro forma die Führer aller Moslems. Papst und Klerus bemühten sich an der Wende zur Frühen Neuzeit ebenfalls, mit Ablasshandel und unverhohlenem Machtstreben ihr letztes bisschen Kredit beim Kirchenvolk zu verspielen. Auch die christlichen Herrscher, im Vergleich zu Mehmeds Machtfülle kleinere, regionale Potentaten, emanzipierten sich zusehends vom mittelalterlichen Prinzip der religiösen Allianz von Kirche und Staat. Die Zeichen standen also sehr gut, den entscheidenden Schritt aus der religiösen Bevormundung zu tun.

In sich gelang dies dem Osmanischen Reich sogar bis zu einem gewissen Grad: Zwar positionierte sich schon Mehmeds Sohn und Nachfolger Bajezid II. eindeutig als islamischer Herrscher. Doch wurde die weitgehende Trennung von staatlicher Verwaltung und religiösen Institutionen, die Mehmed verankert hatte, nie angegriffen, und die Toleranz in Glaubensfragen blieb unangetastet. Das erfolgreiche osmanische Modell, das von seinen christlichen Nachbarn neidvoll und mit einer gehörigen Portion ängstlichem Respekt beobachtet wurde, machte aber keine Schule. Zum einen ließ die aggressive osmanische Eroberungspolitik die christlichen Nachbarn zusammenrücken, zum anderen führten interne Veränderungen dazu, dass Religion und Herrschaft wieder enger verbunden wurden.

Die moralische Entrüstung der Gläubigen über das Verhalten von Papst und Klerus führte in der christlichen Welt zur protestantischen Reformation, zu Spaltungstendenzen und schlussendlich im Augsburger Reichs- und Religionsfrieden von 1555 zu dem Prinzip, dass die Herrschenden bestimmen konnten, welche Religion in ihrem Herrschaftsbereich ausgeübt werden sollte. Die Fürsten maßten sich damit an, über die Art und Weise zu entscheiden, wie ihre Untertanen mit Gewissensfragen umzugehen hatten. Ein überwunden geglaubtes Prinzip kehrte zurück, allerdings diesmal als Herrschaftsinstrument der Regierenden. Die folgenden militärischen Konflikte, vor allem der Dreißigjährige Krieg, verfestigten die Teilung in einen protestantischen Norden und einen katholischen Süden, schufen aber auch ein neues Gemeinschaftsgefühl als Christenheit: Die militärische Außengrenze wurde erstmals auch zur Kulturgrenze zwischen der islamischen und der christlichen Welt. Und noch heute folgt unsere Vorstellung vom Orient den ehemaligen Grenzen des Osmanischen Reiches und der dort dominierenden Religion.

Das schlechte Gewissen macht Staat

In der Antike hatte man von Krieg und Frieden sehr einfache und pragmatische Vorstellungen: Nach der Art eines modernen Konzerns trachtete man nach einer möglichst monopolistischen Kontrolle über sein Einflussgebiet. Sah man die Chance, kam es zu einem *Hostile Takeover* und man versuchte, den anderen Staat zu erobern. Im Erfolgsfall wurde die Beute ausgewertet: Die *Human Resources* wurden auf Sklavenmärkten zu Geld gemacht und die »Produktionsmittel« – Olivenbäume, Städte, Handelsplätze – arbeiteten ab nun für die Eroberer. Dieses Vorgehen war in seiner simplen Brutalität allgemein anerkannt. Was man in der Antike nicht kannte, war die Vorstellung, dass man mit der Eroberung und Unterwerfung seiner Nachbarn etwas Gutes tat. Man kam auch nicht auf den Gedanken, die versklavten Opfer dazu zu nötigen, etwas Gutes an ihrem Schicksal zu finden. Es genügte völlig, wenn sie sich in ihr Los fügten.

Das änderte sich im 6. Jahrhundert v. Chr. mit dem Auftreten der ersten antiken Großmacht, den Persern. Die Militärmacht aus dem iranischen Hochland folgte jahrtausendealten Gepflogenheiten: Sie überrollte Mesopotamien und sicherte sich damit einen Großteil des Reichtums und des Wissens der damaligen Welt. Alle bisherigen Eroberer waren nach einigen Generationen in der alten Kultur des Zwischenstromlandes aufgegangen. Doch die Perser brachten ein scharfes Instrument der Abgrenzung mit: die erste erfolgreiche monotheistische Religion, den Zoroastrismus. Die Anhänger Zarathustras betrachteten die Welt dual: Es gab Gut und Böse, hell und dunkel. Das Leben, ja die ganze Existenz des Kosmos war von dem Ringen dieser beiden Kräfte bestimmt. Für die Machthaber war diese Idee von Gut und Böse insofern nützlich, als sie das Gute mit dem Herrscher gleichsetzten und somit jeder Widerstand gegen den Staat auch ein Widerstand gegen das Gute an sich war. Kein anderes Reich der Antike kannte diese Gleichsetzung, schon gar nicht Griechen oder Römer. Die Macht gebührte nach römisch-griechischem Verständnis immer dem, der in der Lage war, sie auszuüben. Der Versuch, nach der Macht zu greifen, war daher im Römischen Imperium auch nicht mit Hemmungen belastet – allein der Erfolg war entscheidend.

Ein Usurpator im persischen Reich und in allen seinen Nachfolgestaaten musste zuerst die eigenen Skrupel überwinden, dann den Versuch einer Eroberung starten und hernach mit den Skrupeln seiner Mitmenschen, deren Unterstützung er ja brauchte, umgehen – eine ganze Menge an moralischen Hürden für potenziell unbotmäßige Untertanen. Die Perser waren damit die Erfinder des schlechten Gewissens und erschufen eine Staats- und Verwaltungskultur, die sich einem Ethos verpflichtet sah. Oder um es mit Friedrich Nietzsche zu sagen: »Zarathustra schuf diesen verhängnisvollen Irrtum, die Moral.« Die Revision dieses Irrtums fand durch die Eroberungen Alexanders des Großen statt, der das scheinbar übermächtige persische Großreich im 4. Jahrhundert v. Chr. erstaunlich leicht niederwarf. Das riesige Gebiet wurde von seinen Nachfolgern, den Diadochen, entlang der Grenzverläufe der großen antiken Reiche aufgeteilt. Ägypten, Griechenland und eben das persische Reich entstanden wieder, diesmal als hellenistische Staaten. Das ehemalige Persien behielt damit zwar, eben nur kurz durch Alexanders Feldzüge unterbrochen, seine staatliche Integrität, aber die Prinzipien, die es ausgemacht hatten, schienen verloren.

Doch die Moral, »dieser verhängnisvolle Irrtum«, war immateriell und daher schwer zu fassen. Durch die Hintertür begann er das profane griechisch-römische Denken zu unterwandern. Das Judentum integrierte die Vorstellung eines dunklen Gegenspielers, des Teufels, der im Zoroastrismus Ahriman hieß, in seine Religion. Auch die Vorstellung eines Erlösers, eines Messias, wurde übernommen: Saoshyant, der letzte einer Reihe von Erlöserfiguren, hatte sogar die jungfräuliche Geburt mit Jesus Christus gemeinsam. Über das Judentum gelangte diese Vorstellungswelt in das Christentum und den Islam. Viele Ideen, wie die Auferstehungslehre, die sich sogar in Details mit der christlichen deckt, kommen aus Persien. Und damit drang das Vermächtnis der persischen Herrscher in das Zentrum der dominantesten Zentralmacht der Antike vor: nach Rom.

Nachdem Kaiser Konstantin dem Christentum Anfang des 4. Jahrhunderts n. Chr. eine privilegierte Stellung eingeräumt hatte, bewegte sich der oströmische Staat unaufhaltsam auf eine christliche Identität zu. Versuche der Bildungsschicht, das Christentum, »diese Finsternis«, wieder in die Schranken zu weisen, scheiterten: Kaiser Julian »Apostata« etwa, »der Abtrünnige«, versuchte eine Wiederbelebung antiker römischer Ideale. Er gab dem Senat und den städtischen Eliten ein gewisses Mitspracherecht zurück, restaurierte die unter seinem Onkel Konstantin zerstörten Tempel und stellte die heidnischen Priester wieder ein, die von seinem Vorgänger aus dem Staatsdienst entlassen worden waren. Dieser Konflikt mit der christlichen Religion, die bereits weite Teile des Staates durchdrungen hatte, erfolgte durchaus auf hohem intellektuellen Niveau. Ganz in cäsarischer Manier äußerte

Julian: »Ich habe gelesen, ich habe verstanden, ich habe verworfen!« Der Kaiser selbst verfasste das Buch *Contra Galileos*, in dem er das Christentum als eine Verirrung des Judentums darstellte. Die Juden, die Julian auf Grund ihres unbeirrbaren Festhaltens an ihrem Glauben sehr achtete, wurden aufgewertet und von Sondersteuern befreit. Die Christen betrachtete er als Juden, die sich bei der Wahrheitssuche verirrt hatten. Im Prinzip forderte er, dass jeder bei seinen Ansichten bleiben sollte – eine auch in religiösen Fragen geordnete römische Welt; alles vermessen, bestimmt, in eine Schublade gesteckt und sachkundig verwaltet. Julians Versuch einer antiken Restauration war jedoch ein anachronistisches Vorhaben: Die Bedeutung der Religion hatte sich für die Menschen gewandelt. Es ging nicht mehr um Kult, sondern um ein ganzheitliches Empfinden, das etwas beinhaltete, das den Menschen der Antike fremd war: die unsterbliche Seele. Und selbst die Heiden pflegten einen verkappten Monotheismus, indem sie *Sol invictus*, eine auf der Figur des griechischen Sonnengottes Helios basierende zentrale Göttergestalt, verehrten. Diese Vorstellung wurde ebenso vom Christentum inkorporiert wie der Mithraskult und der Glaube der Zoroastrier oder der Manichäer. Ostrom pflegte, wie alle spätantiken Kulturen, einen Staatskult, seine Stabilität erhielt es aber vor allem aus einer effizienten Verwaltung. Das überstaatliche Bindemittel Glaube wurde gerade erst entdeckt.

Im Frühjahr des Jahres 532 kam es zu einer kleinen, aber symbolträchtigen Arbeitsmigration von Athen nach Ktesiphon, der Hauptstadt des persischen Sassanidenreiches: Damaskios, der letzte Lehrende der Platonischen Akademie, und seine sieben Schüler entzogen sich dem zunehmenden Druck des römischen Staates. Die platonische Tradition des Denkens, die in Athen – mit einigen längeren Unterbrechungen – seit Platons eigenem Wirken gepflegt worden war, fand damit auf europäischem Boden ein vorläufiges Ende und wurde erst in der Renaissance wiederbelebt. So wenig bedeutsam Damaskios' Lehre für seine Zeitgenossen war, repräsentierte er etwas, das im neuen Byzantinischen Reich nicht mehr gefragt war: das freie, heidnische Geistesleben der Antike. Die Gedankenwelt der Neuplatoniker wurde zwar auch in die christliche Lehre übernommen, aber die Weigerung des Damaskios, das Wort »Gott« in den Mund zu nehmen und lieber von dem »Unsagbaren« zu sprechen, überschritt die Toleranzschwelle der Obrigkeit.

Ostrom war auf römischem Staatswesen und Hellenismus begründet, das Sassanidenreich auf persischer Staatskultur und Hellenismus. Das Perserreich, oder besser die jeweiligen Nachfolger des Diadochen Seleukos, waren so etwas wie der institutionalisierte Feind der Römer. Nach einer populären, folkloristischen Vorstellung der Antike hatte Alexander der Große die Pforten des Kaukasus für alle Zeiten gegen herannahende Barbaren verschlossen. Der Spielplatz gehörte also den sich gegenseitig anerkennenden Nachfolgestaaten, die sich auf Basis des Hellenismus und unter Einbeziehung der eroberten Hochkulturen in Ägypten, Griechenland und eben dem alten Perserreich gebildet hatten. Nach und nach fielen alle Diadochenstaaten mit Ausnahme des Seleukidenreiches an die Römer. Den Seleukiden wiederum folgten die Parther und schließlich die Sassaniden. All diese Dynastien suchten ihre Legitimation in der Nachfolge des ersten persischen Großreiches, das Jahrhunderte zuvor untergegangen war. Die Verwaltungssprache war Persisch, die Handelssprache Griechisch, und das Geistesleben war hellenistisch. Je nach Mode der Zeit wurde auch die schon damals klassische, die griechische Philosophie von den Herrschenden gepflegt. Das Persien der Sassaniden war ein Feudalstaat mit einer sehr effizienten Armee. In seiner größten Ausdehnung umfasste das Reich die heutigen Staatsgebiete von Iran, Irak, Pakistan, Afghanistan, Teilen der arabischen Halbinsel, Usbekistan, Turkmenistan und zeitweise sogar Ägypten. Die Sassaniden kontrollierten die bedeutenden Handelsstraßen nach Indien und China – und vor allem sicherten sie die Intimität der antiken Welt gegen Osten hin ab. Man wollte mit den Römern unter sich bleiben und in Ruhe Kriege um die regionale Vorherrschaft führen.

Die Pforten des Kaukasus mag Alexander verschlossen haben, aber die weiten Steppen Asiens boten ausreichend Völker auf, die von den Reichtümern Mesopotamiens und des Mittelmeerraumes angelockt wurden. Die schwere persische Reiterei, eine Art Blaupause der entstehenden europäischen Ritterschaft, schlug jedoch erfolgreich alle zurück, die den Oxos überschreiten wollten: Hunnen und Awaren mussten kehrtmachen und beglückten stattdessen Europa mit ihrer Anwesenheit. Die Überquerung des Flusses Oxos, der im Hochland Afghanistans entspringt und in den Aralsee mündete, war ein Indikator für das Eindringen von Barbaren in die antike Welt; mit der Formulierung »haben den Oxos überschritten« kündigen Historiker bis heute Eroberungen im vorderasiatischen Raum an. Die Perser betrachteten sich auch als Herrscher Transoxaniens und steckten ihr Interessengebiet weit nach Osten ab.

Durch die zunehmende religiöse Intoleranz, mit der in Byzanz »christliche Irrlehren« verfolgt wurden, kam es zu einem gewaltigen *Brain-Drain* in den letzten nach antiken Prinzipien funktionierenden Staat, das Sassanidenreich. Im ehemals polytheistischen Rom nahmen die Heiligen die Rollen der Götter ein; diese synkretistische Christianisierung sorgte immer wieder für Konflikte und führte zu Kirchenspaltungen: Um die aus heutiger Sicht unbedeutend anmutende Frage über die Natur von Jesus Christus etwa, also die Frage, ob er Gott oder Mensch – und in welcher Phase was genau – war, entstanden blutige Auseinandersetzungen. Vielen Theologen war auch die Verwässerung des monotheistischen Grundgedankens ein Dorn im Auge. Nestorius, im 5. Jahrhundert Patriarch von Konstantinopel, also einer der bedeutendsten Kirchenführer seiner Zeit, stieß sich an der aufkommenden Marienverehrung. Die Marienverehrung war eine Volksbewegung, die an den alten Ischtar- und Artemiskult des Vorderen Orients anschloss. Nestorius wertete die »Mutter Gottes« in seinen Predigten zur Christusgebärerin ab – ein Standpunkt, der in einem Konzil, das symbolträchtigerweise im alten Artemisheiligtum Ephesos stattfand, als falsch erkannt wurde: »Wenn jemand nicht bekennt, dass Christus in Wahrheit Gott ist und dass deswegen die Heilige Jungfrau Gottesgebärerin ist – denn sie hat dem Fleisch nach den aus Gott stammenden fleischgewordenen Logos geboren –, so sei er ausgeschlossen.«

Konzilsbeschlüsse dieser Art wurden vom römischen Staat anerkannt und Lehrverbote von der Exekutive umgesetzt – ein staatlich unterstützter Dogmatismus, der einen regelrechten Menschen- und Geistesexport nach sich zog: Anhänger des Nestorius wanderten in Scharen in das angrenzende Perserreich aus, in dem man religiöse Toleranz übte; immer vorausgesetzt, dass die Untertanen die dortigen Staatsziele verfolgten. Die neuen »Christen des Ostens« taten das vorbildlich und bildeten eine Gruppe, die sich als eingeschworene Feinde des römischen Staates betrachtete. Sie brachten neben Technologien und Wirtschaftskontakten auch die griechische Philosophie wieder zur Blüte, sodass der große Gegenspieler Kaiser Justinians, der persische Großkönig Chosrau I., im 6. Jahrhundert als bedeutendster Förderer antiken Wissens seiner Zeit galt. Er ließ die Schriften der Philosophen ins Mittelpersische übersetzen und warf sich aus innerer Überzeugung zum Schutzherrn der letzten Vertreter der Platonischen Akademie auf. Die letzten Neuplatoniker Athens hatten eher Symbolkraft, die Auflösung des Zentrums nestorianischer Theologie und Wissenschaft in Edessa durch Kaiser Zenon löste eine Wanderung der modernen Wissenschaft der Zeit aus. Die Schule von Edessa übersiedelte geschlossen in den Herrschaftsbereich der Sassaniden und ging später in der Akademie von Gundischapur auf.

In Gundischapur wurde systematischer Wissensimport betrieben. Der Leibarzt Chosraus, Burzoe, reiste sogar bis nach Indien, um dort Gelehrte anzuwerben. Damit wurde auch zum ersten Mal eine brauchbare und dauerhafte Verbindung zum Geistesleben des Fernen Ostens hergestellt. Indische Texte wurden ebenso ins Mittelpersische übersetzt wie chinesische Werke über Kräutermedizin oder griechische Philosophie. Philosophie, damals noch die generelle Bezeichnung für alle Wissenschaften, ist seit Burzoe eng mit der Medizin verbunden. Die Empirie des Aristoteles, also der Gedanke, durch Erfahrung Wissen zu erwerben, fand praktische Anwendung im Musterkrankenhaus der Sassaniden; eine Symbiose, die später für die Entwicklung der arabischen Wissenschaft große Bedeutung erlangen sollte. Der erstaunliche Effekt war eingetreten, dass die grundlegenden Vorstellungen, nach welchen Kriterien sich eine Gesellschaft ausrichten solle, jeweils den Ort gewechselt hatten: Das Perserreich der Sassaniden war der letzte antike Staat, der das Prinzip der freien Geistesentfaltung hochhielt. Hingegen wurde die ursprünglich persische Idee einer Moralisierung staatlicher Strukturen zum neuen Grundprinzip der römischen Gegner. Und wieder einmal sollten die Perser auf das falsche Pferd setzen.

Das sich scheinbar endlos wiederholende blutige Spiel von Ausdehnung und Schrumpfung des persischen und byzantinischen Einflussgebietes, das wie ein ritueller Reigen der Gewalt über Jahrhunderte gespielt worden war, fand unter Kaiser Herakleios I. ein überraschendes Ende. Der Reformkaiser, der vier Jahrzehnte nach Justinian den Thron bestieg, brach endgültig mit dem antiken Staatsverständnis. Er verband Anfang des 7. Jahrhunderts das Kaisertum mit der orthodoxen Kirche in einer Art und Weise, die aus dem Rom des Ostens Byzanz werden ließ. Die Römer waren zu diesem Zeitpunkt von allen Seiten unter Druck. Die Völkerwanderung trieb beständig Landsuchende an die nördlichen Grenzen, und das Sassanidenreich drohte übermächtig zu werden. Selbst Konstantinopel war in einem so hohen Grad bedroht, dass es sogar Pläne gab, das Verwaltungszentrum des Reiches nach Karthago, ins heutige Tunesien, zu verlegen. Doch die Kirche überredete den Kaiser zu bleiben und versprach für eine kühne Gegenoffensive alle Hilfe.

Der darauffolgende Feldzug begann als Propagandaveranstaltung. Mit großer Geste übertrug Kaiser Herakleios die Regentschaft für seinen minderjährigen Sohn dem Patriarchen von Konstantinopel. Er wies die Beschwörungen seiner Berater zurück, als Kaiser nicht selbst in den Krieg zu ziehen. Am symbolträchtigen zweiten Ostertag, also kurz nach der fleischlichen Auferstehung von Jesus Christus, begab sich der Kaiser zu seinen Truppen. »Der Morgen rötet sich und glüht, der ganze Himmel tönt von Lob, in Jubel jauchzt die Erde auf, und klagend stöhnt die Unterwelt. Der starke, königliche Held zerbrach des Todes schweren Bann. Sein Fuß zertrat der Hölle Macht: Aus harter Fron sind wir befreit.« – Der Osterhymnus wird nicht nur dem Heiland gesungen, das Lied von der erlösenden Wiederauferstehung erklang auch für seinen irdischen Vertreter, den byzantinischen Kaiser. Und der Herrscher nahm nicht nur den Segen der Kirche mit, sondern auch deren Vermögen: Für den Kampf gegen die Perser, und wohl auch gegen die abtrünnigen Christen im Perserreich, stellte diese dem verarmten Staat bereitwillig ihre Schätze zur Verfügung.

Es folgten sechs Jahre permanenten Krieges. Dessen Verlauf war wechselhaft, und nachdem sich Sassaniden und Awaren verbündet hatten, wurde sogar Konstantinopel belagert und fast erobert. Die anfängliche Übermacht der Perser war so erdrückend, dass Militärhistoriker vermuten, dass eine einzige Niederlage das Ende des Oströmischen Reiches bedeutet hätte. Herakleios musste seine Armee motivieren. Er schwor die Soldaten auf hehre Ziele ein, die weit über den Erhalt des Staates hinausgingen. Die im persischen Reich noch immer sehr präsenten Anhänger des Zarathustra, die heutigen Parsen, wurden als »Feueranbeter« verunglimpft. Der Feldzug gewann den Charakter eines heiligen Krieges. Das Match hieß nicht mehr, wie die Jahrhunderte davor, Persien gegen Rom, sondern es wurde zum Glaubenskrieg. Es galt für das Heer nicht mehr, ein Land oder eine Verwaltungsstruktur zu verteidigen, sondern ihre ureigenste, ihre christliche Identität. Heiligenbilder wurden wie Feldzeichen vorangetragen, und man stritt für eine Idee, die größer war als man selbst, größer als die Person des Kaisers, ja sogar größer als das Reich. Der Sassanidenherrscher Chosrau II., der Enkel des Retters antiken Gedankengutes, schätzte die Lage bis zum Schluss falsch ein. Er schlug alle Friedensangebote aus und wurde schließlich endgültig besiegt. Das Perserreich führte noch eine kurze Schattenexistenz, bevor es durch die Eroberungen der Araber in einen ähnlich religiös ausgerichteten Staat wie das Byzanz des Herakleios verwandelt wurde.

Herakleios kehrte als Triumphator nach Konstantinopel zurück, als siegreicher Feldherr und als Christ, der ein Gelübde erfüllt hatte. Mit Ölzweigen und Kerzen in der Hand wurde er auf der kleinasiatischen Seite empfangen. Eine Prozession geleitete ihn in die Hauptstadt, sang Kirchenhymnen und feierte den Herrscher, der nicht nur die Hegemonie Roms wiederhergestellt, sondern auch noch Jerusalem von den Heiden befreit hatte. Mit großem Gepränge zog Herakleios, der die römischen Titel – *Imperator, Augustus, Caesar* – inzwischen abgelegt und stattdessen den griechischen Titel *Basileios* angenommen hatte, zum Grab Christi und brachte die heiligste aller Reliquien, das von den Persern geraubte Kreuz, an seinen angestammten Platz zurück. Kaiser und christliche Religion waren damit untrennbar verbunden, und Rom stellte einmal mehr die Weichen für eine neue Weltordnung. Eine Weltordnung, die von den Byzantinern freilich nur noch in kurzen Zeitfenstern dominiert werden sollte, obwohl die Alte Dame am Bosporus zäh ganze Zeitalter bis an die Schwelle zur Neuzeit überlebte.

Vorerst war man sich seiner Sache jedenfalls sehr sicher: der große persische Gegner nur noch ein Schatten seiner selbst, Gott nachweislich auf der Seite des Kaisers, Roms Glorie wiederhergestellt – warum also ein paar christliche Araberstämme weiter dafür bezahlen, im Grenzgebiet für Ruhe zu sorgen? Herakleios verfügte die Einstellung dieser Zahlungen an die Beduinen im Grenzland zur arabischen Halbinsel und kappte damit deren wirtschaftliche Basis. Hinter diesen Stammesgebieten hatte sich, während Herakleios mit dem Sassanidenreich im Osten und der slawischen Invasion im Norden beschäftigt war, ein neuer lokaler Konflikt von weltgeschichtlicher Bedeutung ereignet. Die arabischen Stämme waren unter einer neuen Religion durch den Kaufmann Mohammed vereinigt worden. Doch kaum war der Verkünder des Korans verstorben, begann der

Streit um seine Nachfolge. Der erste Kalif Abu Bakr und sein schärfster Konkurrent Chalid ibn Al-Walid trugen den internen Konflikt nach außen. In ausgedehnten Raubzügen bediente man die eigene Klientel und kanalisierte damit Kräfte, die genug Sprengkraft gehabt hätten, der jungen Gemeinschaft zu schaden. Diese Raubzüge hatten mit den Aktivitäten der byzantinischen Kaiser eines gemeinsam: Sie geschahen im Namen Gottes.

»Ich habe euch etwas Klares und Deutliches hinterlassen, wenn ihr daran festhaltet, werdet ihr niemals in die Irre gehen«, wird der Prophet Mohammed in seinem Todesjahr 632 zitiert. Die Ordnung, die er zurückließ, war klar, staatstragend und regelte darüber hinaus den Alltag. »Es soll kein Zwang sein im Glauben«, steht in der zweiten Sure des Korans. Der neue Glaube wurde von den Eroberern angeboten, war aber weit entfernt von den durch Zwangsmaßnahmen durchgesetzten Dogmen der Byzantiner. Der Koran ist ein einziger Aufruf zur Mäßigung. Immer wieder sind strikte Gebote mit dem Hinweis versehen, dass nur Gott ein endgültiges Urteil zustehe und dass der Mensch sich immer seiner Fehlerhaftigkeit bewusst bleiben solle. Diese Warnung vor Selbstgerechtigkeit, verbunden mit den vergleichsweise geringen Ansprüchen der Eroberer, stieß auf schnelle Gegenliebe durch die Eroberten. Schon der rabbinische Seher Schimon ben Jochai soll im 2. Jahrhundert von einem Engel so getröstet worden sein: »Fürchte dich nicht, der Schöpfer, sein Name sei gepriesen, hat das Königreich Ismaels [also die Araber] nur gebracht, um dich aus der römischen Gottlosigkeit zu erretten. Der Herr, er sei gepriesen, wird ihnen nach seinem Willen einen Propheten erstehen lassen und Land für sie erobern, und sie werden kommen und es zu neuer Blüte führen.«

Vor der Blüte stand aber die Ratlosigkeit. Denn schnell erkannten die Araber auf ihren Raubzügen, dass sie zwar die eroberten Gebiete militärisch gegen die Byzantiner halten konnten – doch das komplexe System, auf dem das Fließen von Milch und Honig beruhte, galt es auch logistisch korrekt zu handhaben. Die Ansprüche der Eroberer waren wie gesagt gering. Sie übernahmen lediglich den Staatsbesitz und die Güter von eingeschworenen Gegnern. Die restlichen Besitzstände blieben unangetastet und wurden mit einem moderaten Steuersatz belegt, der so manchem Wirtschaftstreibenden – im Vergleich mit dem byzantinischen Steuerdruck – ein wohliges Lächeln entlockt haben muss. Auch die Religionspolitik war moderat: Christentum und Judentum galten als Religionen des Buches, also nicht frevelhaft, aber eben – aus muslimischer Sicht – noch nicht mit den letzten Offenbarungen vertraut. »Es soll kein Zwang sein im Glauben«, fordert der Islam, also kannten die arabischen Eroberer auch keine Zwangsmissionierung. Die christlichen Kirchen, vor allem die syrische, die sich dem Diktat der Orthodoxie nicht beugen wollten, wussten das zu schätzen: »Und so befreite uns der Gott der Rache mit Hilfe der Araber aus den Händen der Römer«, schreibt der Historiker Theophanes, »es war für uns nicht von geringem Vorteil, dass wir vor der Grausamkeit der Römer und ihrem bitteren Hass uns gegenüber errettet worden sind.«

Nach den ersten Schrecksekunden erkannten die ehemaligen Beamten der byzantinischen und der sassanidischen Verwaltung ebenfalls, dass die arabische Eroberung »von nicht geringem Vorteil« war, vor allem für ihr persönliches Fortkommen. Die Eroberer saßen auf ihren Landgütern, wenn sie nicht gerade weitere Eroberungen in Angriff nahmen, und der Staat werkelte weiter wie bisher, zumindest solange die Abgaben gezahlt wurden. Anfänglich wurden sowohl Struktur als auch Personal der sassanidischen und byzantinischen Verwaltung übernommen, selbst die jeweiligen Währungen blieben im Umlauf. Man unterschied lediglich zwischen Muslimen und Nichtmuslimen; diese Unterscheidung schlug sich im Alltag vor allem im Steuersatz nieder. Eine Oberbehörde, der *Diwan,* sorgte für die korrekte Aufteilung der in den eroberten Provinzen eingenommenen Steuern auf die arabischen Krieger. Trotz des Herrschaftswechsels blieben also die Eigentumsverhältnisse und Strukturen großteils erhalten.

Die erste islamische Dynastie, jene der Omajaden, die ein Reich beherrschten, das vom Oxos bis zur Iberischen Halbinsel reichte, war von arabischer Adelsherrschaft geprägt. Wie die Eroberer der europäischen Völkerwanderung bildeten sie eine ethnische Klasse, zu der die Masse des beherrschten Volkes keinen Zugang hatte. Selbst der Übertritt zum Islam half ehrgeizigen Aufsteigern nicht. Als *Mawali* wurden Personen bezeichnet, die zwar Moslems waren, aber auf Grund ihrer Abstammung keine vollgültigen Mitglieder eines arabischen Stammes werden konnten. Die arabische Literatur, die Literatur der Oberschicht, beschäftigte sich mit diesen rassistischen Fragen ausgiebig. Das ging so weit, dass man sich ernsthaft die Frage stellte, ob eine Heirat zwischen *Mawalis* und Arabern nicht ein Hinderungsgrund für den Eintritt ins Paradies wäre. Das widersprach eindeutig den Vorstellungen des Korans, der die Gemeinschaft der Gläubigen über alles stellte. Und es widersprach auch den Vorstellungen der tonangebenden Bildungsschicht, die geistig in den Trümmern der antiken Kultur verblieben war. Die archaische Stammeswirtschaft, verbunden mit ihren Klüngeleien und Blutfehden, stieß die autochthone Bevölkerung ab. Die *Dikhane*, persische Landadelige, die für die arabischen Herren die Steuern einhoben und abführten, sollten die Träger einer Revolution werden. Diesem »mittleren Management« der einstigen persischen Herrscher sowie den Abkömmlingen der byzantinischen Beamtenschaft war der Zutritt zu den höchsten Ämtern im Omajaden-Reich verwehrt, selbst wenn sie zum Islam übertraten. Ein Heer der Unzufriedenen, das überall seine Finger im Spiel hatte.

Diese Unzufriedenen vereinte Abu l-Abbas as-Saffah geschickt hinter sich, indem er den *Mawali* völlige Gleichstellung mit den arabischen Muslimen versprach. Außerdem spielte er die religiöse Karte: Er kanalisierte die Unzufriedenheit der Gläubigen mit der sehr laschen omajadischen Auffassung des Islam. Die folgende Revolution, die aus blutigen Schlachten, sozialen Konflikten, aber auch aus einer geschickten Verwaltungsintrige bestand, brachte im Jahr 750 die Familiendynastie der Abbasiden auf den Kalifenthron – und damit eine lange, stabile Herrschaft für das Weltreich der Araber. Eine neue Hauptstadt wurde am Tigris errichtet: Bagdad, nur eine Tagesreise von Ktesiphon, dem ehemaligen Seleukia, entfernt und auch kulturell ganz in der alten persischen Tradition. Etwas verkürzt betrachtet, hatte sich nicht viel verändert: auf der einen Seite Byzanz, auf der anderen Persien. Nur, dass man auf der persischen Seite die Entwicklung hin zu einem mittelalterlichen, religiös orientierten Staatswesen endlich vollzogen hatte, wenn auch mit einer anderen Religion.

Man hatte auch wieder zu dem bewährten Ablauf der Zivilisierung der Eroberer gefunden: Die alte Kultur vereinnahmte die neuen Machthaber; diesmal nahmen sich die hellenistisch gebildeten Perser die Araber vor. Das *Buch der Heilmittel* von Al Biruni beginnt mit den Worten: »Die Wissenschaften aus all den Ländern der Erde wurden in die arabische Sprache übertragen. Dadurch wurden sie veredelt und drangen in die Herzen der Menschen ein, und die Schönheiten dieser Sprache strömten durch die Venen und Arterien.« In die Venen und die Arterien also nahm die arabische Kultur unter den Abbasiden die antiken Lehren auf. Einer der Motoren hinter diesem erfolgreichen Versuch, altes Wissen für die neuen Machthaber bereitzustellen, war Ja'far ibn Yahya Barmaki. Der Sohn des Wesirs von Kalif Harun al Raschid war eine spannende, vielschichtige Figur, die als Schurkengestalt in die Märchen aus Tausendundeiner Nacht und später als Archetyp des bösen Wesirs in die internationale Populärkultur einging. Der historische Ja'far entstammte der persischen Familie der Barmakiden. Sein Vater, Yahya ibn Chalid, baute die Brücken zum neuen Establishment. Er war einer jener mächtigen *Mawali,* die die arabischen Eroberer und die eroberten Perser zu einer Einheit verbanden. Ja'far begründete die Übersetzungsbewegung, indem er veranlasste, dass das unter Chosrau kodifizierte Wissen weitergegeben wurde. Der Abkömmling gebildeter Perser warb Wissenschaftler aus der Akademie von Gundischapur ab und gewann sie für das neu gegründete »Haus der Weisheit« in Bagdad. So gelang es, die große Wissenssammlung, die von chinesischer Kräutermedizin über indische Astronomie bis zu griechischer Philosophie und Mathematik reichte, dem Wissenskanon der arabischen Welt anzufügen.

Die Kalifen ließen in der neuen Hauptstadt Bagdad Übersetzungsschulen und Bibliotheken einrichten. Es wurden sogar Gesandte nach Byzanz geschickt, die Originale ankauften. Ja'far initiierte auch die Papierherstellung und stellte damit der ersten Massenproduktion von Büchern die nötige Technologie zur Verfügung. Das Wissen darüber presste er aus chinesischen Papiermachern heraus, die es als Beute eines arabischen Kriegszugs nach Persien verschlagen hatte. Ja'far, von Kindesbeinen an mit dem Kalifen Harun al Raschid befreundet – die beiden wurden gemeinsam erzogen –, wurde schließlich Opfer der Eifersucht der Mächtigen: Unter dem Vorwand, dass er eine verbotene Liebesbeziehung mit der Schwester des Kalifen begonnen habe, wurde er im Jahr 803 hingerichtet. Der politische Hintergrund war vermutlich die Angst der Abbasiden, dass die mächtige und schwerreiche Sippe der Barmakiden selbst nach dem Thron greifen könnte.

Die Revolution der Abbasiden hatte den Charakter einer Restauration antiken Staatsdenkens und der griechisch-persischen Kultur.

Die alten Staatsstrukturen und Kenntnisse wurden in neuer Form wiederhergestellt und in die von Mohammed erdachte religiöse Staatsdoktrin integriert. Durch die Person des Kalifen wurde allen, zum Teil dem Islam wesensfremden, Elementen eine Art Echtheits- und Gütesiegel aufgedrückt. Das beförderte vor allem die griechische Wissenschaft, die in der neuen Hauptstadt Bagdad, nahe an den alten Zentren Babylon und Ktesiphon, eifrig gepflegt wurde. Anders als die byzantinischen Herrscher versöhnten die Abbasiden die Erkenntnisse der alten Griechen, Inder und Chinesen erfolgreich mit ihren religiösen Dogmen.

Auch das Kalifat selbst wandelte sich, das mussten vor allem die freiheitsliebenden Araber zur Kenntnis nehmen: War der *Chalīfa* der omajadischen Anfangstage noch ein demütiger Nachfolger des Propheten gewesen, einer, den jeder Araber frei ansprechen konnte, verschanzten sich die Abbasiden bereits hinter ihrem Status als Herrscher. Sie brachten zwar den *Mawali* die rechtliche Gleichstellung mit den Arabern, begannen aber gleichzeitig damit, die Abkömmlinge der arabischen Stämme mit allen Mitteln von der Macht auszuschließen. Die Methode dafür stand seit den Tagen des alten Babylons bereit: die Despotie.

Die Abbasiden übernahmen Personal und Hofzeremoniell der Perser. Eine willige, zum Islam konvertierte Beamtenschar und ein in seinen Privilegien bestätigter Landadel stützten das Regime. Sehr gerne trieb die persische Oberschicht einen Keil zwischen das Herrscherhaus und seine arabischen Truppen. Die Abbasiden bevorzugten es, Untertanen zu befehligen, die im Gehorsam über Jahrtausende geschult waren. Wer wollte sich schon mit einem ruppigen, selbstbewussten Beduinen herumschlagen, der noch dazu von seiner Religion die Bestätigung bekam, dass er seinem Herrscher mehr oder minder gleichgestellt war? Wie viel angenehmer lebte es sich mit Höflingen, die nicht nur die Kompetenz hatten, den komplizierten Staatsapparat zu bedienen, sondern auch ein ungleich besseres Bildungsniveau und feinere Umgangsformen aufwiesen.

Die Person des Herrschers hob sich deutlich von seinen Mitmenschen ab. Der Kalif war nicht mehr nur Nachfolger des Propheten, sondern ein weit über den verschiedenen Völkern und Religionen schwebender Kristallisationspunkt. Byzanz und das neue, zivilisierte Kalifat in Bagdad fanden schnell zu den alten Regeln von Konflikt und Kooperation. Gemeinsam blickte man verwundert nach Westen, wo die Nachfolger der germanischen Eroberer eher tollpatschige Versuche unternahmen, Reiche zu gründen.

Die lange Morgendämmerung des Abendlandes

Erstaunlicherweise schaffte es gerade jene Region, die in unserer Vorstellung für das Mittelalter steht, lange nicht, den Anschluss an den Zeitgeist zu finden. »Die Völker des Nordens sind jene, deren Sonne weit vom Zenit entfernt steht. Kälte und Nebel herrschen in diesen Regionen, und Schnee und Eis wechseln einander in endloser Aufeinanderfolge ab. Es mangelt ihnen an Warmherzigkeit. Ihre Wesensart ist grob, ihr Intellekt stumpf, ihre Leiber sind grobschlächtig und ihre Zungen schwer«, beschrieb der Philosoph und Geograf Al-Masudi noch im 10. Jahrhundert die Europäer. Said Al-Andalusi, ein Richter aus Toledo, der den Barbaren noch näher war, zählte Türken, Chinesen, Byzantiner und die Christen des Ostens zu den »edlen Völkern«; für die nördlichen Bewohner Europas empfand er nur Ekel: »Ihre Bäuche sind groß, ihre Hautfarbe ist blass, ihr Haar lang und schütter. Es mangelt ihnen an Geistesschärfe und Klarheit des Verstandes, und sie werden von Unwissenheit, Narrheit, Blindheit und Dummheit beherrscht.«

Für die gebildete Welt Arabiens, Byzanz' und Kleinasiens spielten die Abkömmlinge der germanischen Eroberer lange Zeit nicht in derselben Liga. Das Stammessystem, das instabile Königtum und die vielen kleinen Machtzentren wirkten auf die über lange Phasen stabile Welt im Osten eher befremdlich. *Franken* nannte man die Europäer, nach dem einzigen über die weite Distanz relevant erscheinenden Königreich. Wenn man solchen *Franken* begegnete, dann meist in Form von Söldnerhaufen, die sowohl von den Kalifen als auch von den byzantinischen Kaisern angeworben wurden. Wie in der Zeit der persischen Sassaniden blieb man in der mediterranen Welt gerne unter sich. Dass sich ein paar Halbwilde neuerdings anmaßten, römische Kaiser sein zu wollen, konnte – aus orientalischer Sicht – nur ein Treppenwitz sein.

Ähnlich wie die Beduinen auf der arabischen Halbinsel waren die Germanen in Clanverbänden organisiert. Die ungeheuren Erfolge der Eroberung überforderten diese überschaubaren Strukturen. Blutfehden und die Hoffnung lokaler Warlords, ein größeres Stück vom Kuchen abzubekommen, förderten die Zentrifugalkräfte. Den germanischen Fürsten war zwar bewusst, wo sie andocken mussten, aber die Strukturen des Römischen Reiches im Westen waren nachhaltig zerstört. Wie schlimm die Sache stand, kann man daraus ersehen, dass es selbst in den Machtzentren nicht gelang, eine Verwaltung aufzubauen, die den antiken Vorläufern oder ihren orientalischen Gegenstücken entsprochen hätte. Schon im 6. Jahrhundert scheiterte Cassiodorus, der Kanzleileiter des Gotenkönigs Theoderich, daran, Mitarbeiter mit ausreichenden Schriftkenntnissen in Latein und Griechisch zu finden. Theoderichs Ostgotenreich etablierte dennoch eine kurzfristige Herrschaft in Italien. Der charismatische Herrscher hatte auch eine Art informelle Oberhoheit über andere Germanenstämme und ging als Dietrich von Bern in die Sagenwelt ein. Sein Reich konnte sich aber langfristig nicht gegen das gut organisierte Byzanz behaupten, das zu diesem Zeitpunkt noch weit davon entfernt war, den Westen des Reiches kampflos aufzugeben. Theoderich – beziehungsweise dem römischen Patrizier Cassiodorus – gelang es nicht, einen dauerhaften Staat zu schaffen.

Auch die Stammesstrukturen der Völkerwanderung begannen sich aufzulösen. In der fränkischen Fredegar-Chronik wird der allgemeine Verfall der Sitten im 7. Jahrhundert beklagt: »Was können wir tun, da das ganze Volk verderbt ist und jeder Lust hat zu begehen, was Unrecht ist? Keiner scheut den König, keiner achtet auf Herzog und Grafen, und wenn man Missfallen über diese Unbotmäßigkeit zeigt, so entsteht sogleich Aufruhr im Volk.« Das Volk war einfach nicht in den Griff zu bekommen, es fehlte an einer glaubwürdigen Instanz, die Recht und Unrecht definierte, und an einer Struktur, um diese Prinzipien durchzusetzen – sprich: Religion und Verwaltung. Die germanischen Eroberer konnten daher die Früchte ihrer militärischen Erfolge nicht ernten. Und während es sich weiter östlich die Beduinenkrieger auf konfiszierten byzantinischen Staatsdomänen gut gehen ließen, lebte der europäische Adel auf unterstem materiellen Niveau. Beutemachen blieb das vorrangige Anliegen, dessen Vorgang schon Ammianus Marcellinus, ein spätrömischer Historiker, beschrieben hatte:

»Auch als gewandte Plünderer waren die Franken gefürchtet. Bald lernten die Vielgewanderten den Wert eines indischen Steines oder einer schönen Perle ebenso zu schätzen wie die fremden Händler, die ihre Wagen umschlichen.« Dieses »Wirtschaftssystem«, das vor allem Räuber und Hehler benötigte, brachte die Eroberer nicht weiter. Sie sahen, wie der Rest der römischen Welt immer noch im Wohlstand lebte; doch immer, wenn sie sich diesen Wohlstand aneignen wollten, zerbrach das filigrane System und wurde nutzlos. Es fehlte am Wissen und an der nötigen Struktur, um sich die Verlockungen, die sie ursprünglich zur Eroberung bewegt hatten, auch wirklich anzueignen. Es fehlte an einer Entsprechung zu den orientalischen *Mawali*, die genug Eigeninteresse und auch Sachverstand hatten, den neuen Herren Zugang zu differenzierter Machtausübung zu ermöglichen.

Das Scheitern an der Verwaltung der gewaltigen Eroberungen war vorprogrammiert. In der gallo-römisch-germanischen Ursuppe, aus der die heutigen europäischen Staaten entstehen sollten, schwirrten die Reste antiken Wissens und antiker Bildung herum – doch dies, wie Cassiodorus schon kurz nach dem Untergang des Imperium Romanum schmerzhaft erfahren musste, in fast homöopathischer Verdünnung. Das Wissen befand sich schlicht auf dem Rückzug, vor allem in jenen Gebieten, in denen die Germanen ihre Machtbasis schufen. Während Gallien, Britannien und große Teile der Iberischen Halbinsel schnell germanisches Stammland wurden, blieb Italien lange umkämpft. Flavius Magnus Aurelius Cassiodorus, der gebildete römische Patrizier, zog sich, nachdem das Ostgotische Reich unter einer byzantinischen Invasion zusammengebrochen war, auf seine Landgüter in Kalabrien zurück. Ein Glück für die Entwicklung des lateinischen Westens: Auf seinem Boden befand sich das Kloster Vivarium, eine damals neue Form der christlichen Gemeinschaft. Inspiriert von den Mönchen Ägyptens hatte Benedikt von Nursia das europäische Mönchstum entwickelt. Man versuchte, sich in kleinen, geordneten Gemeinschaften von den unzivilisierten Wirren der Völkerwanderung abzugrenzen. Christentum und römische Traditionen wurden in den Klöstern hochgehalten. Cassiodorus erkannte das Potenzial: Die christlichen Gemeinschaften waren eben nicht nur religiös ausgerichtet, sondern sie stellten auch eine hohe Konzentration an gebildeten Menschen dar. Der ehemalige Politiker, der selbst niemals Mönch war, nahm sich als Grundherr die Freiheit heraus, an der benediktinischen

Klosterordnung mitzuwirken. Er legte den Mönchen nahe, antikes Wissen zu erhalten und zu verbreiten. Die mönchische Buchproduktion setzte ein. Sie sollte die wichtigste Grundlage für die neuen staatlichen Strukturen nach der Völkerwanderung werden.

Vorerst mussten diese Rückzugsorte der römischen Lebensart aber lernen, mit dem etwas kindlichen Zugang der germanischen Eroberer zum Christentum umzugehen. Da die Klöster schon damals die Vermögen ihrer zumeist wohlhabenden, dem römischen Patriziat entstammenden Mitglieder einzogen, waren sie zuerst einmal potenzielle Beute. Neben Pretiosen entwickelten sich auch die Gebeine ihrer verstorbenen Gründer und heiliggesprochenen Mitglieder zur Handelsware. Nicht nur der heilige Benedikt wurde ausgegraben und von Reliquienräubern entführt. Ein reger Handel mit wundertätigen Überresten von Heiligen und anderen Devotionalien setzte ein. Die Qualität des religiösen Lebens entwickelte sich in der Zeit der Völkerwanderung auf eine primitive Entwicklungsstufe zurück. Es gab sogar tüchtige Geschäftsleute, die als Jesus Christus persönlich auftraten und es schafften, ganze Scharen von Jüngern um sich zu sammeln. Nackte Tänzerinnen gingen dem wiedergekehrten Heiland voran, ein fröhlicher Jahrmarktcharakter machte sich breit. Hinter all dem aber stand die Verzweiflung orientierungsloser Menschen.

Alter Volksglaube, schamanistische Praxis und die Reste von Mithraskult und heidnischen Vorstellungen halfen der Kirche, sich als alleinige religiöse Kraft durchzusetzen. Wundersame Erzählungen und inszenierte Wunder sorgten für regen Zustrom an den Taufbecken. Man war sich auch nicht zu schade, durch simple Taschenspielertricks etwas Aufmerksamkeit für Glaubensfragen zu erlangen. Das ging so weit, dass sich Papst Gregor der Große genötigt sah, einen Missionar, der nach England aufbrach, zur Mäßigung aufzurufen: »Bedenke, nicht alle sind auserwählt, Wunder zu wirken.« Der Missionar sollte zwar ruhig heidnische Bräuche nutzen, um neues Christenvolk anzuwerben, aber nicht vergessen, »dass aller Namen im Himmel verzeichnet sind« – ein kleiner Hinweis darauf, dass Gott nach den gebildeten Kriterien der römischen Kirche maß, und da war der Jahrmarkthumbug, mit dem man die Völker, »deren Sonne weit vom Zenit entfernt stand«, überzeugte, eben nur Humbug und kein Wunder.

Der größte Mangel im Westen war das Fehlen von politischer Kontinuität. Die Kirche mit ihrer verschrifteten, beamteten Verwaltung brachte ihre Anliegen problemlos über Papstwechsel hinweg. Die systemimmanente Schriftkultur und die Möglichkeit, auf Grundprinzipien rückgreifen zu können, machte sie beständig. Das römische Pontifikat hatte auch die Strukturreformen der diokletianischen Verwaltungsreform verinnerlicht. Die einzelnen Module waren auswechselbar, und wie sich zeigen sollte, überlebte die Kirche selbst den Ausfall der eigenen Zentralmacht, also die immer wiederkehrenden Phasen der Schwäche des Papsttums, mit nur geringen Schäden. Germanische Reiche hingen dagegen weit mehr von der Persönlichkeit ihrer Anführer ab. Ein charismatischer Führer konnte ungeheure Macht auf sich vereinen, doch wenn sein Nachfolger dieses Charisma nicht aufbrachte, dann war es schnell wieder vorbei mit der Herrlichkeit.

Die herausragende Persönlichkeit des frühen Mittelalters war Karl der Große. Er war der erste römische Kaiser germanischer Abstammung, und er verband außergewöhnliche Brutalität mit Charisma und großem Weitblick. Obwohl selbst anfangs Analphabet, verstand Karl das Konzept des lebenslangen Lernens. Im Alter von 40 Jahren lernte er Latein in Wort und Schrift und soll wie ein Pennäler durch seine Pfalzen gezogen sein und sich auf einem römischen Wachstäfelchen in ungelenker Schrift Notizen gemacht haben. Für einen Byzantiner oder einen gebildeten Araber hätte das einen amüsanten Anblick abgegeben. Es ist aber zu bezweifeln, dass sich irgendjemand in Karls Umfeld erlaubt hätte, des Kaisers Bemühungen lächerlich zu finden. Es war auch wenig Lächerliches daran – Karl hatte einfach erkannt, was seinem Staat nottat. Von den Unterschieden zu den konkurrierenden Reichen seiner Zeit konnte er sich im Kontakt mit anderen Kulturen und Ländern selbst überzeugen. Die Kaiserkrönung in Rom im Jahr 800 war mit einer lehrreichen Reise verbunden. Karl wurde mit den Resten der römischen Kultur und mit den kultivierten Persönlichkeiten seiner Zeit konfrontiert. Er brachte auch byzantinische Baumeister mit, die ihm in der Kaiserpfalz in Aachen das berühmte Oktogon, das Kernstück des Aachener Doms, bauten. Der Kaiser ließ seine Gefolgsleute wissen, dass er sich die aufsehenerregende Architektur selbst ausgedacht habe. So mancher »vielgewanderte Plünderer« aus seinem fränkischen Gefolge mag über die Chuzpe seines kaiserlichen Herrn geschmunzelt haben, die Vasallen waren aber gehörig beeindruckt. Was musste das für ein Kaiser sein, der so etwas Prachtvolles ersinnen konnte!

Wo Karl und sein Frankenreich standen, wusste er vor allem, nachdem er die Delegation Harun al Raschids empfangen hatte. Der Kalif von Bagdad suchte Kontakt mit dem neuen Kaiser im Westen, er wollte mit ihm ein Bündnis gegen das Kalifat von Córdoba, ein letztes Relikt der Omajadenherrschaft in Spanien, eingehen. Harun bot einiges auf: Ein Elefant namens Abu Abbas samt Tiertrainer wurde dem Kaiser überreicht; an Pracht und Reichtum ließen es auch die Gesandten nicht mangeln. Der weltgewandte Scheich Abdallah verhandelte und bot Karl die Unterstützung des Kalifen an. Ganz im Stil moderner Supermächte versuchte man, die vielversprechenden Franken zu fördern – »Militärberater« würde man die Personen heute nennen, die dem jungen fränkischen Staat das nötige Know-how vermittelten, eine erste Mittelmeerflotte zu bilden. Die Franken bekämpften ab da, ganz im Sinne Bagdads, sarazenische Korsaren – kleine Nadelstiche für die islamische Konkurrenzveranstaltung im äußersten Westen.

Zwar ließ sich Karl nicht in militärische Abenteuer hineintreiben, aber an Kontakten wie diesen erkannte er die Vorteile, die ein differenziertes Staatswesen bot. Er zog für sich und sein Volk die Konsequenz. So wie der Kaiser sollten auch seine Untertanen das Lesen und Schreiben lernen. Sein engster Berater, der englische Mönch Alkuin, betrieb eine Schulreform. In jedem Kloster und an jedem Bischofssitz entstanden Schulen, insgesamt Hunderte. Karl nahm sein Anliegen so ernst, dass er – ganz Patriarch – persönlich die Schulen besuchte, die Fleißigen lobte und die Faulen den kaiserlichen Zorn spüren ließ. Der Auftrag, den Cassiodorus dem sich ausbreitenden Mönchstum ein Vierteljahrtausend zuvor mit auf den Weg gegeben hatte, trug erste Früchte. Die Kirche gewann nicht nur das Monopol über die spirituelle Betreuung der Menschen, sondern auch ein Bildungsmonopol. Anders als im Osten vereinten die religiösen Kräfte damit alle geistigen Bereiche auf sich. Am Hof Karls des Großen selbst wurde eine *Akademie* gegründet, die aber eher eine Facette der Hofhaltung war. Die Mitglieder aus der Gefolgschaft gaben sich Namen mit antikem Klang: Kanzler Alkuin nannte sich *Flaccus,* Karls Tochter Bertha wurde zu *Delia,* und ein ritterlicher Gefolgsmann namens Anglibert, dem es oblag, das kaiserliche Leben in ein Epos nach antikem Vorbild zu verarbeiten, mutierte zu *Homer.* Der höfische Mummenschanz spiegelte das große Bedürfnis, Anschluss an das Geistesleben der Antike und des Byzantinischen Reiches zu finden, allerdings blieb er eher ein Spiel.

Die »Karolingische Renaissance« war der große Impulsgeber des frühen Mittelalters. Viele von Karls Reformen, vor allem die Klostergründungen, bildeten den Kern der geistigen Entwicklung des Abendlandes. Doch im Gegensatz zur Kirche konnten die weltlichen Herrscher keine Kontinuität herstellen. Karls Sohn und Nachfolger, Ludwig der Fromme, führte die Reformen zwar weiter, im Konflikt mit seinen eigenen Söhnen kam es aber zur Reichsteilung und damit zum Zusammenbruch der neuen Ordnung. Es bedurfte noch einiger Anläufe, bis sich auf den Trümmern des Weströmischen Reiches eine neue, beständige Staatsform entwickelte. Solange dies so war, wollte man im Osten mit den Barbaren des Nordens möglichst wenige Berührungspunkte haben. Die Byzantiner fassten die christlichen Kaiser des Westens mit ähnlich spitzen Fingern an wie die heidnischen Slawen an ihrer Nordgrenze. Man wollte vor allem die Gefahren eindämmen, die von diesen Völkern ausgingen. Wenn man Interesse hatte, dann an der Kampfkraft, die man in Byzanz durch das hervorragende Fiskalsystem auch großzügig einkaufen konnte.

Erst 150 Jahre nach Karl gelang es Otto I., von der Nachwelt ebenfalls »der Große« genannt, die Zentralgewalt wieder in die Hand zu bekommen. Ähnlich wie schon Karl der Große wollte er eine dynastische Verbindung mit dem byzantinischen Kaiserhaus herstellen. Er schlug die Heirat seines Sohnes mit einer Prinzessin vor. Die Abgesandten Ottos ernteten jedoch nur Hohn, wurden fast wie Gefangene behandelt und unter Demütigungen fortgeschickt. Die Herrscher des gerade wieder einmal erstarkten Oströmischen Reiches ließen Otto ausrichten, dass er weder Kaiser noch Römer sei, sondern lediglich ein Barbarenkönig, und dass daher jegliche Verbindung mit einer »purpurgeborenen« Prinzessin schlichtweg undenkbar sei. In der für den Hof in Konstantinopel nicht unbedeutenden Heiratspolitik gab es einige Qualitätsstufen: Das Premiumangebot waren die »purpurgeborenen Prinzessinnen«, also Töchter von Herrschern. Sie dienten vor allem innerhalb des Byzantinischen Reiches dem Ausgleich innerhalb des hohen Adels. Durch eine Ehe mit einer Purpurgeborenen ließ sich ein legitimer Thronanspruch erwerben. Viele aufstrebende Prätendenten wurden auf diese Art in herrschende Familien eingebunden und in ihrem Drang zur Macht gemäßigt. Die Primogenitur, also die obligatorische Erbfolge des Erstgeborenen, kannte man in Byzanz ebenso wie im Westen noch nicht.

Otto schickte geduldig weitere Delegationen. Als es in Byzanz zu einer Palastrevolte kam, durch die Johannes Tsimiskes zum Kaiser wurde, konnte wieder ernsthaft verhandelt werden. Allerdings kam es nur zu einem Teilerfolg, denn für eine echte Prinzessin waren auch dem neuen Kaiser die Aufsteiger aus dem dumpfen Norden zu unfein. Sie boten Theophanu an, eine kaiserliche Nichte. Ottos Berater sahen dies als Beleidigung an – und so war die Geste wohl auch gemeint –, aber der deutsche Kaiser war pragmatisch genug zu erkennen, dass es innenpolitisch kaum einen Unterschied machte. Welcher germanische Stammesfürst konnte schon zwischen einer »echten« Prinzessin und einer Nichte des Kaisers unterscheiden? Die deutschen Kaiser verbanden sich also erfolgreich mit den »echten Kaisern« in Byzanz und wurden ab nun auch im byzantinischen System zumindest als »Mitkaiser« anerkannt.

Die junge Braut Theophanu erwies sich als enorme Bereicherung für Ottos Hof. In ihrem Gefolge kamen Goldschmiede, Buchmaler, Künstler und Architekten. Auch jenseits der Alpen kam es jetzt zu geistigem Austausch mit dem immer noch viel weiter fortgeschrittenen Osten. Sogar ein wenig Staatskunst konnte die gebildete Theophanu den wilden Deutschen beibringen. Als ihr Mann Otto II. früh verstarb, schloss die in byzantinischen Intrigen geschulte Witwe mit ihrer Schwiegermutter Adelheid ein Bündnis: Um Otto III. den Thron zu sichern, installierten sich die beiden Damen zunächst selbst als Regentinnen. Nach Theophanus Vorstellungen war ihr Sohn eben *porphyrogenitus*, purpurgeboren, und das wog mehr als die schlichte Tatsache, dass Kinder nicht wirklich zum Herrschen geeignet sind. Theophanu hielt als Regentin die Zügel straff in der Hand. Sie signierte kaiserliche Erlässe, sicherte die italienischen Gebiete für das Kaiserreich und führte erfolgreiche Kriegszüge gegen die Slawen. Durch ihre kluge Politik wurde die Krone erblich, und die deutschen Kaiser entwickelten sich zu einem ernst zu nehmenden Machtfaktor.

Diese Festigung der Macht rief die einzige Konstante auf den Plan, die es im Westen gab: die römische Kirche. Nachdem man so erfolgreich die Jahrhunderte der Barbarei durchgestanden hatte, schien es absurd, den Machtanspruch einfach so abzugeben. Der Papst, Erbe des cäsarischen Titels *Pontifex Maximus*, betrachtete sich als in der

Hierarchie über dem Kaiser stehend. Diese Einstellung mochte zwar aus der Perspektive des Papstes begründbar sein, spiegelte aber nicht die realen Machtverhältnisse wider. Doch der Papst hatte andere Mittel, die von den Saliern – diese waren kurz nach der Jahrtausendwende den Ottonen auf den Kaiserthron gefolgt – sträflich unterschätzt wurden. Der »Investiturstreit«, also die Frage, ob die geistliche oder die weltliche Macht im Reich dominieren sollte, näherte sich seinem Höhepunkt: Papst Gregor VII. exkommunizierte Kaiser Heinrich IV. und gab damit seinen Konkurrenten einen Freibrief, den so Ausgeschlossenen politisch abzusägen. Diese taten das auch umgehend, und Heinrich IV. blieb nichts anderes übrig, als den sprichwörtlich gewordenen »Canossagang« anzutreten, sich also dem Papst formell zu unterwerfen. Der triumphierende *Pontifex* hatte allerdings genug Hausverstand, um zu erkennen, dass nach erfolgreicher Wiedereingliederung des Kaisers in die Christenschar und dessen Abrechnung mit seinen Konkurrenten im Reich unweigerlich ein allerhöchster Racheakt in Richtung Rom zu erwarten war.

Papst Gregor ließ sich daraufhin mit einem anderen Exkommunizierten ein: mit dem Normannenherzog Robert Guiscard. Die Normannen hatten den Arabern kurz zuvor mit ein paar kriegerischen Abenteurern Sizilien und Apulien abgenommen: Guiscard, ganz in der fränkischen Tradition des »vielgewanderten Plünderers«, war auch in das *Patrimonium Petri* eingefallen und hatte an sich gerissen, was er kriegen konnte. In Ermangelung von Truppen hatte der Papst auch hier zum Mittel der Exkommunikation gegriffen. Dieses Instrument war jedoch zahnlos geblieben: Im Gegensatz zum Kaiser, dessen Machtbasis auf christlicher Legitimation beruhte, musste Robert Guiscard seine Gefolgsleute nur mit ausreichend Beute befriedigen. Man sagte den Normannen nach, dass sie gute Söhne der Kirche waren, aber schlechte Christen. Guiscard hielt sich nicht lange mit Gewissensbissen auf: Er raubte und brandschatzte in aller Ruhe weiter – bis nun im Rahmen des Investiturstreits der Papst einen starken Verbündeten gegen den rachsüchtigen Kaiser brauchte. Ohne auch nur ein Wort der Entschuldigung leisten zu müssen, wurde der Normannenherzog wieder in den Schoß der Kirche aufgenommen. Er schwor dem Papst die Lehenstreue; schließlich war es einfacher, dem Papst zu dienen als dem deutschen Kaiser, der selbst über ein gewaltiges Heer verfügte. Guiscard hielt seinen Treueschwur auf eigentümliche Weise: Als Kaiser Heinrich mit seinen Truppen vor Rom lag und Papst Gregor VII. sich in der Engelburg verschanzen musste, ließen sich die Normannen mit dem Entsatz so lange Zeit, bis die kaiserlichen Truppen wieder abgezogen waren. Dann erst erschien das Normannenheer vor Rom, setzte den Papst gegen den Willen der Stadtbevölkerung wieder in sein Amt ein und nützte die Gelegenheit, Rom zu plündern. Die außergewöhnliche Lehenstreue des Robert Guiscard ließ Rom in Schutt und Asche zurück.

Die Normannen waren auch die Ersten, die ihre Einflusssphäre nach Osten und Süden, also in die Kerngebiete von Byzanz und dem arabischen Kalifat, ausbreiteten: Als Papst Urban II., ein Nachfolger des machtbewussten Gregor VII., schließlich 1095 zum Kreuzzug aufrief, waren die Normannen längst im Orient eingefallen.

Der angebliche Grundsatzkonflikt

Viele Jahrhunderte lebten Moslems und Christen in vergleichsweise friedlicher Koexistenz. Die »Sekte Mohammeds« galt den Christen eher als Verirrung denn als eigene Religion. Die direkte Konfrontation mit dem Islam im Osten war zunächst eine rein byzantinische Binnenangelegenheit. Das ehemalige byzantinische Handelszentrum Sizilien, das im 9. Jahrhundert arabisch wurde, war von den Eroberern zu einem agrarischen Exportland ausgebaut worden und verhielt sich den christlichen Nachbarn und Kunden gegenüber relativ unaggressiv. Im Westen blieben die Pyrenäen eine unangetastete Grenze, die kriegerischen Konflikte zwischen Arabern und den christlichen Westgoten Spaniens hatten eher den Charakter eines regionalen Konfliktes um die Vorherrschaft. Auf der Iberischen Halbinsel lebten Muslime, Juden und Christen in Koexistenz; und selbst der große Held der *Reconquista,* Rodrigo Díaz de Vivar, besser bekannt unter seinem aus dem Arabischen abgeleiteten Spitznamen *El Cid,* »der Herr«, fand nichts dabei, zeitweilig dem muslimischen Emir von Saragossa zu dienen.

Man hatte seine Religion, man bestand auf ihre unteilbare Wahrheit, aber man hatte sich noch nicht dazu durchgerungen, den jeweils Anderen fanatisch zu verfolgen. Die erbitterten konfessionellen Konflikte zwischen Moslems und Christen kannten die Menschen des Mittelalters nicht. Religion hatte sich als probates Mittel erwiesen, das eigene Volk bei der Stange zu halten. Verheißungen und Drohungen über die Konsequenzen im Falle einer Abweichung von der reinen Lehre hielten das Fußvolk im Zaum. Die islamische Hemisphäre schätzte Andersgläubige schon deswegen, weil sie als *Dhimmi,* als Schutzbefohlene, mit höheren Steuersätzen zur allgemeinen Prosperität beitrugen – eine Praxis, die übrigens von den Byzantinern übernommen wurde, als es Kaiser Basileios II. um die Jahrtausendwende gelang, das Reich auf Kosten des schwächer werdenden Kalifats wieder zu erweitern. Der Kaiser akzeptierte nicht nur muslimische Untertanen als Steuermelkkühe mit erhöhtem Ausstoß, sondern er hatte mit dem Emir von Aleppo auch einen muslimischen Herrscher als Vasallen. Das Spiel hieß stets: Herrschaftsbereich gegen Herrschaftsbereich. Religion war selbstverständlicher Bestandteil des Lebens und für Juden, Muslime und Christen so sehr mit ihrer persönlichen Identität verbunden, dass der Gedanke einer Missionierung fast befremdlich wirkte.

Die größte Ambition im religiösen Bereich war die Zusammenführung der westlichen, lateinischen Kirche mit ihrer Schwester im Osten, von der sie auch formal seit dem »Großen Schisma« von 1054 getrennt war. Die beständigen Versuche des Papsttums, die Orthodoxie unter seine Kontrolle zu bekommen, waren der eigentliche politische Hintergrund der Kreuzzüge, so wie der einzige nachhaltige politische Effekt der Kreuzzüge die Zerstörung des christlichen Byzantinischen Reiches sein sollte. Vorerst erwiesen sich die Byzantiner allerdings wieder als Stehaufmännchen und konnten ihr Reichsgebiet weit nach Süden und Osten ausdehnen. Die Schwäche des alten, zivilisierten Feindes, des abbasidischen Kalifats, täuschte über die durch exzessiven Feudalismus und Klientelwirtschaft entstandene Schwäche der Byzantiner hinweg. Mit dem Auftreten der türkischen Seldschuken, die sowohl Kalifat als auch Byzantinisches Reich von Osten her aufrollten, und den Normannen, die das Gleiche von Westen her taten, wurde jedoch der Anfang vom Ende eingeläutet.

Die Türken hatten sich lange mit einer Existenz am Rande der alten, reichen Kulturen des Vorderen Orients begnügt. Meist mit Byzanz verbündet, galten sie als paktfähig, loyal und vor allem als fähige Militärs. Erst halfen sie beim Niederringen der Sassaniden, später unterminierten sie, obwohl selbst Moslems, vor allem das Kalifat von Bagdad. Der Verlauf ähnelte jenem Sickerprozess, mit dem auch die Germanen in das Weströmische Reich eingedrungen waren, nur dauerte er weitaus länger und erfolgte, zumindest zum Teil, auf Einladung der Hausherren.

Die Arbeitsmigration der türkischen Stämme begann mit Sklaverei. Es war für Einzelne durchaus sinnvoll, sich in die Sklaverei zu begeben, schließlich lebte es sich als *Mameluke*, als »Eigener«, also als Sklave eines abbasidischen Herrschers, weitaus besser als in den weiten Steppen Transoxaniens. Die Kalifen von Bagdad hielten zwar noch einige Zeit eine arabische Armee aufrecht, misstrauten deren Verlässlichkeit aber zusehends. Die Königsidee war, eine Sklavenarmee zu schaffen. Man gab die bewaffnete Macht an eine isolierte, direkt vom Sultan abhängige Gruppe – die Mameluken. Für diese gab es eigene Trainingszentren in Buchara, wo der Handel mit Militärsklaven vorrangig abgewickelt wurde. Meist schon im Kindesalter, aber durchaus nicht unfreiwillig, konnte man sich dort zu einer gefragten Fachkraft ausbilden lassen. Da der Kunde der Kalif von Bagdad war, war auch eine religiöse Ausbildung obligatorisch. Alles, was mit dem »Karriereziel« Militärsklave in Buchara antrat, kam islamisch und soldatisch geschult auf den Markt. Die Versklavung von Moslems war zwar nach den Vorstellungen des Islam eigentlich verboten, aber die Staatsräson ließ die Kalifen bei sich selbst ein Auge zudrücken, und die anpassungsfähigen Türken nahmen es in dogmatischen Fragen nicht so genau.

Mameluken waren nicht nur Türken; man fing Angehörige aller möglichen Völker zusammen, die sich am Kaukasus herumtrieben. Die Soldaten türkischer Abstammung bildeten aber die größte Gruppe. Interessant ist der Umstand, dass die Mameluken zwar nach arabisch-persischen Vorstellungen geformt wurden, dass sie aber trotzdem ihre Identität nicht verloren. Generation um Generation von türkischstämmiger Bevölkerung wurde so in den kleinasiatischen Raum bis nach Ägypten geschafft. Sie behielten ihre Sprache bei und entwickelten einen Korpsgeist, der ihnen als Unterscheidungsmerkmal gegenüber anderen Bevölkerungsgruppen diente. Der schmerzhafte Entwicklungsprozess vom Stammesverband zum Staatsvolk, der die Europäer zwischenzeitlich auf eine primitivere Kulturstufe zurückgeworfen hatte, wurde hier sozusagen unter kontrollierten Bedingungen und sozial verträglich abgewickelt. In aller Ruhe übernahmen die Türken die Kontrolle über das Kalifat. Die Nachfolge des Propheten traten sie allerdings nicht selbst an, sie begnügten sich mit der Macht. Der Historiker Al Maqrisi überliefert ein trauriges Bild einer solchen Herrschermarionette: »Die türkischen Mameluken setzten einen Mann als Kalifen ein, dem sie den Namen und den Titel eines Kalifen übertrugen. Er verfügte über keinerlei Autorität und hatte nicht das Recht, seine Meinung zu äußern. Er verbrachte seine Zeit mit den Befehlshabern, hohen Offizieren, Würdenträgern und Richtern und stattete ihnen Besuche ab, um ihnen für die Festmähler zu danken, zu denen sie ihn eingeladen hatten.«

Das erste große türkische Reich war jenes der Großseldschuken, das im 11. Jahrhundert entstand und sich über Mittelasien und den Vorderen Orient bis nach Anatolien erstreckte. Wie alle Eroberer vor ihnen übernahmen auch die Seldschuken die Annehmlichkeiten, die orientalische Despotien ihren Herrschern boten. Allerdings entschärften sie das System nachhaltig; die Herrschaft der Seldschuken passte sich immer den lokalen Gegebenheiten an. Der Groß-Seldschuk delegierte, und in den 24 Militärbezirken wurde nach den Gegebenheiten vor Ort geherrscht. Selbst die Titel waren, je nach Standort, griechisch, persisch, selbst einen Khan für die mongolischen Untertanen gab es. Loyalität war das oberste Prinzip; sie wurde gefordert und, mit sehr wenigen Ausnahmen, auch gegeben. Der Gedanke, die eigenen Gefolgsleute mit den verfeinerten Mitteln eines entwickelten Staatsapparates zu kontrollieren, blieb den Seldschuken fremd.

Sultan Alp Arslan, der Sieger von Manzikert, jener Schlacht der Seldschuken gegen die Byzantiner im Jahr 1071, die den Ersten Kreuzzug auslösen sollte, argumentierte bei der Abschaffung der abbasidischen Geheimpolizei so: »Wenn ich einen Leiter der Geheimpolizei ernenne, so werden die, die meine Freunde sind und mein Vertrauen genießen, ihm keine Aufmerksamkeit schenken und ihn auch nicht bestechen, weil sie auf ihre eigene Treue, Freundschaft und Vertrauenswürdigkeit setzen. Meine Gegner und Feinde werden allerdings seine Nähe suchen und ihm Geld geben. So ist gewiss, dass er mir schlechte Berichte über meine Freunde und gute Berichte über meine Feinde bringen wird.« Ein pragmatischer Ansatz eines selbstbewussten Herrschers, der Schule machen sollte: Alp Arslan durchbrach die

Vorstellung, dass der reine Kadavergehorsam den Bestand eines Reiches sichern könnte. Der erste türkische Staat berief sich auf allgemeine Werte wie Ehre und Treue, die nicht kodifiziert oder religiös bestimmt waren, sondern von einem *Common Sense,* einer allgemeinen Vorstellung, wie man diese Werte im Alltag umsetzt, getragen wurde. Die seldschukische Landnahme etablierte damit ähnliche Wertvorstellungen, wie sie die abendländische Ritterschaft pflegte. Worttreue, Verlässlichkeit und Altruismus waren anzustrebende Ideale. Natürlich ließ die Umsetzung – wie auch im Westen – zu wünschen übrig, aber die Forderung blieb bestehen und schuf ein neues Leitbild.

Nach der engen Verbindung zwischen Staat und Religion, die sowohl Kaiser Herakleios als auch die arabischen Eroberer im Orient geschaffen hatten, leiteten die Seldschuken eine Gegenbewegung ein. Sie ließen das Kalifat unberührt und betrachteten sich, obwohl die realen Machtverhältnisse andere waren, sogar als Untertanen des Kalifen. Der Seldschukenstaat war säkular. Die Sultane waren zwar islamische Herrscher, allerdings trennten sie die staatlichen und militärischen Strukturen, die *türkisch* blieben, vom religiösen Leben, das *arabisch* blieb, während das Kulturleben unter ihrer Herrschaft *persisch* wurde.

Die Vorstellung der Seldschuken vom Islam umfasste ein breites Spektrum. In dieser Zeit formierten sich auch die ersten Derwischorden: Den Türken war die individuelle Gottsuche der Sufi näher als der rein formale Aspekt des Korans. Der Sufismus suchte den inneren Sinn in den Worten des Korans, er vermischte vorislamische und gnostische Elemente mit mystischen Erlebnissen. Statt dem Aufgehen in der Gemeinschaft – ein Aspekt, der im Islam stark betont wird – suchte man die individuelle Begegnung mit Gott. Die Türken, die den Schamanismus sozusagen erst mit der Überquerung des Oxos aufgegeben hatten, konnten damit einiges anfangen – vor allem mit den unterschiedlichen Techniken, mit denen sich Derwische in Trance versetzten. Die Richtungen des Sufismus unterschieden sich, je nach individuellem Grundkonzept, erheblich. Es gab sunnitische und schiitische Sufis, es gab starke regionale Unterschiede, es gab und gibt sogar Derwische, die – nach Ansicht der islamischen Orthodoxie – den Boden des Islam längst verlassen haben. Die Aleviten, eine in der heutigen Türkei sehr starke Glaubensgruppe, die auf den Sufi Hadschi Bektasch Veli zurückgeht, verweigern sogar die Befolgung der fünf Säulen des Islam, also der wichtigsten Grundgebote für jeden Muslim. Der Sufismus entwickelte eine ungeheure Fernwirkung, die auch den Westen erreichte. Miguel de Cervantes gab an, dass der Sufismus, den er während seiner Gefangenschaft in Algier kennengelernt hatte, in seinen Don Quijote einfloss. Das Konzept der romantischen Liebe und der Ritterlichkeit waren Vorstellungen dieser islamischen Mystiker, die über Spanien nach Europa gelangten.

Zum wichtigsten Sufi für die seldschukischen Machthaber entwickelte sich Mevlana Dschelaleddin Rumi, der im 13. Jahrhundert die Mevlevi-Derwische begründete und in Konya, dem antiken Ikonion, lebte. Um eine mystische Vereinigung mit Gott zu erreichen, bezog er Musik in seine Meditationen ein. Dieses Element kannte der Islam bis dahin nicht und es wird bis heute von der islamischen Orthodoxie abgelehnt. Die Mevlevi tanzen sich in ihrem berühmten Drehtanz in einen meditativen Zustand, der ihnen zu einer direkten Gotteserfahrung verhelfen soll. Doch Mevlana war auch einer der bedeutendsten Dichter, die die Welt des Islam je hervorgebracht hat. Ursprünglich schrieb er in persischer Sprache und teilweise, unter Verwendung arabischer Buchstaben, sogar Griechisch. Nach dem Einfall der Mongolen begann er, seine Werke auch auf Türkisch zu verfassen. Durch das hohe Ansehen, das der Derwisch weit über den Seldschukenstaat hinaus und über alle Religionsgrenzen hinweg genoss, machte er die Sprache damit salonfähig. Das Türkische, das die Seldschuken erst kurz zuvor als Amts- und Verwaltungssprache eingeführt hatten, erfuhr dadurch eine ungeheure Aufwertung.

Die Seldschuken brachten mit ihrer Baukunst, ihrem transparenten Verwaltungssystem und ihrem säkularen Pluralismus die Türken zu Beginn des zweiten Jahrtausends als neue Akteure in die Weltgeschichte ein. Europa war im Investiturstreit gelähmt, die Seldschuken eroberten Bagdad – und Byzanz erwarb sich einen schlechten Ruf. Um die eigenen Hegemonialbedürfnisse zu erfüllen, wandte sich das Byzantinische Reich gegen seine langjährigen Verbündeten, die Seldschuken, und unterlag 1071 prompt in der Schlacht von Manzikert. Kaiser Alexios Komnenos musste schließlich einen Hilferuf in den Westen richten, der den Ersten Kreuzzug auslöste.

Doch Alexios hätte eigentlich gar nicht erst nach den christlichen Rittern rufen müssen, denn diese waren längst im Lande: Der Normannenherzog Robert Guiscard betrieb zeit seines Lebens die Eroberung Griechenlands und rollte von Westen her die Verteidigung des

Byzantinischen Reiches auf. Sein Ziel: die Krone von Byzanz. Schon der byzantinische Kaiser Michael VII. hatte zart im Westen um Hilfe angeklopft, aber der exkommunizierte deutsche Kaiser Heinrich IV. hatte andere Sorgen, und Papst Gregor saß gefangen in der Engelsburg. Robert Guiscard, eigentlich schon auf halbem Weg nach Konstantinopel, verstarb, noch bevor er sein ehrgeiziges Ziel erreicht hatte. Es blieben aber jede Menge normannische Abenteurer zurück. Einer davon, Roussel de Bailleul, ein Söldner, der sich den zweifelhaften Ruf des raffgierigsten und unzuverlässigsten Normannen überhaupt erworben hatte, versuchte sein eigenes Reich in Anatolien zu gründen. Er verbündete sich mit dem seldschukischen Befehlshaber des Westens, Suleiman. Gemeinsam besiegten sie den byzantinischen Feldherrn Johannes Dukas, nahmen ihn gefangen und riefen ihn zum Gegenkaiser aus. Der neue Sultan der Groß-Seldschuken, Malik Schah, beobachtete seinen geschickten Statthalter Suleiman und erhob ihn zum Gouverneur. Daraufhin hielten es wiederum die Byzantiner für opportun, ein Bündnis mit den Seldschuken einzugehen. Gemeinsam besiegte man Roussel de Bailleul. Der Söldner wurde eingekerkert.

Inzwischen hatten sich zwei weitere byzantinische Gegenkaiser gefunden, beide mit Namen Nikephoros: Nikephoros Bryennios, der im asiatischen Teil den Machtanspruch erhob, fand wenig Unterstützung innerhalb des byzantinischen Staatsapparates, also bat auch er Suleiman um Hilfe. Gemeinsam eroberten sie weite Teile des Byzantinischen Reiches. Nikephoros Bryennios setzte zum europäischen Teil über und übernahm dort die Herrschaft von Nikephoros Botaniates, der sich in Adrianopel, dem heutigen Edirne, krönen hatte lassen. Das löste eine weitere Revolte aus, diesmal durch einen dritten Nikephoros, nämlich Mellissenos, der sich originellerweise ebenfalls an Suleiman um Hilfe wandte. Suleiman nahm auch diesmal die griechische Unterstützung zur Erweiterung seines Herrschaftsgebietes dankend an. Die türkischen Söldner in den byzantinischen Garnisonen liefen zu Suleiman über, und Nikephoros Mellissenos musste seine Ambitionen zurückstellen. Suleiman erklärte sich nun von den Groß-Seldschuken unabhängig und errichtete 1077 ein türkisches Reich im Kerngebiet von Byzanz. Er stolperte allerdings zunächst über den eigenen Erfolg, denn nun griff der Groß-Seldschuk Malik Schah höchstpersönlich ein. Doch schon kurze Zeit später konnte sich Suleimans Sohn als Sultan der Rum-Seldschuken dauerhaft und mit dem Segen der Zentrale installieren. Als Sultan Kilitsch Arslan wurde er zum Hauptgegner des ersten Kreuzfahrerheeres.

Diese allerersten Kreuzfahrer waren kein Ritterheer, sondern der sogenannte Volkskreuzzug, bestehend aus Zivilpersonen aus ganz Europa. Eine Blutspur von Pogromen in den jüdischen Gemeinden am Weg hinterlassend, arbeiteten sie sich 1096 auf dem Landweg nach Konstantinopel vor. Dort angekommen stahlen sie alles, was sie in die Finger bekamen, und verwüsteten die halbe Stadt. Die Byzantiner sahen sich durch diese erste größere Volksgruppe, die aus dem barbarischen Norden zu ihnen gekommen war, in ihren Ansichten bestätigt. Allerdings verfestigte sich auch das Bild der *Franken* über die Byzantiner, bedingt durch die Perfidie, mit der man von byzantinischer Seite das Problem der unwillkommenen Gäste löste: Kaiser Alexios Komnenos ließ die diebischen Kreuzfahrer möglichst schnell auf die asiatische Seite übersetzen, wo sie von den Rum-Seldschuken niedergemacht wurden – eine Form der interkonfessionellen Zusammenarbeit, die eine grausame Persiflage der christlichen Allianz gegen den vordringenden Islam darstellte.

Das eigentliche Ritterheer des Ersten Kreuzzugs folgte erst im darauffolgenden Jahr 1097. Kampfbereit, jung, vielleicht nicht idealistisch, aber sicherlich motiviert, Beute zu machen, traf die Blüte der europäischen Ritterschaft in Konstantinopel ein. Doch statt heldenhafter Ruhmestaten verlangte ihnen Kaiser Alexios zunächst die Überwindung einiger bürokratischer Hürden ab: Man ließ die Kreuzritter nicht auf die Seldschuken los, bis man sie nicht in Bahnen gelenkt hatte, die den byzantinischen Interessen entsprachen. Die Kreuzfahrer mussten dem Kaiser zusichern, die eroberten Gebiete auf ehemals byzantinischem Gebiet an Alexios zurückzugeben. In endlosen Verhandlungen zermürbte die Beamtenschaft das christliche Heer, bis alle, sogar Gottfried von Bouillon, bereit waren, einen Lehenseid zu schwören und sich damit formal als Untertanen des *Basileios* zu deklarieren. Erst dann entließ sie Alexios unter Segenswünschen und dem nie eingehaltenen Versprechen, selbst Kreuzritter zu werden, in Richtung Jerusalem. In mühseligen Kämpfen rieben sich Seldschuken und Kreuzfahrer gegenseitig auf; Stück für Stück eroberten die europäischen Ritter byzantinisches Staatsgebiet zurück und lieferten es bei Alexios ab. Dicht auf den Fersen der Kreuzritter folgten Truppen und Beamtenschaft aus Konstantinopel, um die wiedererworbenen

Gebiete abzusichern. Erst in Antiochia dämmerte den Kreuzrittern, dass der Vertrag recht einseitig war. Ihren Protest und ihre Drohungen konterte der Kaiser mit dem Hinweis, dass der Versuch, gegen Türken und Byzantiner gleichzeitig zu kämpfen, wohl fatal enden würde. Gottfried von Bouillon, der Anführer des Kreuzritterheeres, sah den realpolitischen Aspekt ein. Doch der Begriff »byzantinisch« klang in westlichen Ohren fortan nicht mehr nach Kultur und Gold, sondern bekam einen negativen Beigeschmack.

Wieder einmal war es den byzantinischen Stehaufmännchen gelungen, sich in ihrer Einflusssphäre zu halten. Nach dem Durchzug des Kreuzritterheeres hatte sich die politische Landkarte in Kleinasien allerdings stark verändert: Byzanz beherrschte unangefochten Griechenland und die Region um Konstantinopel. Im Süden, im heutigen Syrien und Palästina, herrschten für die nächsten zweihundert Jahre europäische Ritter. Ägypten und Nordafrika wurden von arabischen Dynastien regiert, die aber gegen die europäische Invasion nichts ausrichten konnten. Persien und Arabien waren fest in der Hand der Groß-Seldschuken. Der anatolische Teil der heutigen Türkei war ein Flickenteppich aus byzantinischen Enklaven, wurde aber von den Rum-Seldschuken, also türkisch, dominiert. Statt eine christliche Phalanx gegen die islamische Vorherrschaft in Kleinasien zu bilden, hatte der Erste Kreuzzug die dominante regionale christliche Macht im Vorderen Orient, das Byzantinische Reich, stark geschwächt und ein neues Kapitel der Kooperation und des Kulturaustausches zwischen Orient und Okzident aufgeschlagen: Ab jetzt existierten Morgenland und Abendland nicht mehr einfach nur nebeneinander her. Die christliche Hemisphäre bekam durch den geistigen Input aus der islamischen Welt einen Entwicklungsschub, der es ihr ermöglichte, kulturell aufzuschließen.

Spaßgesellschaft

In der alten byzantinischen Stadt *Kordoba* entstand, sowohl dem direkten Zugriff der Abbasiden entzogen, als auch vom christlichen Abendland in seiner Entwicklung nicht weiter beeinträchtigt, ein reiches Geistesleben, das weit über die Grenzen des Islam hinaus Wirkung zeigte. Córdoba, um die erste Jahrtausendwende mit 500 000 Einwohnern neben Bagdad und Konstantinopel die größte Stadt ihrer Zeit, entwickelte ein multikulturelles Leben, das von Juden, Christen und Moslems gleichermaßen geprägt wurde. Roswitha von Gandersheim, die erste deutsche Dichterin, lobte Córdoba als »Zierde der Welt«. Die riesige Bibliothek und die akademische Auseinandersetzung mit geistigen Fragen hatten keine Entsprechung im mittelalterlichen Europa. Wissen und Literatur bildeten über die Religions- und Herrschaftsgrenzen hinweg eine Art *Trademark* für die ganze Region: Spanien war anders, und vor allem war es nach allen Seiten offen. Selbst Kirchenfürsten nahmen an dem regen geistigen Leben in Córdoba gerne teil. Gerbert von Aurillac, der spätere Papst Sylvester II., studierte mit größter Selbstverständlichkeit in Córdoba und an der damals ebenfalls islamischen Universität von Sevilla. Selbst für den höchsten Repräsentanten der Christenheit war das nichts, was er verheimlichen musste. Im Gegenteil: Der Wissenserwerb an arabischen Universitäten galt als Elitestudium.

Ein deutliches Zeugnis der permanenten religionsübergreifenden Kontakte im Mittelalter ist die Figur des Feirefiz in der Parzival-Sage. Feirefiz ist Parzivals Halbbruder, den sein Vater mit der »Mohrenkönigin« Belakane zeugte. Er wird so beschrieben, wie man sich einen adeligen Muslim der Zeit vorstellte: edler Wuchs, mit Gold und Edelsteinen reich verzierte Rüstung, hervorragendes Benehmen, alles vom Allerfeinsten. Die Halbbrüder kennen einander nicht. Als sie einander begegnen, kommt es zum Kampf, der unentschieden endet; sie sind gleichrangig und werden Gefährten. Doch die Parzival-Sage trägt schlussendlich den Bedürfnissen des christlichen Publikums Rechnung: Feirefiz erkennt die Überlegenheit des christlichen Glaubens an und lässt sich taufen.

In der Realität war den wenigen Bekehrungsversuchen, die christliche Missionare unternahmen, freilich kein großer Erfolg beschieden. Die Moslems stießen sich vor allem an der Vorstellung der Dreieinigkeit, die für sie immer verdächtig nach Vielgötterei roch. Strenger Monotheismus und ein klar geregelter religiöser Alltag machten sie gegen die sich in Grenzen haltende Versuchung eines Konfessionswechsels immun. Umgekehrt geschahen Konversionen schon häufiger: Ein bedeutender Konvertit war etwa Ibn Hazm Al-Andalusi.

Er entstammte einer westgotischen Familie, die sich zum Islam bekannte. Ibn Hazm war nicht nur einer der bedeutendsten Wissenschaftler und Politiker seiner Zeit, sondern auch Dichter. Mit *Das Halsband der Taube* schrieb er das erste Buch über die romantische Liebe, das später für die Entwicklung des Minnesangs Bedeutung erlangen sollte. Er befasste sich in den verschiedenen Kapiteln mit so grundsätzlichen Phänomenen wie Liebe auf den ersten Blick oder der Frage, ob bestimmte Eigenschaften des Geliebten, die anfangs Leidenschaft entzünden, später nicht zum Anlass für Ekel werden können. Kurz nach der ersten Jahrtausendwende schrieb Ibn Hazm also über etwas, das zwar die Menschen bewegte, das aber kulturell nicht gespiegelt wurde: Liebe und Leidenschaft. Im europäischen Mittelalter hatte man zwar etwas überzogene Vorstellungen von der Liebestollheit in der arabischen Wüste, allerdings kam der Ruf nicht von ungefähr: Tiefe Leidenschaft sprach aus den Gedichten und Dramen der Beduinen. *Laila und Madschnun* etwa erzählt die Geschichte zweier Liebenden, die von den gegensätzlichen Interessen ihrer Familien an der Erfüllung ihrer Liebe gehindert werden. Wie in der europäischen Adaption dieser Geschichte, *Romeo und Julia,* führt die Leidenschaft füreinander zum Tod der beiden Protagonisten.

Geschichten wie diese, in denen sich die Leidenschaft über gesellschaftliche Regeln hinwegsetzt, in denen Protagonisten den zugewiesenen Platz verlassen und eine Emotion höher ansetzen als ihre Pflicht, fielen bei der Zuhörerschaft im christlichen Europa auf fruchtbaren Boden. Rebellion gegen ein fest gefügtes System, das einen fixen Platz in der Gesellschaft zuweist, ließ sich in einem romantischen Kontext wunderbar hinterfragen. Die arabische Dichtung entwickelte sich in Spanien zum Exportschlager. Ein für das Abendland innovatives Element war nicht nur der Inhalt, sondern auch die Machart: Die arabische Dichtung benützte Endreime. Bevor diese Reimform, die sich aus der arabischen *Kasside* entwickelte, auch in Europa populär wurde, gab es nur die antike Dichtung mit ihrem gleichbleibenden Metrum oder den germanischen Stabreim. Der Endreim machte das Dichten variantenreicher und kurzweiliger und förderte auch die Entstehung kürzerer, leichter zu konsumierender Werke. Es entstanden Sonderformen wie die sogenannte Gürtelpoesie, die *Muwassah,* die erstmals die Strophenform einführte. Es gab sogar dreisprachige Gürtelgedichte, die in bestimmten Abständen vom Arabischen ins

Kastilische und dann wieder ins Hebräische wechselten, wobei sich Wörter unterschiedlicher Sprachen miteinander reimen mussten.

All das nahm das Publikum auf der anderen Seite der Pyrenäen staunend auf. Der Endreim, die Form, in der auch heute noch die meisten unserer Gedichte verfasst werden, kam in Mode. Wer schick, modern und elegant dichten wollte, der machte es den Arabern nach. Auch das arabische Wort für singen, *taraba,* wanderte über die Berge und ist uns heute in dem Wort Troubadour überliefert. Die Troubadour-Bewegung brachte all die neuen, eleganten, gesitteten, höfischen Ideen, die von den Arabern über Jahrhunderte entwickelt worden waren, in das Abendland. Als erster Troubadour gilt Wilhelm IX. von Aquitanien, der die neue dichterische Mode Anfang des 12. Jahrhunderts populär machte. Seine Heimat war die Gascogne, also eine benachbarte Gegend der spanischen Emirate. Wilhelm übertrug die neuen Liedformen in die *langue d'oc,* das mittelalterliche Französisch des Südens. Die Bandbreite seiner Themen war groß und reichte von derb-sinnlichen Problemen wie der Frage, ob er seine beiden Geliebten jemals dazu überreden könne, zu dritt der Liebe zu frönen, bis zu dem existenzialistischen Versuch, ein Gedicht über das Nichts zu verfassen.

Wilhelm, selbst ein ehemaliger Kreuzfahrer, fand sein fachkundiges Publikum anfangs unter zurückgekehrten Kreuzrittern, die das kultivierte Leben, das sie im Orient kennengelernt hatten, nicht mehr missen wollten. Denn die Eroberungen im Heiligen Land hatten auch bei den abendländischen Rittern zu jenem Effekt geführt, dem Eroberer in den alten Kulturregionen immer ausgesetzt waren: schleichende Zivilisierung. »Nun sind wir, die wir Abendländer waren, zu Orientalen geworden«, schildert der Chronist Foucher de Chartres die Situation. »Wir haben unsere Geburtsorte bereits vergessen. Der einstige Fremdling ist zum Einheimischen geworden, der Einwanderer zum Ortsansässigen.« Solche erfolgreichen Bemühungen um Assimilierung bestätigt auch der syrische Schriftsteller Usama Ibn Munkidh: »Es gibt einige Franken, die sich in unserem Land niedergelassen haben und seither unter den Muslimen leben. Sie sind von einem besseren Schlag als die, die erst vor kurzem eingetroffen sind.« Die Verfeinerung der Eroberer brauchte eben ihre Zeit, vor allem, da Probleme wie der Erwerb besserer Tischsitten nicht unbedingt das vorrangige Anliegen der Kreuzritter waren. Foucher de Chartres schildert die wichtigste Motivation, den beschwerlichen Weg aus Europa ins Heilige Land auf sich zu nehmen: »Diejenigen, die dort arm waren, hat Gott hier reich gemacht. Die, die dort keinen roten Heller hatten, besitzen hier Goldmünzen in Hülle und Fülle; der, der dort nicht einmal ein Dorf besaß, ist hier mit Gottes Hilfe Herr über eine ganze Stadt. Warum also in den Westen zurückkehren, wenn uns der Osten jeden Wunsch erfüllt?«

Der Grund, doch in den Westen zurückzukehren, hieß Saladin: Der Gründer einer weiteren arabischen Dynastie, der Ayyubiden, schaffte es nämlich Ende des 12. Jahrhunderts, den Kreuzfahrerstaat bis auf wenige territoriale Reste zu vernichten. Saladin war ein überlegener Gegner der europäischen Ritter, der mit effizienter Grausamkeit vorging. So ließ er gefangene Soldaten hinrichten und verkaufte alle, die nicht kriegstüchtig waren, in die Sklaverei. Das ging so weit, dass es – bedingt durch Saladins militärische Erfolge – zu einem regelrechten Preisverfall auf den Sklavenmärkten kam. Im Orient geriet der gefeierte Held im Laufe der Zeit in Vergessenheit, in Europa blieb er als gefürchteter, aber edler Feind in Erinnerung. Saladin neigte zu großen Gesten, und diese sprachen die stolze Ritterschaft an. So ließ er seinen Gegner Richard Löwenherz, als dieser erkrankte, von seinen eigenen Leibärzten behandeln. Ein anderes Mal stellte er Löwenherz ein gutes Pferd zur Verfügung, nachdem der englische König das Pech gehabt hatte, dass sein Tier in der Schlacht verletzt wurde. Saladins Vorgehen hatte Vorbildwirkung: Direkte Brutalität war nicht mehr alles – wer sich als weltgewandter Ritter fühlen wollte, der musste auch ein wenig Esprit und vor allem Klassenbewusstsein an den Tag legen. Ein Gegner war zwar ein Gegner und wurde im Erfolgsfall gnadenlos niedergemetzelt; doch gleichzeitig war dieser Gegner – immer vorausgesetzt, er hatte einen vergleichbaren Status – auch ein Ebenbürtiger, mit dem man auf einem gewissen Niveau verkehrte. Karl der Große hätte ein paar Jahrhunderte zuvor seine eigenen Ritter für solche Flausen wahrscheinlich neben den aufständischen Sachsen ans Kreuz schlagen lassen. Für seine Nachfahren aber wurde dieses Konzept von standesgemäßem Verhalten zur neuen Leitkultur.

Die rückkehrenden Kreuzritter lösten in Europa eine wahre Kulturrevolution aus, beginnend mit den Tischsitten: Im frühen Mittelalter hatte man Speisen schlicht in Vertiefungen des Tisches gelegt, nicht einmal Teller gab es. Jeder zog sein Messer, und im vertrauten Stil des Bubeninternats wurde geschlungen, was das Zeug hielt. Eine erfolgreiche Mahlzeit hatte der, der am meisten verdrückte. Doch plötzlich gab es Tischtücher, Servietten, Tafelmusik, und man musste sich auch bei der Wahl des Gespräches zurückhalten, denn es waren Damen anwesend. Die germanische Halle, aus der diese Tafeln hervorgegangen waren, war eine reine Männerdomäne gewesen, doch jetzt saß die holde Weiblichkeit mit am Tisch. Dass die anwesende Weiblichkeit überhaupt als hold betrachtet wurde, verdankte sie dem wohltuenden Einfluss arabischer Dichter und ihrer Apologeten, den Troubadouren und später den Minnesängern. Der Preis für dieses mittelalterliche Hochhalten der weiblichen Ehre war jedoch die Freiheit: Während am Hof Karls des Großen Frauen und Männer zwar nicht gesellschaftlich gleichgestellt waren, aber wenigstens dieselben sittlichen Maßstäbe an sie gelegt wurden, stiegen jetzt die Erwartungen an die Zurückhaltung der Frauen. Karls Tochter Rotrud konnte ihrem Vater noch, ohne Konsequenzen fürchten zu müssen, ein uneheliches Kind präsentieren. Das wurde im Hochmittelalter undenkbar. Zur Minne, also der idealistischen Verehrung einer hochgestellten Dame, kam die niedere Minne für die sexuellen Bedürfnisse der Herrschaften. Körperliche Liebe als Bedürfnis wurde nur noch den Männern zugestanden; die damit verbundenen Einschränkungen für Frauen sollten zu einer Bastion des abendländischen Denkens werden.

Die Spaßgesellschaft nahm schnell von ganz Europa Besitz. Man gefiel sich in der neuen Rolle, und der weder durch Kreuzzüge und päpstliche Embargos noch durch den Sieg Saladins wesentlich in Mitleidenschaft gezogene Levantehandel versorgte das modische, ritterliche Europa mit den nötigen *stylishen* Gebrauchsgütern. Das »Höfische« wurde nicht nur an weltlichen Höfen populär: Selbst die Kirche konnte und wollte sich dieser kulturellen Erneuerung nicht entziehen. Papst Clemens IV. war selbst Troubadour, allerdings setzte er sich gegen die dichterische Konkurrenz mit unlauteren Mitteln durch: Der Papst versprach jedem Sänger, der seine Werke zum Vortrag brachte, 100 Jahre Ablass vom Fegefeuer.

Nicht nur modische und kulturelle Erneuerung entstand durch den Impuls der arabischen Kultur. Auch ein eigens abendländisches Denken entstand nach langen, zähen Jahrhunderten des geistigen

Stillstands. Befeuert vom tradierten Aristotelismus, der über den arabischen Gelehrten Ibn Ruschd, in Europa besser bekannt als Averroes, nach Europa kam, entstand die Scholastik, die christliche Philosophie und Theologie des Mittelalters. Die ersten Gelehrten wie Petrus Abaelardus oder Ramon Llull waren Mönche, Troubadoure und Wissenschaftler in einem. Thomas von Aquin, der den Aristotelismus mit dem christlichen Dogma aussöhnte, lebte am Hof des sangesfreudigen Papstes und Troubadours Clemens IV.

Der arabische Einfluss war nicht nur indirekt: Christliche Herrscher in exponierteren Lagen arabisierten ihre Höfe – nicht aus religiöser Koketterie, sondern aus dem Bewusstsein heraus, dass die orientalische Kultur als überlegen zu betrachten war. Der Prozess ist vergleichbar mit dem übergreifenden Einfluss des französischen Königshofes im Barock. Als etwa Roger II., ein Neffe des umtriebigen Robert Guiscard, den normannischen Thron von Sizilien bestieg, übertraf sein Krönungsmantel alles, was man im Westen bis dahin an Prachtentfaltung gesehen hatte. Die wertvollen Stickereien waren in Palermo hergestellt worden, und sie waren arabisch. Der Mantel trug eine in kufischer Schrift – eine frühe arabische Form der Kalligrafie – verfasste Inschrift, und das Krönungsdatum war mit dem Jahr 528 nach der Hidschra ausgewiesen. Diese islamische Zeitrechnung, die mit der Flucht des Propheten von Mekka nach Medina beginnt, ist für einen christlichen Herrscher doch recht ungewöhnlich. Roger, nicht ganz unzutreffend »der Heide« genannt, setzte in allem auf arabisches Know-how. Ob Verwaltung, Ingenieurswesen oder Wissenschaft – die handelnden Personen waren allesamt arabischer Herkunft oder hatten zumindest die entsprechende Ausbildung an arabischen Bildungsinstituten genossen. Mit seinen muslimischen Fachkräften konnte Roger nicht nur große Teile Süditaliens erobern, es gelang ihm sogar, den Papst festzunehmen und sich von einem vormaligen Lehensmann in den König von Sizilien zu verwandeln.

Der Reiseschriftsteller Ibn Dschubair schrieb über Roger II.: »Der König baut auf die Muslime und vertraut ihnen seine Angelegenheiten an, sogar die wichtigsten, sodass sein oberster Küchenmeister ein Muslim ist. Auch hat er zahlreiche schwarze Sklaven, die von muslimischen Kämmerern und Wesiren befehligt werden.« In Palermo kleidete man sich nach der Mode des Orients – und man sprach arabisch. Offizielle Dokumente wurden auf Arabisch verfasst, und sogar die Münzen hatten arabische Inschriften mit entsprechenden islamischen Datumsangaben. Die treue muslimische Gefolgschaft unterstützte Roger auch bei seinen Kreuzzugsgeschäften. Die Affinität zu allem Arabischen hinderte den Normannenkönig nämlich nicht daran, auch kriegerisch im Nahen Osten zu intervenieren. Seine nordafrikanischen Besitzungen verband er mit einer ausschließlich dem Handel dienenden Flotte. Die Schiffe kreuzten zwischen Tunis, Palermo und Konstantinopel und bescherten dem König ein riesiges Steueraufkommen.

Am normannischen Hof lebten bedeutende Wissenschaftler wie der Geograf Al-Idrisi, der ein gewaltiges Kompendium schuf, das als *Kitab Rudschar* ebenso in die islamische Wissenschaftsgeschichte einging, wie es als *Liber Rogeris* zu einem der ersten wissenschaftlichen Standardwerke Europas wurde. Roger, ein Modernist seiner Zeit, versuchte auch erstmals positives Recht in seinem Reich einzuführen, also gesatztes Recht, das seine Gültigkeit dadurch gewinnt, dass es von Menschen aufgezeichnet wird und als rechtsverbindlich gilt. Er entwickelte diesen Kodex nach der Vorlage des *Corpus iuris civilis* von Kaiser Justinian und ging darin sogar so weit, das Königtum juristisch zu begründen und damit in eine Reihe mit anderen Institutionen zu stellen. Ein unerhörter Schritt, der vom göttlichen Ursprung des Herrschaftsrechtes wegführte und das höchste Staatsamt auf die Funktion des Schlusssteines einer Hierarchie reduzierte. Außerdem garantierten die Gesetze des Königreichs Sizilien absolute Glaubensfreiheit für die drei Buchreligionen Christentum, Judentum und Islam.

Die fortschrittliche, multikulturelle Welt auf Sizilien fand in Rogers Nachfolgern und später unter Kaiser Friedrich II. eine Fortsetzung. Doch scheint der Zugang der Normannen insgesamt viel zu radikal gewesen zu sein. Das restliche Europa nahm die Entwicklung erstaunt zur Kenntnis, wagte auf Grund der militärischen Stärke der Normannen nicht zu widersprechen und ignorierte die fortschrittlichen Tendenzen weitgehend. Mit der Zeit verschwand die arabische Sprache aus dem öffentlichen Leben, und Anfang des 15. Jahrhunderts wichen die letzten Muslime Siziliens dem zunehmenden Druck religiöser Intoleranz durch Emigration.

Noch befremdeter, als die Europäer über die Sitten in Palermo waren, mussten es die Byzantiner über die neuen Bräuche in

Konstantinopel gewesen sein: Kaiser Manuel I. ging ebenfalls mit der Mode der Zeit, und die waren das Troubadourwesen, die Minne und das ritterliche Spiel. Der Westen hatte es geschafft: Nachdem deutschen Kaisern noch gut ein Jahrhundert zuvor die Hand von purpurgeborenen Prinzessinnen verweigert worden war, saß nun Mitte des 12. Jahrhunderts der Abkömmling eines byzantinischen Feldherrn und der ungarischen Prinzessin Piroschka auf dem Thron. Selbst mit dem deutschen Kaiserhaus verschwägert, führte Manuel auch dessen modische Sitten ein. Und so, wie man in Palermo beleidigt darüber war, dass Araber hohe Positionen innehatten, stießen sich die griechisch-orthodoxen Byzantiner an der zunehmenden Präsenz der *Lateiner,* wie man die Bewohner der außerhalb der Orthodoxie liegenden christlichen Welt nannte. Doch selbst dem ritterlich denkenden byzantinischen Kaiser Manuel wurde der Einfluss des Westens etwas zu viel, als es bei einem weiteren Kreuzzug, angeführt von seinem Schwager, König Konrad III., zu schweren Übergriffen auf byzantinischem Boden kam. Das Kreuzritterheer verzettelte sich in Kleinasien in Reibereien mit der griechischen Bevölkerung und wurde von den Seldschuken vernichtend geschlagen. Dieser unrühmliche Versuch eines weiteren Kreuzzuges diskreditierte die *Lateiner* endgültig. Der Nutznießer dieses sinnlosen Blutbades war Roger II., der die reichen griechischen Metropolen Korinth und Theben besetzte und damit die lukrative Seidenproduktion in seine Hand bekam.

Konrads Nachfolger, Kaiser Friedrich I. Barbarossa, drehte den Spieß schließlich um; er fügte dem Spielchen von wechselseitiger Anerkennung und Nicht-Anerkennung einen neuen Aspekt hinzu: So wie Manuels Vorgänger die deutschen Kaiser als »Barbarenkönige« tituliert hatten, stufte nun Barbarossa den byzantinischen Kaiser zu einem bloßen »Griechischen König« herab. Die Ideenwelt, aus der Kaiser Friedrich diese Vorstellung schöpfte, ist eine alte Bekannte, nämlich das römische Rechtssystem Justinians, das den universellen Herrschaftsanspruch des Kaisertums festgeschrieben hatte. Die modernen Stauferkaiser hatten also antike Staatsideen für sich wiederentdeckt: ein verbindliches, gesatztes Rechtssystem und eine Kanzlei. Der Kanzlei stand ein »Kanzler« vor, dem wiederum Experten zuarbeiteten. Man war zwar noch meilenweit von byzantinischer Staatsbürokratie oder dem ausgeklügelten System des seldschukischen Diwans entfernt, aber man setzte auf Strukturen, die nicht nur von der Person des Herrschers abhingen. Die *Franken,* die von den Byzantinern so gehassten und verachteten *Lateiner,* hatten also nun das Spielfeld nicht nur betreten, sondern sie stellten Forderungen und bekamen zusehends Kontakt auf Augenhöhe.

Die verfluchten Lateiner

Die Kreuzzüge machten die italienischen Seemächte zum dominierenden Faktor und zum großen Gewinner aller Verbindungen zwischen Orient und Okzident. Der Traum jedes modernen Konzernes, sich von staatlicher Bevormundung vollständig zu befreien, ging für Städte wie Genua oder Venedig in Erfüllung: Mehr Großkonzern als Staat im engeren Sinn, destabilisierten sie gezielt das Byzantinische Reich, um ihre umfassenden Handelsinteressen durchzusetzen. »Die verfluchten Lateiner lechzen nach unseren Gütern und wollen unser Geschlecht vernichten«, fasste der byzantinische Historiker Niketas Choniates zusammen, wie diese Handelsinteressen zu verstehen waren: »Zwischen uns und ihnen besteht eine Kluft des Hasses. Wir können uns seelisch mit ihnen nicht verbinden und gehen in allem völlig auseinander.« Der byzantinische Kaiser Manuel beherzigte den alten römischen Leitsatz *Divide et impera* (»Teile und herrsche«) und versuchte, das Übel – durchaus mit Zwischenerfolgen – dadurch zu bekämpfen, dass er aus *seinem* Problem ein *italienisches* Problem machte. Er schloss Verträge mit den Konkurrenten Venedigs, mit Pisa und Genua, und hoffte dadurch auf eine Schwächung der *Serenissima Republica,* die sein Reich am stärksten bedrängte. Allerdings setzte Manuel damit eine unheilvolle Entwicklung in Gang, die unter anderen den Historiker Choniates um seinen ganzen Besitz bringen sollte.

Als Reaktion griffen nun die Venezianer an und eroberten unter anderem Lesbos; erst dann begannen sie zu verhandeln. Manuel wiederum reagierte mit der Enteignung venezianischer Kaufleute und ließ sie aus seinem Reich ausweisen. Während die Genuesen ihre Vormachtstellung im östlichen Mittelmeer ausbauten – davor waren sie nach Spanien und dem Maghreb orientiert gewesen –, mussten die Venezianer heftige Machtverluste hinnehmen, vor allem den Verlust des Handelsmonopols. Der Konflikt steigerte sich, als Kaiser Andronikos Komnenos 1183 die Macht übernahm. Er korrigierte den prowestlichen Kurs seiner Vorgänger, schloss ein Bündnis mit Sultan Saladin und löste ein Pogrom gegen alle in Konstantinopel anwesenden *Lateiner* aus. Dieses wahllose, staatlich gebilligte Abschlachten ließ die drei italienischen Stadtstaaten zur Vernunft kommen: Man besann sich, was man eigentlich war – nämlich mehr Kaufmannsgilde als Staat –, und regelte die Konkurrenz nach kaufmännischer Art, mit dem Abschluss von Verträgen. Kurzfristig wurde Byzanz durch den Gewaltakt zwar den Einfluss der Seemächte los, aber vor allem Venedig dachte langfristig und investierte in den Untergang des Oströmischen Reiches.

Die entscheidende Gelegenheit bot sich mit dem Vierten Kreuzzug: Die Kreuzritter konnten die Überfahrt ins Heilige Land nicht bezahlen. Man einigte sich darauf, dass ein Teil des Preises in Sachleistungen abgegolten wurde – Sachleistungen im kriegerischen Sinn, versteht sich. Vorerst ging es nur um die Eroberung des Handelshafens Zara, des heutigen kroatischen Zadar. Der Papst exkommunizierte zwar das gesamte Kreuzfahrerheer für dieses Vorhaben, aber die drückenden Schulden bei den Venezianern wogen schwerer. Durch die Neigung byzantinischer Herrscher, Kaiser und Gegenkaiser zu ernennen, entstand genau zu der Zeit, als das Kreuzritterheer im frisch eroberten Zara überwinterte, ein guter Grund, Konstantinopel selbst anzugreifen – schließlich konnte man sich als Bewahrer der »legitimen« Rechte des byzantinischen Thronprätendenten Alexios aufwerfen.

Das folgende Unternehmen unter venezianischer Leitung war eines der planvollsten der Geschichte. In einem detaillierten Nutzungsvertrag wurden im Vorfeld Beute und zukünftige Aufgaben verteilt. Ein neuer byzantinischer Kaiser – von Alexios war schon während der Vorbereitungen nicht mehr die Rede – sollte durch ein Wahlkomitee bestehend aus sechs *Franken* und sechs Venezianern installiert werden. Bei der Gebietsaufteilung waren die Venezianer zurückhaltend und konzentrierten sich auf strategische Stützpunkte in der Ägäis; die Ritterschaft konnte sich an der Landmasse gütlich tun. Der wichtigste Vertragspunkt bestand aber darin, dass Venedig, beziehungsweise der Doge, von der Lehenspflicht gegenüber dem neuen Kaiser von Byzanz explizit ausgenommen war. Die *Firma Venedig* strebte Exterritorialität im Byzantinischen Reich an und sollte sie auch erhalten: Der Vertrag wurde genau so vollzogen, wie ihn Enrico Dandolo, der Doge, der Venedigs Vorherrschaft begründen sollte, aufgesetzt hatte. Der langfristige Gewinn lag ebenfalls auf der Seite Venedigs, da sich das neue Lateinische Kaisertum und die diversen lateinischen Teilstaaten in Griechenland und Kleinasien als äußerst schwachbrüstig erwiesen. Als einziger Gegner, oder – um in der Terminologie des Handels zu bleiben – als einziger ernst zu nehmender Geschäftspartner, etablierten sich neue, alte Bekannte: die Byzantiner selbst. Sie gründeten, nachdem die Kreuzritter Konstantinopel blutig erobert und nach allen Regeln der Kunst geplündert hatten, das Kaiserreich von Nikäa, dessen Hauptstadt auf der asiatischen Seite in unangenehmer Nähe zur alten Hauptstadt lag.

Die neuen Herren Konstantinopels, die *Lateiner,* ohnehin schon so beliebt wie die Krätze, machten schon bei der Übernahme des Staates einen ersten entscheidenden Fehler: Anstatt wie in der Region oft erprobt die alten Strukturen für die neuen Herren arbeiten zu lassen, verprellten sie Adel und Beamtenschaft. Trotz eindeutiger opportunistischer Anbiederungen des Establishments, sich mit den neuen Machtverhältnissen arrangieren zu wollen, lehnte der neue Kaiser Balduin diese schroff ab. Eine kurzsichtige Entscheidung, denn von da an opponierten die byzantinischen Kräfte in seltener Eintracht. Routiniert richteten sich hingegen die Byzantiner in ihrer neuen Hauptstadt ein, unter ihnen auch der Chronist Niketas Choniates. Johannes Vatatzes, der neue byzantinische Exilkaiser, aktivierte alles an innerer Reformkraft, was sein Staat noch aufbringen konnte. Er schuf einen gewissen sozialen Ausgleich, beschnitt die Macht des Adels, gründete Krankenhäuser und Schulen und richtete vor allem das angeschlagene Selbstbewusstsein auf. Auch der Idee der *Stratioten* – eine Art Wehrbauerntum, auf dem die militärische Widerstandskraft von Byzanz über Jahrhunderte beruht hatte – wurde neues Leben eingehaucht.

Johannes Vatatzes versuchte, Venedig mit einem stillen Boykott zu schwächen. Die Handelsverträge mit der Lagunenstadt waren nach wie vor aufrecht – auch die Eroberung von Konstantinopel ändert nichts an den Vereinbarungen; einen Vertragsbruch wollte er nicht riskieren. Aber er brachte die Importe ins Kaiserreich Nikäa trotzdem fast zum Erliegen. Der Kaiser verordnete sich und seinem Volk eine neue Einfachheit. Es sollte nur konsumiert werden, was »römische Hände auf römischem Boden erzeugten«. Die Übung gelang: Römisch-byzantinisches Know-how und eine durchlässigere Gesellschaftsstruktur, die den Anreiz des Aufstiegs bot, bewirkten ein kleines Wirtschaftswunder. Auf den kaiserlichen Mustergütern wurden erfolgreich neue landwirtschaftliche Technologien angewandt. Der Kaiser kaufte aus den Erlösen seiner Güter eine wertvolle Krone für seine Frau. Diese »Eierkrone«, wie er sie selbst nannte, wurde zum neuen Symbol byzantinischen Selbstverständnisses.

Auch die Zeit arbeitete für die Byzantiner: Auf der einen Seite verspielten die »lateinischen Herren« jeden Kredit bei ihrer neuen Bevölkerung, auf der anderen Seite hatten die Angstgegner von einst, die türkischen Seldschuken, Probleme im Osten. Den Seldschuken, die mit Gründlichkeit alles annektiert hatten, was durch ein Machtvakuum schutzlos war, erwuchs dort ein übermächtiger Gegner: Die Mongolen verwüsteten das Land; auf dem persischen Thron saß plötzlich ein Mongolenkhan. Die Wirtschaft der Rum-Seldschuken, der nächsten Nachbarn der Byzantiner, brach durch mongolische Verwüstungen völlig ein. Das Kaiserreich Nikäa exportierte Lebensmittel und die wichtigsten Gebrauchsgüter. Ein gewaltiger Handelsbilanzüberschuss zugunsten der Byzantiner war die Folge und spülte neuen Reichtum ins Land. Das Kaiserreich Nikäa selbst blieb von mongolischen Einfällen verschont und musste nur geduldig abwarten, bis alle anderen staatlichen Strukturen rundherum erodierten. Das Lateinische Kaiserreich beschränkte sich bald auf das direkte Umfeld von Konstantinopel. Die finanzielle Lage der *Lateiner* war prekär. Schließlich sah sich Balduin II. sogar gezwungen, seinen Sohn für eine Kriegsanleihe zu verpfänden. Der Kreditgeber war – natürlich Venedig!

Auf dem Land gab es nun keine ernst zu nehmenden Gegner für die Byzantiner mehr. Mit neuerlicher Unterstützung von seldschukischen Truppen holten sie sich große Teile des ehemaligen Reiches zurück. Nur Venedigs Macht zur See war ungebrochen. Schließlich schloss der neue byzantinische Kaiser Michael VIII. mit den Genuesen einen Pakt, der Genua dieselben Rechte einräumte wie den Venezianern: Steuerfreiheit, sichere Häfen und weitgehende Handelsprivilegien wurden gegen Militärhilfe getauscht. Die beiden Seemächte hielten sich zwar erwartungsgemäß gegenseitig in

Schach, aber sie ließen auch niemand anderen aufkommen, schon gar nicht die Byzantiner selbst.

Schließlich pflückte das Kaiserreich Nikäa auch noch den *Goldenen Apfel,* und das fast im Vorübergehen: Als ein kleiner Trupp zur Grenzsicherung an die bulgarische Grenze geschickt wurde, stellte dieser bei der Durchreise fest, dass Konstantinopel ungeschützt war. Es herrschte zwar nominell gerade Waffenstillstand zwischen dem lateinischen Kaiser und seinem Konkurrenten in Nikäa, aber diese Gelegenheit konnte man sich einfach nicht entgehen lassen. Die Stadt wurde besetzt, und ohne großes Aufsehen wurde das Lateinische Kaisertum nach knapp sechzig Jahren glückloser Existenz zu Grabe getragen. Die Hauptstadt war ausgeraubt, die Paläste verödet, byzantinische Kunstwerke schmückten europäische Metropolen – die zurückgekehrten Byzantiner mussten zwar nicht bei null anfangen, aber Konstantinopel war nach der lateinischen Herrschaft zu einem besseren Provinzkaff verkommen, und der Westen hatte Rachegelüste. Mit seinen seldschukischen Soldaten und der genuesischen Flotte ging der byzantinische Kaiser in die Offensive. Der Papst belegte die Genuesen zwar wegen ihres Bündnisses mit Byzanz mit dem Kirchenbann, aber das half genauso wenig wie der Versuch ein halbes Jahrhundert zuvor, die Kreuzritter durch Exkommunikation gefügig zu machen.

Schließlich entschieden die Waffen, und die neuen Verhältnisse wurden durch Abkommen festgelegt: Die Venezianer besiegten die Genuesen, der Kaiser kündigte ihnen deshalb das Bündnis und erneuerte dafür jenes mit Venedig. Als Venedig zögerte, den Vertrag zu ratifizieren, schwenkten die Byzantiner doch noch einmal um und räumten Genua wieder seine Rechte ein. Schlussendlich teilten sich die beiden Seemächte den Kuchen und wurden zum fixen Bestandteil Konstantinopels, weit über die Existenz des Byzantinischen Reiches hinaus. Sie richteten sich auf der gegenüberliegenden Seite des Goldenen Horns in Galata ein, das damals außerhalb der Stadt Konstantinopel lag. Der Forschungsreisende Muhammad Ibn Battuta berichtete im 14. Jahrhundert: »Der zweite Teil der Stadt wird Galata genannt. Hier leben die fränkischen Christen. Sie stammen von verschiedenen Nationen. Unter ihnen gibt es Genuesen, Venezianer, Menschen aus Rom und Frankreich. Die Herrschergewalt über diese Menschen gehört dem Kaiser von Konstantinopel. Ein von ihm beauftragter Beamter regiert diese Menschen. Sie zahlen dem Kaiser jedes Jahr Steuern. Sie rebellieren häufig und kämpfen, bis der Papst vermittelt. Alle beschäftigen sich mit Handel, und ihre Häfen sind die größten Häfen der Welt. Ich habe gesehen, dass hier hundert Galeonen und große Schiffe anlegen. Die kleinen Schiffe waren so viele, dass ich sie nicht zählen konnte. Die Märkte in diesem Teil der Stadt sind exzellent, jedoch ist es auch überall dreckig. Ein kleiner, sehr dreckiger Fluss fließt durch diesen Teil. Auch die Kirchen dieser Völker sind sehr widerwärtig und haben keine anziehende Seite.«

Das Geschäft war gesichert: Byzanz schrumpfte schnell zum besseren Stadtstaat zusammen, während sich Galata auf der anderen Seite des Goldenen Horns zum prosperierenden Wirtschaftszentrum entwickelte. Aus dem erodierenden Reich der Seldschuken gingen währenddessen viele kleine türkische Staaten hervor, die sich das ehemalige Reichsgebiet aufteilten. Einer der Herrscher dieser Kleinstaaten hieß Osman – er sollte für die Region noch von großer Bedeutung werden.

Business as usual

Als die italienischen Stadtstaaten – die »verfluchten Lateiner« – die Dominanz über das östliche Mittelmeer erlangten, bekamen sie erstmals direkten Anschluss an das bereits boomende Weltwirtschaftssystem. Durch die mongolische Hegemonie in Zentralasien und die damit verbundene Rechts- und Reisesicherheit gab es über den Landweg eine stabile Verbindung bis nach China – eine Chance, die auch Marco Polo für seine Reisetätigkeit nutzte. Der mamelukische Seehandel über das Rote Meer schuf eine ebenso stabile Verbindung nach Indien. Die größten Wirtschaftsräume der damaligen Zeit waren somit verbunden, und das vergleichsweise noch unbedeutende Europa erhielt erstmals Zugang zur Weltwirtschaft. Genua und Venedig – und in geringerem Maße Pisa, Amalfi und einige weitere kleinere Städte – stießen nun in jenes Vakuum vor, das Byzanz hinterlassen hatte. Ihre arabischen Geschäftspartner vermittelten ihnen eine entwickelte Logistik und ein ausgeklügeltes Finanzsystem, das den Fernhandel überhaupt erst möglich machte. Genuesen und Venezianer legten bei ihrem Kontakt mit dem Orient also deutlich mehr Gewandtheit an den Tag, als es die Kreuzritter getan hatten. Und sie wurden, wenn auch mit einer gewissen vorsichtigen Zurückhaltung, als Handelspartner akzeptiert.

Im Gegensatz zur europäischen Tradition war der gesellschaftliche Status des Händlers in der islamischen Welt hoch. Schließlich war der Prophet Mohammed selbst Händler gewesen. Von ihm ist der Ausspruch überliefert: »Der wahrheitsliebende Kaufmann wird am Tag des Jüngsten Gerichts im Schatten von Gottes Thron sitzen.« Und auch eine Aussage, die das Herz aller Wirtschaftsliberalen höherschlagen lässt, stammt vom Propheten persönlich: »Nur Gott kann Preise festsetzen.« Während im germanisch dominierten Teil Europas der Handel lange im Schatten des Handwerkes blieb, besannen sich nun die Abkömmlinge der Römer in Italien darauf, was ein Geschäft war. Wahrscheinlich blieb ihnen auf Grund des Umstandes, dass Italien bis ins Mittelalter ein Schlachtfeld war, auf dem byzantinische, normannische und zentraleuropäische Interessenkonflikte ausgetragen wurden, gar nichts anderes übrig, als ihr Glück auf dem Meer zu suchen. Städte wie Genua und Venedig richteten sich von Anfang an auf die Seefahrt aus. Lange bewegten sie sich dabei in der Grauzone zwischen Piraterie und Handel.

Auch die europäische Wirtschaft nördlich der Alpen kam um die Jahrtausendwende langsam in Gang. Die ersten Handelszentren bildeten sich in Frankreich, in der Champagne. In den Städten Troyes und Provins wurden regelmäßige Markttage mit eigener Marktordnung, genormten Gewichten und allem, was dem friedlichen Austausch von Waren und Dienstleistungen dienlich war, abgehalten. Die produzierende Wirtschaft entwickelte sich zuerst in Flandern: In Brügge und Gent wurden im großen Stil Textilien hergestellt, die es mit der orientalischen Konkurrenz aufnehmen konnten. Mit der Entwicklung und Steigerung der Produktivität schrie man förmlich nach neuen Absatzmärkten. Normannische Schiffe und bald auch welche aus Genua transportierten die flandrische Ware bis in den Mittelmeerraum.

Die Normannen entwickelten zunächst einen kleinen Mittelmeerhandel mit Tunis und Kairo. Durch ein Bündnis der Venezianer mit Byzanz gegen Herzog Robert Guiscard wurde die Normannenflotte jedoch zerschlagen. Nun begann die Lagunenstadt Venedig das östliche Mittelmeer ähnlich zu dominieren, wie es die Genuesen in der westlichen Hälfte taten. Einen großen Entwicklungsschub, auch in technologischer Hinsicht, brachten die Kreuzzüge: Plötzlich waren Dienstleister gefragt, und diese konnten nicht nur ihre Leistung teuer verkaufen, sondern auch ihre eigenen Interessen forcieren. Die knapp zweihundert Jahre, in denen sich die Kreuzfahrerstaaten im Nahen Osten halten konnten, bescherten Venedig und in geringerem Maße Genua einen beständigen Strom von zu befördernden Pilgern. Diese zahlenden Gäste verlangten einen gewissen Komfort und verlässlichen Service. Es entstand regelmäßiger Schiffsverkehr, der Menschen und Waren zwischen Orient und Okzident transportierte. Mit der Zeit wurden eigene Handelsniederlassungen geschaffen, und der Warenverkehr nahm zu. Die italienischen Seefahrer handelten direkt mit den arabischen Anbietern; Damast (aus Damaskus) und Musselin (aus Mosul) waren gefragte *Trademarks* des Mittelalters. Die Kirche störte sich zwar an den Handelskontakten, allerdings blieb auch hier der Kirchenbann gegen Venedig völlig wirkungslos.

Nachdem die Kreuzfahrerstaaten von Sultan Saladin vernichtend geschlagen worden waren, verbesserte sich die Handelssituation sogar noch. Saladins neue Dynastie beherrschte sowohl Syrien als auch Ägypten, die damaligen Marktführer in der Herstellung von Textilien und Metallwaren. Die Aktivitäten nahmen zu und Saladin förderte persönlich die Steigerung des Handelsvolumens. Kritik des Kalifen aus Bagdad, der sich an dem übermäßigen Kontakt mit »Ungläubigen« störte, wandte der Befreier Jerusalems in einem schlitzohrigen Brief ab: Die italienischen Kaufleute lieferten im Gegenzug europäische Qualitätsware, vor allem Waffen, die man im Kampf gegen die Ungläubigen gut gebrauchen könne, argumentierte Saladin. Um den religiösen Oberhäuptern beider Seiten keinen Anlass zur Kritik zu geben, begann man, die Zielorte der Produkte zu verschleiern. Die venezianische Niederlassung auf Zypern diente als Zwischenstation hauptsächlich diesem Zweck: Man importierte vom christlichen Zypern ins christliche Italien, der Form war Genüge getan, und das Oberhaupt der Christenheit sah einfach weg.

Ein bedeutendes Handelsgut waren auch die syrischen, später mamelukischen Metallwaren. Die kunstvoll gearbeiteten Gefäße mit ihrem hochentwickelten ornamentalen Dekor galten lange Zeit als

Inbegriff des Luxus. Die arabischen Inschriften, die mit Gold und Silber eingelegt waren, zierten Messkelche und anderes liturgisches Gerät. Es war bei den syrischen Händlern auch beliebt, die wertvollen Gegenstände einer Zweitverwertung zuzuführen: Oft war der Name eines in Ungnade gefallenen Mameluken eingraviert und das Gefäß damit in seinem Ursprungsland entwertet. Da die europäische Kundschaft die Gravuren nicht einmal als Schrift wahrnahm, konnte man auf Zypern damit noch gute Preise erzielen. Schließlich entwickelte sich auch die Dienstleistung der Manufakturen weiter: Man begann, gezielt für bestimmte Kunden zu produzieren. Die arabischen Inschriften, auf die man aus künstlerischen Gründen nicht verzichten wollte, wurden aus Rücksicht auf die christlichen Kunden geändert. Statt Koranstellen wurden nun allgemeine Segenswünsche eingearbeitet, auf Wunsch auch die Wappen der zukünftigen Besitzer. Wenn es keine Einzelbestellung war, ließ man das Wappenschild zur späteren Vollendung in Europa einfach leer und schrieb ein neutrales *al-maliki,* »der Besitzer«, darunter. Der Export dieser Metallgefäße wurde auf Grund der großen europäischen Nachfrage so bedeutsam, dass es im Ursprungsland zu einer regelrechten Verknappung und damit zu einer signifikanten Verteuerung kam. »Die schönsten Dinge der Welt, von den nobelsten und reichsten Werken jeder Art sind hier zu finden, sodass du, wenn du Geld in den Knochen deiner Beine hättest, du diese bestimmt abbrechen würdest, um von diesen Dingen zu kaufen«, schrieb der Wallfahrer Simone Sigoli beeindruckt. Die Herkunft aus Syrien drückte den Waren ein ähnliches Gütesiegel auf, wie es das schlichte *Made in Germany* heute tut.

Der Transport zu Land war zwanzig Mal so teuer wie zur See. Selbst bei großzügiger Bemessung der eigenen Spanne fuhren die italienischen Seemächte also gewaltige Gewinne ein. Gleichzeitig wurden die Handelsbeziehungen so komplex, dass man neue Formen der Bezahlung und des Lieferwesens entwickeln musste. Die früheste Methode, Kapital für kaufmännische Unternehmungen aufzunehmen, war die *Fraterna,* eine Institutionalisierung des Familienunternehmens. In seiner simpelsten Form bedeutete das, dass ein Bruder mit dem Schiff loszog und zusammenraffte, was er konnte, während der andere Bruder die Stellung in der Heimat hielt und für den Absatz sorgte. Das Vertrauen in den Partner und die Gewissheit, dass der Gewinn gerecht geteilt wurde, resultierten aus den Familienbanden.

Doch die ungeheure Steigerung des Handelsvolumens während der Kreuzzüge machte die Entwicklung neuer Formen des Geldverkehrs nötig. Waren drängten aus dem Norden in die Seehäfen und aus dem Orient nach Europa. Man hatte schlicht keine Zeit mehr, darauf zu warten, dass zwei Brüder im unternehmungsfreudigen Alter, ausgestattet mit dem nötigen Kapital, ein Schiff ausrüsteten. Kapital lag brach, und unternehmungslustige junge Männer versprachen satte Gewinne, wenn man sie nur gewähren ließe.

Die arabische Wirtschaft, die schon länger mit Fernhandel beschäftigt war, hatte längst Instrumente geschaffen, die vor allem von den Genuesen eifrig kopiert wurden: Mit dem *Mudaraba*-Vertrag wurde das Verhältnis zwischen einem Investor und einem Unternehmer geregelt. Der Vertrag sah vor, dass man sich schon im Vorfeld einigte, wie sowohl der Gewinn als auch das Risiko geteilt werden sollte. Das setzte hohe Rechtssicherheit und eine entwickelte, schriftliche Vertragskultur voraus. In Genua wurde diese flexible und vom Familienverband entkoppelte Form der Kapitalisierung schnell integriert. Jeder genuesische Geschäftsvorgang wurde nun von einem Notariatsakt begleitet. Kapital und Unternehmer fanden sich erstmals in der europäischen Geschichte auf einem freien Markt und waren durch nichts als einen Vertrag verbunden. Die Bedeutung, die der Notariatsakt für die Genuesen hatte, sorgte zwar bei den Zeitgenossen für Spott, setzte aber viel Kapital für Unternehmen frei.

Man übernahm nicht nur das Konzept, mit Fremdkapital zu arbeiten, sondern auch das entwickelte Bankwesen. Zahlungsverkehr über Wechsel und Scheck war im Orient seit den Sassaniden bekannt; man vermutet, dass diese grundlegenden Instrumente der Finanzwirtschaft sogar schon in Babylon geläufig waren. Das islamische Bankgeschäft entwickelte sich aus dem *Sarraf*, dem Geldwechsler. Die Gründe für die zunehmende Bedeutung des Geldwechselns waren ähnliche wie in Europa: Man musste verschiedene Währungen konvertieren; das setzte größere Gelddepots und vor allem die Seriosität des Geldwechslers voraus. Die Venezianer lernten den *Sarraf* auf orientalischen Märkten kennen und übernahmen dieses Wechslersystem. Das Finanzsystem des Spätmittelalters wurde schon allein deshalb in jedem Detail aus dem arabischen Raum übernommen, da man den orienterfahrenen Kunden als *Newcomer* auf dem Finanzsektor signalisieren wollte, dass alles nach einem bewährten Muster ablief. So wie man heute Amerikanismen nutzt, um zu zeigen, wie modern und professionell man ist, nutzte man damals eben Arabismen.

Das orientalische Finanzwesen, vor allem jenes der Abbasiden, war freilich noch viel höher entwickelt: Es gab Banken mit einer Zentrale in Bagdad und Filialen in der gesamten islamischen Welt. Man konnte einen Scheck in Persien ausstellen und in Marokko einlösen. Im florierenden Handelszentrum Basra verfügte jeder Kaufmann über ein eigenes Konto, Geschäfte wurden bargeldlos abgewickelt. Im 10. Jahrhundert existierten bereits Staatsbanken, die sich *Bankiers der Gegenwart* nannten und mit Staatsanleihen handelten. Sie stellten dem Kalifat Barmittel gegen die Verpfändung von Steuereinnahmen zur Verfügung. Der Staat konnte seine laufenden Ausgaben, etwa Beamtengehälter, bezahlen; die Banken holten sich das investierte Kapital mit Zinsen aus dem Steueraufkommen zurück. Die Banken kontrollierten damit die öffentlichen Finanzen. Dieses System sollte das Bankhaus Fugger in Augsburg später zur Perfektion bringen. Das größte Problem des Bankwesens in der islamischen Welt, wie auch später in Europa, war das Verbot des Wuchers. Sowohl der Islam als auch das Christentum lehnen Verzinsung eigentlich ab. Es bedurfte immer einiger gewiefter Umgehungen dieses Verbotes. So waren die meisten Bankhäuser bei den Abbasiden in christlichem oder jüdischem Besitz. Man behalf sich in beiden Kulturen damit, dass man »Wucher« als überhöhte Zinsen definierte, moderate Zinsen hingegen als gottgefällig einstufte.

Wie in Europa war im Orient vor allem das System des Wechsels von großer Bedeutung, um Transaktionen über weite Distanzen zu ermöglichen. Der *Hawaldar* wurde der Bankier des Orients. Das *Hawala*-System, im italienischen Wort *avallo* für Geldwechsel immer noch präsent, ist eine bis heute existierende sichere Methode des Geldtransfers: Man übergibt eine bestimmte Summe an den lokalen *Hawaldar*, der wiederum den *Hawaldar* in einer anderen Stadt anweist, diese auszuzahlen. Die Basis dieses Geldgeschäfts ist die persönliche Reputation des jeweiligen *Hawaldars*. Das System funktionierte nach demselben Muster, nach dem auch die italienischen Bankgeschäfte des ausgehenden Mittelalters abgewickelt wurden. In den italienischen Städten, vor allem in Florenz, entstanden nach diesem Vorbild Bankhäuser, die erstmals auch den Norden Europas in die prosperierende Finanzwirtschaft einbezogen. Damit waren die großen Wirtschaftszentren China, Indien, der Mittelmeerraum und das nördliche Europa verbunden – die erste Weltwirtschaft! Die Bankiers stiegen zur Elite Europas auf und dominierten plötzlich die Feudalgesellschaft. Eine venezianische Kriegsflotte hatte mehr Bedeutung als jedes Ritterheer. Man entwickelte völlig neue Formen der Kriegsführung. Ehrvorstellungen und ritualisierter Kampf mussten rationaler Kalkulation weichen. Dort, wo großer materieller Aufwand involviert war, wie in der Schifffahrt, entschied der Einsatz der Mittel direkt über das Kriegsglück.

In Venedig wurde 1104 das Arsenal, ein staatliches Areal für den Schiffsbau, gegründet. Schnell wurden neue, effiziente Schiffstypen entwickelt, und man schaute genau auf die Kosten: Die durchdachte Bauweise ermöglichte eine Lagerung in Modulen. Kriegsschiffe wurden erst für den Einsatz zusammengebaut – in der Blütezeit innerhalb von zwölf Stunden –, dann bemannt und zu Wasser gelassen. Das ersparte die hohen Wartungskosten und vor allem den kostspieligen Unterhalt des Personals. Die *Arsenalotti* waren hochangesehene Fachkräfte, allerdings auch gut bezahlte Staatsgefangene – denn auf den Versuch eines Mitarbeiters, das Arsenal und Venedig zu verlassen, stand die Todesstrafe. Venedig hütete seine Geheimnisse.

Der explosionsartige Anstieg des Handelsvolumens schuf auch ein neues Selbstbewusstsein. Ein Medici sah wenig Veranlassung, sich einem König demütig zu nähern, und selbst die militärische Bedeutung des ritterlichen Adels nahm ab. Am 11. Juli 1302 führten die Textilfabrikanten und Bürger von Brügge den Beweis: Sie schlugen unter der Leitung des Zunftmeisters Pieter de Coninck ein gegnerisches Heer, das sich aus ihrem eigenen Adel und französischen Rittern zusammensetzte. Die Nachricht von diesem Sieg verbreitete sich wie ein Lauffeuer. Überall in Europa forderten jetzt Bürger Mitspracherechte. Anders als im Orient, wo eine starke Zentralverwaltung immer Mittel und Wege fand, lokale Machtzentren zu neutralisieren, setzten sich die Bürger vor allem im politisch schwachen Römisch-Deutschen Reich durch.

Die Städte und ihre selbstbewusste Bürgerschaft vernetzten sich mit Gleichgesinnten. Assoziationen wie die Hanse erlangten große politische Macht, und dort, wo es kein formales Bündnis gab, fühlte man sich durch die Gesetze des Fernhandels verbunden. Vertragstreue, in der adeligen Welt eher sekundär, wurde zum höchsten Gut. Und so wie nach Meinung Mohammeds der wahrheitsliebende Kaufmann beim Jüngsten Gericht im Schatten von Gottes Thron sitzen wird, wurde der rechtschaffene Kaufmann auch in Europa zum modernen Sinnbild. Abstammung, persönlicher Ehrenkodex und verwandtschaftliche Verhältnisse verloren an Bedeutung. Neben dem Adelsnetzwerk entstand das ungleich dynamischere Netzwerk des Handels. Während ein Ritter noch ohne Ehrverlust seine Gefolgschaft, Meinung und Loyalität ändern konnte, wurde für den Kaufmann das einmal gegebene Wort bindend: Wer Kredit haben wollte, musste beständig sein. Jüdische Kaufleute hatten diesen Kredit, trotz aller Einschränkungen durch ihren Glauben, von der Levante bis nach England. Auch ein Cosimo de' Medici entfaltete europaweite Macht ohne Truppen, schlicht mit der glaubwürdig gegebenen Garantie, dass er seine Verpflichtungen einhalten würde. Seit den Zeiten des alten Römischen Imperiums hatten in Europa Einzelpersonen nicht mehr so viel Macht auf sich vereint, wie es diese ersten Großkaufleute taten. Und sie übten diesen Einfluss weit über die Grenzen der Christenheit hinaus aus.

Die Welt des Handels spielte sich vorrangig zwischen drei Punkten ab: Italien, der Stadt Caffa und Kairo (bzw. der vorgelagerten alten Hafenstadt Alexandria). In diesem Dreieck zirkulierte ein Großteil des Handelsvolumens der Zeit. Caffa war eine genuesische Siedlung auf der Halbinsel Krim und versorgte den Welthandel mit den Produkten Asiens, die über das Mongolenreich kamen. Außerdem wurden in Caffa Pelze, Bernstein und vor allem Sklaven geladen. Die Sklaven wurden, nicht nur von Genuesen, sondern auch von Venezianern, nach Alexandria verschifft. Dort hatten die Mameluken einen der wenigen islamischen Staaten etabliert, denen es gelungen war, dem Mongolensturm zu widerstehen. Das politische System der Mameluken basierte auf Sklaverei: Nur nicht-muslimischen Sklaven war der Eintritt in Armee und Verwaltung erlaubt. Sie wurden dort islamisiert und stiegen in der gesellschaftlichen Hierarchie auf. Die Kinder dieser Mameluken waren von Armee und Verwaltung theoretisch ausgeschlossen. Es fanden sich zwar immer Sonderwege, aber im Prinzip war man so auf beständigen Nachschub an Sklaven angewiesen. Das System sollte verhindern, dass innerhalb der staatlichen Strukturen eigene Machtzentren in Form von Familienverbänden entstünden. Da die Mongolen den Nachschub über den Landweg ausschlossen – man war in Ägypten wählerisch und nahm als Militärsklaven nur Kaukasier oder Türken, während ein Hausklave, ein *Abd,* auch aus dem afrikanischen Hinterland kommen durfte –, waren die Mamelukenherrscher für den Erhalt der eigenen Elite auf die italienischen Seemächte schlicht angewiesen.

Dieser Kontakt war nicht gerade von gegenseitiger Herzlichkeit geprägt, aber der gemeinsame Nutzen war groß. Es begann schon mit dem Problem, überhaupt miteinander handeln zu dürfen: Nach langer Intervention und einigen Schmiergeldzahlungen erhielten die Venezianer die päpstliche Genehmigung, direkt nach Alexandria zu fahren. 1344 erreichte man den Hafen und musste ein genau reglementiertes Ritual über sich ergehen lassen. Die venezianischen Schiffe mussten miteinander vertäut und gemeinsam entladen werden. Alle Besatzungsmitglieder mussten an Bord bleiben, bis der *Diwan al-Hims,* die Zollbehörde, eintraf. Dann wurde alles registriert und die Güter deklariert. Erst dann durfte entladen werden. Europäische Händler – nur die orientalischen Christen konnten sich völlig frei bewegen – mussten eigene, bewachte Quartiere beziehen, in denen sie dann, allerdings unter ihrer eigenen Jurisdiktion, handeln durften. Der Kontakt nach außen war durch die *Karimi*-Kaufleute, lokale Großkaufleute, gegeben, von denen die Europäer völlig abhängig waren. In den ausländischen Handelsniederlassungen in Venedig wurde das übrigens ähnlich gehandhabt. Die Abhängigkeit wurde offenbar auch nicht über Gebühr strapaziert, denn die Venezianer fuhren die nächsten 150 Jahre über in jeder Saison nach Kairo.

Die *Karimi*-Kaufleute, finanzstarke Handelsunternehmer, waren das für den europäischen Orienthandel so wichtige Bindeglied nach Indien. Die Schifffahrt auf dem Roten Meer wurde eifersüchtig gehütet. Vom Nildelta aus führte die Route über Aden zu den Gewürzen, dem wertvollsten Handelsgut der Zeit. Pfeffer steigerte seinen Wert von den Anbaugebieten bis auf den Tisch eines Nordeuropäers um ein Mehrtausendfaches. Die leichte, problemlos zu lagernde Ware begründete den Reichtum der Handelshäuser. Ein einziges erfolgreich nach Hause gebrachtes Schiff mit Gewürzen konnte Handelsdynastien begründen. Der sprichwörtliche *Pfeffersack,* zunächst eine spöttische Bezeichnung für einen Händler der Hanse, verdankte seine Bedeutung diesem exotischen Nahrungszusatz.

Früh erkannten die italienischen Seemächte, die den Löwenanteil der Margen einstrichen, dass man mit Ausschaltung der mamelukischen Zwischenhändler den Gewinn ins Fantastische steigern könnte. Sie versuchten, über die Reste des Necho-Kanals, eines antiken Vorläufers des Suezkanals, ins Rote Meer vorzustoßen. Doch die Mameluken dachten nicht daran, ihr Handelsmonopol gefährden zu lassen, lieber schütteten sie den Kanal zu – und die Europäer träumten weiter von den Pfefferinseln. Vor allem die Genuesen träumten diesen Traum sehr aktiv: Die Brüder Ugolino und Guido Vivaldi versuchten schon 1291, Afrika zu umrunden und den Gewürzmarkt direkt zu erschließen. Ihre beiden Galeeren verschwanden zwar spurlos, aber die Ambition blieb: Der Wunsch, einen Seeweg nach Indien zu finden, wurde zu einem Motor der europäischen Entwicklung und des Forscherdranges, der schließlich zur weltweiten Dominanz Europas führen sollte. Genuesen waren die wichtigsten Berater von Heinrich dem Seefahrer, und auch der Entdecker Amerikas, Christoph Columbus, stammte aus der Hafenstadt am Tyrrhenischen Meer.

Vorerst blieb der Seeweg nach Indien aber ein Monopol der ägyptischen Kaufleute. Die *Karimi*-Kaufleute entstammten zum Teil der mamelukischen Herrenschicht. Die Wirtschaftsmetropole Kairo mit ihren Institutionen wie dem Wechselbasar, einem mittelalterlichen Bankenviertel und einem ausgeklügelten Lager- und Logistiksystem war in vielem Vorbild für die Venezianer. Anders als in Genua, wo Unternehmertum vor allem Privatinitiative blieb, bildete sich in Venedig eine Art Staatskapitalismus heraus, der unübersehbare Parallelen zum Mamelukenstaat hatte. Venezianische Kaufleute wurden staatlich abgesichert, die Sicherung von Handelsschiffen war eine hoheitliche Aufgabe. Außerdem streute man die Beteiligungen an dieser engen Verflechtung von Staat und Wirtschaft so breit, dass buchstäblich jeder Venezianer an den Wirtschaftsunternehmungen mitnaschte. Das *locum,* einen Anteil am Laderaum eines Schiffes, also eine Art Aktie, gab es zu so kleinen Summen zu erwerben, dass auch die Unterschicht an der großen Spekulation teilnehmen konnte. Jeder Seemann nahm auf eigene Rechnung kleinere Wareneinheiten mit, auch einfache Hausfrauen schickten ihre Produkte mit den Schiffen zu fremden Häfen. Wer eine gute Sauce herstellte, sie ansprechend verpacken und haltbar machen konnte, hatte also ebenfalls seinen winzigen Anteil am großen Geschäft. Diese breite Streuung erzeugte eine große Identifikation mit dem Staatsziel. Die *loca,* die man auch noch nach Belieben teilen konnte, wurden schnell zur Handelsware, die auf eigenen Märkten gekauft und verkauft wurde. Eine Art rudimentärer Aktienhandel entstand – die Ware: Laderaum.

Der Mamelukenstaat schützte seine Kaufleute ebenfalls und setzte vor allem voll auf Staatswirtschaft. Allerdings wurden hier die Großhändler, die *Karimi*-Kaufleute, bevorzugt und kleinere Unternehmen mit hohen Steuern belastet. Mit der Zeit setzte eine Monopolisierung ein, die zu einer starken Verflechtung von politischem Establishment und Handel führte; ein militärisch-industrieller Komplex entstand. Die Herstellung der Güter erfolgte nach einer Art Franchise-System: Die Hersteller selbst waren unabhängig, verfügten über eigene Produktionsmittel (sie benutzten also ihr eigenes Werkzeug) und lieferten den Händlern nach einem Masterplan zu. Neben dem Monopol für den fernöstlichen Gewürzhandel verfügte Ägypten über zwei weitere Exportschlager: Zucker und Textilien. Die Stoffproduktion war im Mittelalter mit der heutigen Autoindustrie vergleichbar: Ein gutes Kleidungsstück hatte einen beständigen Marktwert; Textilien wurden sogar zur Bildung von Rücklagen verwendet. Die ägyptische Baumwolle, aber auch das Leinen, war von herausragender Qualität und konnte mit dem flandrischen Tuch konkurrieren. Zucker war damals in Europa schlicht und einfach nicht produzierbar; die Zuckerrübe wurde erst ab dem 19. Jahrhundert genutzt, man süßte mit Honig. Die für den Export bestimmte Melasse wurde in Kairo in eigenen Raffinerien hergestellt und fand reißenden Absatz bei den europäischen Kaufleuten. Der Gewinn für die venezianischen Zwischenhändler war ebenfalls gigantisch.

Die schöne neue Wirtschaftswelt hätte ewig so weiterbestehen können, wenn sich auf genuesischen Schiffen nicht ein blinder Passagier eingeschlichen hätte: der Pesterreger. Ausgehend von Caffa suchte die Pest 1347 erstmals Europa heim. Die gewaltige Seuche rottete ganze Landstriche aus. Die großen Handelsmetropolen Kairo, Venedig und Genua verloren mehr als die Hälfte ihrer Bevölkerung. In dieser Notsituation machte sich das von Einzelinitiativen eher unabhängige System der Venezianer und der Mameluken bezahlt: Sie integrierten Zuwanderer und ließen neue Bevölkerungsschichten in die entstandenen Lücken aufsteigen – das System war wichtiger als die handelnden Personen. Das individualistische Genua dagegen erholte sich von diesem ungeheuren Aderlass weit schlechter. Für die verbleibende Zeit, in der der Mittelmeerhandel der ausschlaggebende Faktor der Weltwirtschaft war, machten Kairo und Venedig die Angelegenheit unter sich aus.

Die durch den großen Entwicklungsunterschied über Jahrhunderte getrennten Hemisphären von Orient und Okzident waren Ende des 14. Jahrhunderts so stark vernetzt wie seit dem Untergang des Weströmischen Reiches nicht mehr. Politisch war man an den Schnittstellen wie in Sizilien und Spanien längst miteinander verwoben. Vor allem auf den Resten des Byzantinischen Reiches hatte sich eine multikulturelle Gesellschaft gebildet, die nach allen Seiten offen war. Kleine lateinische Staatsgebiete, die alten griechischen Strukturen und die Nachfolgestaaten des Kalifats und der Seldschuken bildeten einen politischen und ethnischen Flickenteppich. Es gab keine Machtkonzentration, die hegemoniale Ansprüche gestellt hätte. Die gemeinsamen Handelsinteressen von islamischen und christlichen Kaufleuten verwandelten das Mittelmeer vom Sperrriegel wieder in das römische *Mare Nostrum* zurück. Niemand suchte den Konflikt, und die Gegensätze verloren an Bedeutung. Nicht nur die Schriften arabischer Gelehrter beflügelten das europäische Geistesleben; mit Beginn der Renaissance wurden neue Erkenntnisse nach langer Zeit auch wieder in Europa gewonnen und erfolgreich transferiert. Langsam glich sich der Entwicklungsstand an.

Die Pragmatiker von Bursa

Die Herrschaft der Seldschuken brach unter dem Ansturm der Mongolen, die Persien eroberten, Ende des 13. Jahrhunderts zusammen. Der anatolische Teil des Reiches zerfiel in türkische Kleinstaaten, die einander erbittert um die Vorherrschaft bekriegten. Emir Osman, dem ein winziges Territorium von gerade einmal 1500 km^2 zufiel, stand zu diesem Zeitpunkt nicht gerade auf die Stirn geschrieben, dass er zum Gründer einer Dynastie werden sollte, die in die Nachfolge der byzantinischen Kaiser treten und deren Macht sogar noch übertreffen würde. Osman und seine Nachfolger brachten jedoch einige Eigenschaften mit, die das ermöglichten: gute Gesundheit, die in diesen wirren Zeiten ohne organisierte Verwaltung die Herrschaftskontinuität garantierte, und einen sehr pragmatischen Zugang zur Macht. Im Gegensatz zu allen vorherigen Eroberern im kleinasiatischen Raum herrschten die Osmanen nicht schlagartig über ein gewaltiges Reich mit gewachsenen Strukturen, sondern ihr Herrschaftsgebiet entwickelte sich langsam. Der Dynastiebegründer Osman hatte noch nicht einmal eine relevante Stadt in seinem Besitz, geschweige denn ein Verwaltungszentrum mit der nötigen Infrastruktur und einer kompetenten Beamtenschaft. Schritt für Schritt und Sultan für Sultan sollte das alles erst entstehen.

Die alten Strukturen der Byzantiner waren zwar noch vorhanden, aber ihr Zusammenhalt war durch die wirre politische Lage nicht mehr gegeben. Die Osmanen mussten, ähnlich wie die germanischen Invasoren in Westeuropa, Bruchstücke zu einem neuen Ganzen zusammensetzen. Die diversen fränkischen Fürstentümer, die Reste der Seldschukenherrschaft, die arabische Herrschaft, die italienischen Seerepubliken und vor allem Byzanz – alle hatten eine mehr oder minder funktionsfähige staatliche Verwaltung hinterlassen. In den eineinhalb Jahrhunderten bis zur Eroberung Konstantinopels wurden diese Bruchstücke von den Osmanen gesammelt, entstaubt, neu bewertet und in abgewandelter Form in ihr Herrschaftssystem integriert. Es war von Vorteil, dass die Zerrüttung des Systems durch Mongolen und lateinische Herrschaft noch nicht so lange zurücklag; dass man nicht – wie tausend Jahre zuvor im Weströmischen Reich – nur noch mühselig Spuren finden konnte. Es war aber auch nicht schlecht, dass die Herrschaftseliten so weit aus dem Tritt gekommen waren, dass sie den neuen Herrschern nicht einfach das alte System unterschieben und damit sich selbst als Träger der Macht erhalten konnten. Die Voraussetzungen waren also gut, und die Aspiranten erkannten das.

Die ersten osmanischen Emire waren Analphabeten; sie waren vom letzten seldschukischen Sultan von Rum am Marmarameer und damit nahe an Konstantinopel angesiedelt worden. Osman wurde allerdings von den Zeitgenossen trotz seiner relativ geringen Macht als bedeutende Persönlichkeit wahrgenommen. Er wird als schöner, dunkler Mann beschrieben, der über sehr lange, bis über die Knie herabhängende Arme verfügte. Die Armlänge galt als gutes

Omen für einen Anführer und versprach, dass alle Unternehmungen glücken sollten – eine Prophezeiung, die eintrat. Osman trug den Beinamen *Ghāzī*, ein Ehrentitel, der gerne vereinfacht mit »Gotteskrieger« übersetzt wird. Obwohl sich die frühen Osmanen durchaus als islamische Herrscher verstanden, lag ihnen religiöser Eifer eher fern. Der Begriff *Ghāzī* umfasste auch einiges mehr: Es verhielt sich eher wie bei den europäischen Kreuzrittern, die ihrer Suche nach Beute und Glück ein religiöses Mäntelchen umlegten. Die Stammesgesellschaft, über die Osman herrschte, war nicht durch Blutsbande oder Familienbeziehungen bestimmt, sondern hatte eher den Charakter einer Interessengemeinschaft. War ein Anführer kompetent und schaffte er es, beim Verteilen der Beute den Interessenausgleich zu wahren, schlossen sich ihm neue Krieger an. Osman eroberte vor allem byzantinische Gebiete; die Ländereien seiner islamischen Nachbarn fielen ihm manchmal von selbst zu, weil sich die türkische Bevölkerung gerne dem fähigsten Emir anschloss. Derwisch Ahmed, ein früher Biograf der Osmanen, beschrieb den Vorgang so: »Osman kämpfte gegen die Giauren (Ungläubigen, Anm.) der umliegenden Gegenden. Er eroberte alle ihre Länder und führte diese durch Gerechtigkeit und Klugheit zur Blüte. Den *Ghāzī* ging es gut. Allen verlieh er Dörfer und Ortschaften und bedachte jeden nach seinem Stande. So wurden die *Ghāzī* im Gefolge des Osman *Ghāzī* immer stärker und wollten immer neue Kriegszüge unternehmen.«

Der Gründer der Dynastie gab einen Stil vor, der für die meisten seiner Nachfolger verbindlich blieb. Das Gebet, das traditionell beim Regierungsantritt eines neuen Sultans gesprochen wurde, beinhaltete auch den Satz: »Möge er so gut sein wie Osman.« Osman gelang es vor allem, Vertrauen zu schaffen. Er nahm (potenziellen) Untertanen die Angst vor seiner Herrschaft. *Istimalet* – Schutz und Respekt von Fremden mit der Absicht, Sympathie entgegengebracht zu bekommen – war Teil seiner Strategie. Er wurde zum regionalen Beschützer von Christen vor den Übergriffen anderer türkischer Herrscher, und vor allem beschützte er die griechische Orthodoxie vor der Vereinnahmung durch die römische Kirche.

Symbolträchtig für die zukünftige Entwicklung des osmanischen Staates war die enge Beziehung zwischen Osman und dem byzantinischen Statthalter von Chirmenkia, Köse Mihal. Dieser schloss sich Osman an und beteiligte sich an vielen Kriegszügen. Mit der

Zeit scheint sich die Allianz zu einem Vertrauensverhältnis gewandelt zu haben, das in Köse Mihals Übertritt zum Islam gipfelte. Auch hier liegt vieles im Dunkeln der osmanischen Frühgeschichte. Köse Mihal, der anfangs nur lose Allianzen einging, wurde erst mit der Zeit zum Vasallen. Der Emir ließ ihm Zeit und vor allem die freie Entscheidung darüber, wem und in welcher Form er seine Loyalität zu geben bereit war. Es sollte auch, wie der Prophet gefordert hatte, »kein Zwang sein im Glauben«. Köse Mihal scheint sich aus Freundschaft und Zuneigung zu Osman für den Islam entschieden zu haben. Sein Übertritt ist mit wunderbaren Geschichten verwoben: Wie so oft in der osmanischen Geschichte soll ein bedeutungsvoller Traum den Ausschlag für den Glaubenswechsel gegeben haben – einer dieser überirdischen Eingriffe, die in der osmanischen Propaganda gerne verbreitet wurden. Köse Mihal war ein Prototyp, er steht für die gelungene Integration christlichen Personals in den osmanischen Machtapparat. Das Muster folgte der immer gleichen Vorgabe: begabter (oder irgendwie nützlicher) Christ wird in staatstragenden Muslim verwandelt.

Historisch fassbar wird Köse Mihal unter Osmans Sohn Orhan, den er bei der Eroberung Bursas, der ersten Hauptstadt des jungen Osmanischen Reiches, beriet. Der Dank Orhans ließ sich sehen. Köse Mihals Nachfahren, die Familie Mihaloğlu, erhielten das erbliche Kommando über die *Akıncı,* die sogenannten »Renner und Brenner«, die gefürchtete Vorhut der osmanischen Armee – Macht für die Familie, die aber durch einen weiteren Traum wieder beschränkt wurde: So ereilte Sultan Murad I. im Schlaf die Erkenntnis, dass die Familie Mihaloğlu niemals in höhere Staatsämter aufsteigen dürfe. Alle seine Nachfahren folgten dieser erträumten Warnung und hielten die »Renner und Brenner« von den eigentlichen Staatsgeschäften fern.

Die pragmatischen Herren von Bursa entwickelten ein gänzlich eigenes Staatssystem, das sie eklektisch aus den Erfahrungen der Herrscher vor ihnen zusammenstellten. Die Verwaltungsstruktur der Abbasiden mit Fachministerien und einem Premierminister, dem Großwesir, wurde übernommen; ebenso das daraus hervorgegangene seldschukische Beratungssystem, das in der Eingangshalle des Sultanpalastes abgehalten wurde. Daher stammt die Bezeichnung »Hohe Pforte« für das Machtzentrum des Osmanischen Reiches. Man erkannte auch den Wert des mamelukischen Systems mit seinen Kriegs- und Verwaltungssklaven, das die direkte Beteiligung des Establishments an der Macht ausschloss, und entwickelte es weiter. Kara Halil Çandarlı war einer der am längsten dienenden Großwesire der Geschichte und gilt als Erfinder der *Devşirme,* der Knabenlese, einer Art Kindersteuer. Er professionalisierte sozusagen das Muster, das durch Köse Mihals Übertritt zum Islam vorgegeben worden war: In den eroberten Gebieten wurden christliche Knaben im Alter zwischen sieben und zehn Jahren ausgewählt, geprüft und je nach Fähigkeiten zur Erziehung in die Hauptstadt gebracht. Dort wurden sie entweder in Verwaltungsakademien ausgebildet oder in das Janitscharenkorps integriert. Diese Personen ohne eigene familiäre Hausmacht stiegen in die höchsten Ämter des Osmanischen Reiches auf.

Die Vorgangsweise erscheint auf den ersten Blick brutal, man muss sich das allerdings eher als »Talentscouting« vorstellen denn als brutalen Kinderraub: Die Familien boten ihren Nachwuchs gerne an, um ihm Aufstiegschancen im osmanischen Staat zu ermöglichen. Wie die Scouts heutiger Fußballclubs fanden auch die Abgesandten des Sultans ein großes Angebot williger christlicher Knaben vor; hohe Schmiergelder flossen, um in die Auswahl zu kommen. Einmal im System, schaute selbst für Minderbegabte zumindest eine mittelmäßige Karriere heraus. Voraussetzungen waren allerdings die Abstammung aus einer christlichen Familie – diese wurde gerne gefälscht, um die Kinder im System unterzubringen – und die bedingungslose Unterwerfung unter den Sultan, von dem man ein Leben lang direkt abhängig blieb. So relativ liberal die Osmanen mit dem Gros der Bevölkerung umgingen, so strikt sorgten sie für Disziplin in der eigenen Verwaltung. Selbst ein Großwesir konnte ohne Angabe von Gründen jederzeit hingerichtet werden – eine Form der Kabinettsumbildung, die auch durchaus praktiziert wurde.

Das Janitscharenkorps hatte im Militärwesen des Spätmittelalters und der Frühen Neuzeit eine Sonderstellung. Die Janitscharen waren eine einfache, aber sehr gut ausgebildete Infanterieeinheit, die sich zum Kernstück der osmanischen Armee mauserte. Diese *Yeñiçeri,* die »Neue Truppe«, war wie ein Ordenskonvent organisiert. Ihre Angehörigen lebten als stehendes Heer in abgeschlossenen Kasernen und mussten sich einem rigiden Kodex unterwerfen. Die Regeln sahen unbedingten Gehorsam, gemeinsames Wohnen, ein Leben ohne Luxus und die Befolgung der Ideen des Hadschi Bektasch Veli, dessen Bektaschi-Derwische die Seelsorge der Elitetruppe übernahmen, vor. Die Besonderheit des Janitscharenkorps bestand in seiner hohen, im damaligen Militärwesen unüblichen Disziplin. Im Gegensatz zu ihren europäischen Gegenspielern war die osmanische Armee eine »spaßfreie Zone«. Marketenderinnen, Prostituierte und die allgegenwärtigen Hehler, die das Plünderungsgut verhökerten, suchte man dort vergeblich. Für die Osmanen war Krieg eine ernste, ja heilige Angelegenheit. »Wenn die Türken zu Felde ziehen«, steht in Wallhausens *Ritterkunst,* »so sollst du nicht ein einziges Weibsbild bei ihnen finden, geschweige denn so viele tausend Huren, wie sie sich bei unseren Zügen finden lassen. Zeigt mir unter des Türken Kriegsvolk ein solches Fressen, Saufen, Huren, Fluchen und Zanken, wie es unter uns Christen gebräuchlich ist.« Neben dem Fehlen von Ablenkungen dieser Art waren es vor allem die weitaus besseren hygienischen Bedingungen, die mit hohem Aufwand während der Kriegszüge aufrechterhalten wurden, die das Heer einsatzfähig hielten. Eigene Badevorschriften sorgten dafür, dass osmanische Armeen von den sonst allgegenwärtigen Seuchen verschont blieben. Ein türkischer Feldherr konnte seine Truppen meist in einem ungleich besseren und ausgeruhteren Zustand in Schlachten führen als seine christlichen Gegner.

Der militärische Erfolg der Osmanen beruhte nicht nur auf der Disziplin und der besseren Versorgung ihrer Soldaten, sondern auch auf einer neuen Taktik, an die sich ihre ritterlichen Gegner aus Europa lange nicht gewöhnten: Sie bauten mitten am Schlachtfeld eine improvisierte Schanze. Feindliche Armeen kämpften sich durch die Reiterei und die leichteren Verbände hindurch beziehungsweise wurden von ihnen zur Schanze gedrückt. An der Schanze angekommen, wo die Kommandos gegeben wurden – es war der Ort, an dem sich der Sultan persönlich aufhielt –, fühlte man sich einem Sieg nahe. Doch die Gegner der Osmanen kamen erst jetzt zu den Janitscharen und damit zum eigentlichen Kern der Truppe. Entsprechend blutig wurde es also in dem Moment, als man sich fälschlicherweise schon am Ziel wähnte. Die folgende Frustration war gewaltig, und die Schlagkraft der Janitscharen wurde zum Mythos überhöht.

Doch die Pragmatiker von Bursa setzten nicht nur auf dieses eine System, um das so wichtige Militär zu organisieren. Der wesentlich teurere Teil der Armee war – bis zum Aufkommen der Artillerie – die Reiterei. Die *Sipahi,* die Reiter, wurden anders finanziert und organisiert als die Kriegssklaven der Janitscharen: Für sie griffen die Osmanen auf das bereits auf römischem Boden vorhandene Stratiotensystem zurück, das im Byzantinischen Reich im 7. Jahrhundert installiert worden war. Die Stratiotengüter waren agrarische Landgüter, auf denen Wehrbauern die Mittel für ihren Lebensunterhalt und für ihre militärische Ausrüstung erwirtschafteten. Der Stratiot hatte die Pflicht, mit seinem Pferd Heerfolge zu leisten und je nach Größe des Gutes auch noch weitere Bewaffnete zu stellen. Die Osmanen übernahmen das System, das der Bevölkerung gut bekannt war: Man musste die lokale Landbevölkerung gar nicht erst daran gewöhnen, auf ihren Gütern für die neuen Herren zu arbeiten, denn das kannten sie seit Jahrhunderten. Sie nahmen den Machtwechsel sogar wohlwollend hin, da sie persönlich um einiges freier wurden.

Diese nun *Timare* genannten kleinsten militärischen Einheiten unterschieden sich deutlich von den mittelalterlichen Lehen in Europa. Der wichtigste Unterschied: Sie waren nicht erblich. Auch hier zählte der Verdienst für den Staat, denn der türkische Staat war eine Meritokratie, die alles daransetzte, keine erblichen Privilegien aufkommen zu lassen. Unter Sultan Mehmed II., dem »Eroberer«, wurde das Timarsystem perfektioniert. Das Osmanische Reich kannte bis ins 19. Jahrhundert keinen privaten Grundbesitz. Nominell blieben alle Landgüter Eigentum des Sultans; er konnte darüber nach Belieben verfügen. Die Grundherren hatten keinerlei hoheitliche Rechte, und es gab auch keine Lehenspyramide wie in Europa. Feudale Übergriffe von lokalen Machthabern kannten die Osmanen nicht, auch mussten die Bauern weniger Abgaben leisten. Vor allem waren die Timarioten nicht verpflichtet, den kirchlichen Zehent einzutreiben, was in den besetzten christlichen Gebieten zu regelrechten Übertrittswellen von Leibeigenen führte. Als etwa 1631 die Bauern in Ungarn rebellierten, wandten sich die christlichen Grundherren an den Pascha von Buda um Hilfe. Der erklärte ihnen den Zorn ihrer Untertanen über die kirchliche und weltliche Doppelbesteuerung so: »Die arme Herde wird von zwei Hütern gemolken. Ihr habt sie so unterdrückt, dass sie sich von euch abwandten, obgleich ihr gleichen Glaubens seid.«

Die osmanische Staatsdoktrin war die Gerechtigkeit. Wie ihre persischen Vorläufer versuchten die Osmanen, Loyalität durch Fairness zu erreichen. Und im Vergleich mit den damaligen europäischen Staaten gelang ihnen das auch. Willkür ging ausschließlich vom Sultan aus; das System selbst gehorchte festen Regeln, und Übergriffe wurden als Ungehorsam gegen den Herrscher ausgelegt. Verwaltung war im Osmanischen Reich immer Militärverwaltung. Die verschiedenen Einheiten wurden von *Beys* regiert: Nach dem Großwesir gab es vor allem die *Beylerbeys,* die eigene Teilreiche beherrschten. Einen solchen gab es für den europäischen Teil, für Anatolien und für Ägypten; später wuchs die Zahl der Beylerbeys auf bis zu 70 an. Die Beylerbeys hatten große Handlungsfreiheit, die bis zur Erlaubnis ging, auf eigene Faust Kriege zu beginnen. Sie waren für diese Unternehmungen allerdings auch voll verantwortlich, und Misserfolge hatten Konsequenzen – bis zur Hinrichtung. Das ausgeklügelte Staatssystem der Osmanen, das den Beylerbeys die Möglichkeit der persönlichen Initiative gab, verstand es auch, Ambitionen, die zur Unabhängigkeit führen konnten, zu unterbinden. So hatten die Beylerbeys in Finanzangelegenheiten keinerlei Kompetenzen; ein Beylerbey konnte nicht einmal eine geringfügige Sold- oder Gehaltsänderung vornehmen. Auf diese Weise behielt die Zentrale die Hoheit über die Beamtenschaft. Jeder Untertan war direkter Untertan des Sultans, wenn auch Beamte und Timarioten einige Privilegien genossen. Die eigentliche territoriale Einheit der zivilen Verwaltung war der *Sandschak.* Davon gab es zur Zeit der größten Ausdehnung des Osmanischen Reiches im 17. Jahrhundert 250. Jeder Sandschak wurde wiederum in eigene Gerichtsbezirke, Städte und Kommunen unterteilt. Im Prinzip folgte die Einteilung des Reiches der alten byzantinischen Themenorganisation, die wiederum auf der Struktur des antiken Römischen Reiches fußte.

Ein weiterer bedeutsamer Aspekt war die Trennung der Mächte. Neben den *Sandschakbeys* sorgten die *Kadis* für die Einhaltung der Gesetze. Der Kadi war nicht nur Richter und für die militärische Mobilmachung zuständig, er fungierte auch als Baupolizei, Gewerbeaufsicht und Überwacher der Religionsgemeinschaften. Dabei achtete der osmanische Staat auf strengen Säkularismus, obwohl religiöse Gutachten und natürlich auch die *Scharia* Teil der Rechtsgrundlage waren. Der *Mufti,* ein islamischer Gelehrter, stellte das *Fetwa,* ein religiöses Gutachten, aus, das vom Kadi herangezogen werden konnte, aber nicht musste. Klugerweise waren die Zuständigkeitsgebiete der *Kadis* und der *Sandschakbeys* nicht deckungsgleich, was der Ausbildung lokaler Machtzentren entgegenwirkte.

Die erfolgreiche Fiskalpolitik des Byzantinischen Reiches diente ebenfalls als Vorbild. Die Praxis, Geld einzusammeln und dann gezielt einsetzen zu können, hatte den byzantinischen Kaisern über Jahrhunderte politische Gestaltung ermöglicht, wo ihre Konkurrenten mühsam nach anderen Mitteln suchen mussten. Allerdings war dieses fein geschliffene Instrument byzantinischer Staatskunst zur Zeit der ersten Osmanenherrscher längst verkommen. Steuerpächter quetschten die Bauern aus; zusätzliche Abgaben auf alles und jedes lähmten die Wirtschaft. Auch hier beherzigten die Osmanen den Grundsatz, dass man eine gute Verwaltung kaum spüren sollte. Der generelle Steuersatz war gering, nur gelegentlich wurden Sondersteuern eingehoben, etwa für große Kriegszüge. Es gab klar definierte Steuersprengel, die an Steuerunternehmer ausgeschrieben wurden. Deren Bestellung erfolgte immer nur auf einige Jahre, und die Steuereintreiber hatten keinen Gestaltungsspielraum, sie waren eher besoldete Beamte.

All diese Strukturen wurden mit sehr viel Sorgfalt in der Zeit rund um die Eroberung von Konstantinopel 1453 eingerichtet. Vorbild und warnendes Beispiel war Byzanz selbst, das vor den Augen der Osmanen seinem Untergang entgegendämmerte: Die Bestechlichkeit der Richter, die unüberschaubare Ämtervielfalt und das nicht zu bändigende Feudalwesen, das immer mehr fähige Personen von den Staatsgeschäften ausschloss – dies alles waren byzantinische Fehlentwicklungen, die Sultan Osman und seine Nachfolger gar nicht erst aufkommen lassen wollten. Byzanz war in einem jämmerlichen Zustand, das Reichsgebiet war auf das Stadtgebiet von Konstantinopel zusammengeschmolzen. Unter Sultan Murad I. eroberten die Osmanen Mitte des 14. Jahrhunderts die Getreidefelder Thrakiens, die Konstantinopel versorgten. Ab nun musste die Kaiserstadt sogar Grundnahrungsmittel von den Osmanen beziehen. Die Sultane setzten die byzantinischen Kaiser nach Belieben ein, und osmanische Truppen bahnten ihren jeweiligen Favoriten den Weg auf den Thron. Die »Zusammenarbeit« zwischen Osmanen und Byzantinern erreichte ihren Höhepunkt in der Verschwörung der Prinzen: Sandschi, ein Sohn Sultan Murads, und Andronikos, der älteste Sohn von Kaiser Johannes V., beschlossen gemeinsam ihre betagten Väter zu entmachten. Der Sultan und der Kaiser kamen dem unternehmungslustigen Nachwuchs jedoch auf die Schliche. Die beiden alten Herren sprachen sich ab, setzten die Söhne fest und ließen sie öffentlich blenden. Die drakonische Strafe stellte eines klar: Die Nachfolge sollte rechtlich bleiben, egal um welchen Thron es ging.

Noch ein weiteres System zur Machterhaltung wurde erfunden und später institutionalisiert, um die osmanische Erbfolge zu regeln: Als Bajezid I., der Sohn Sultan Murads I., der 1389 die Schlacht am Amselfeld gegen die Serben gewonnen hatte, sein Erbe antrat, ließ er als erste Handlung seinen Bruder Jakub hinrichten. Diese rigorose Schaffung klarer Verhältnisse sollte von seinen Nachfolgern bis ins 17. Jahrhundert beibehalten werden. Osmanische Prinzen wurden ausnahmslos getötet, um den Anspruch des jeweiligen Sultans unanfechtbar zu machen. Diese schon vor der Eroberung Konstantinopels gepflegte Praxis wurde von Sultan Mehmed II. sogar im osmanischen Hausgesetz festgeschrieben. Die diversen Thronprätendenten unterlagen einer grausamen Form der demokratischen Abstimmung: Der Staatsapparat entschied sich für den geeignetsten Kandidaten. Nur wer die Janitscharen und die Verwaltung auf seine Seite brachte, konnte hoffen, dereinst über dem Grab Abu Ayyubs das Schwert Osmans empfangen zu können. Hatte sich ein Kandidat durchgesetzt, wurden alle weiteren Anwärter umgehend getötet. War der neue Sultan einmal installiert, wurde er sakrosankt, und die proto-demokratische Mitsprache des Staatsapparates hatte ein Ende. Als man später etwas humaner zu denken begann, wurden mögliche Konkurrenten in goldenen Käfigen weggesperrt: Der *Kafes* (»Käfig«) war ein eigener Teil des Topkapi-Palastes, in dem osmanische Prinzen gefangen gehalten wurden.

Der Griff nach dem oströmischen Kaiserthron sollte in rechtlich einwandfreier Form stattfinden. Den Osmanen wurde auch eine Ehre zuteil, um die die Ottonen – immerhin selbst Kaiser im Westen – noch vergeblich gebeten hatten: eine Heirat mit einer purpurgeborenen Prinzessin. Schon der alternde Orhan I., der Sohn Osmans, bekam als Faustpfand für ein Bündnis gegen Genua und Venedig eine jugendliche Prinzessin zugeführt. Bajezid I. war mit einer Tochter von Kaiser Johannes Palaiologos verheiratet. Ähnlich wie die russischen Großfürsten bemühten sich also auch die Osmanen, ihre kaiserliche Nachfolge durch Eheschließungen mit dem rechtmäßigen Kaiserhaus zu legitimieren. Obwohl der *Goldene Apfel* am Bosporus inzwischen eher ein vertrocknetes Winteräpfelchen war, war er immer noch Rom. Byzanz war das einzige authentische römische Kaiserreich. Und selbst wenn die byzantinischen Kronjuwelen in Venedig verpfändet waren und man für die Renovierung der Hagia Sophia auf milde Gaben aus Russland angewiesen war – man hatte den Titel, die Reputation und den nominellen Herrschaftsanspruch über alle ehemals römischen Gebiete. Diesen verblichenen Glanz setzten die Byzantiner mit ungeheurer Zähigkeit ein, um sich zu behaupten. Kaiser Manuel II. trat sogar zu einer Tournee durch die Metropolen der damaligen Zeit an. Sein Weg führte ihn über Venedig und Paris bis nach London. Er bat dort um Hilfe gegen die Türken, erhielt aber überall nur vage Versprechungen. Kaiser Manuels Reise durch Europa war eher ein gesellschaftliches Ereignis als eine politische Mission. Er dehnte seinen Besuch im Westen auch über Jahre aus und schien wenig Lust zu verspüren, in sein bedrängtes Reich zurückzukehren. Währenddessen versuchte sein Stellvertreter Johannes VII., die Thronrechte an den französischen König zu verkaufen. Der Preis für den oströmischen Kaiserthron im Jahr 1402: ein Schloss in Frankreich und eine Jahresrente von 25 000 Florin. Der französische König war nicht interessiert.

Der eigentliche Grund, warum Konstantinopel nicht schon um 1400 an die Osmanen fiel, hieß Timur Lenk: Noch einmal, bevor das Osmanische Reich diese Invasionsroute ein für alle Mal verschließen sollte, überquerte eine Armee den Oxos. Das Ziel: die Erneuerung des mongolischen Reiches im Zeichen des Islam. Timur war ein rücksichtsloser Aufsteiger, der Strukturen zerschlug und mit seinem Tod ein Machtvakuum hinterlassen sollte, das sein Reich schnell implodieren ließ. Doch sein Auftreten bremste den bis dahin geordneten Weg des osmanischen Aufstiegs. Timur besiegte Sultan Bajezid, nahm ihn gefangen und soll ihn danach sogar in einem Käfig mit sich geführt haben. Die Gefangenschaft des Sultans machte das junge Osmanische Reich zum Spielball interner Machtkämpfe; die expansive Politik der Türken, die inzwischen weit nach Europa vorgedrungen waren, kam vorübergehend aus dem Tritt. Eine Atempause für Konstantinopel, aber auch für Europa, das in diesen fünfzig Jahren, in denen die Türkengefahr vorläufig gebannt war, die ungeheure geistige Aufholjagd hinlegte, die wir heute als Renaissance bezeichnen.

Gespeist aus arabischen und byzantinischen Quellen, versuchte man, an die Antike anzuschließen. Nicht nur Kunst und Wissenschaft wurden wiederentdeckt, sondern vor allem die Bereitschaft, sich offen, ohne religiöse Limits, Problemen zu nähern. Diese neue Offenheit zog in Europa einen technologischen Innovationsschub nach sich, der unter anderem zur Entwicklung von Feuerwaffen führte.

Einer der ersten Feldherren, die das Vernichtungspotenzial dieser neuen Waffen erkannten, war der junge Sultan Mehmed II. Er wollte endlich Nägel mit Köpfen machen. Das erste Ziel seiner Herrschaft: die überfällige Eroberung Konstantinopels. Die Stadt Konstantins lag bereits seit Jahrzehnten im Würgegriff der Osmanen, und was die Osmanen nicht an Druck ausübten, kam aus Galata, der stark befestigten Wirtschaftsmetropole der Genuesen auf der anderen Seite des Goldenen Horns. Trotz der osmanischen Kontrolle über die Getreidezufuhr war es jedoch bis zu Mehmeds Zeiten nicht so leicht, Konstantinopel einzunehmen. Die strategische Lage war perfekt gewählt: an zwei Seiten durch das Meer begrenzt und auf der Landseite von den gewaltigsten Stadtmauern aller Zeiten befestigt, den byzantinischen Landmauern. Mehmeds Interesse an der Artillerie kam also nicht von ungefähr. Er brauchte Mauerbrecher, und diese stellten ihm nun seine ungarischen Geschützgießer in noch nie gesehener Perfektion her.

So gerüstet, rief der Sultan seine Schreiber und verfasste einen Brief an seinen nahen Verwandten, den letzten byzantinischen Kaiser Konstantin XI. Dieses Dokument läutete in seiner erschreckenden Gewaltbereitschaft und seinem unbedingten Willen zur Herrschaft das Ende des byzantinischen Zeitalters ein: »Wenn du darauf bestehst, mir den friedlichen Einzug in die Stadt zu verweigern, werde ich mir gewaltsam den Weg bahnen und werde dich und deine Edelleute niedermetzeln. Ich werde alle Überlebenden töten und meinen Truppen freie Hand zur Plünderung geben. Die Stadt ist alles, was ich wünsche, selbst wenn sie leer sein sollte.« Konstantin lehnte ab, die Lunten senkten sich auf die ungarischen Geschütze, und die Artillerie Mehmeds zermalmte 1453 den letzten traurigen Rest der alten Weltordnung.

II.

Der Weg des Wissens: Von den ersten Hochkulturen bis zur Eroberung Konstantinopels

Mythos Thermophylen

Die Bilder in europäischen Köpfen sind stark verankert: Perserkönig Xerxes lässt, ganz abergläubischer asiatischer Despot, Anfang des 5. Jahrhunderts v. Chr. die Meerenge zwischen Asien und Europa peitschen, um das Wasser gefügig zu machen. Dann setzt er auf einer der längsten Pontonbrücken der Geschichte, übrigens von verbündeten Griechen gebaut, nach Europa über und wälzt ein ungeheures Heer gegen Griechenland. Auf der Gegenseite die freiheitsliebenden Griechen: Die Speerspitze zu Land war die mickrige Truppe des Spartaners Leonidas, der die Massen Asiens mit gerade einmal dreihundert Hopliten aufzuhalten versuchte und lieber, »wie das Gesetz es befahl«, bei den Thermophylen fallen wollte, als den Schwanz einzuziehen. Zur See wurde Leonidas kongenial durch den – nicht ganz so lebensmüden – Athener Themistokles unterstützt, der mit seiner neu geschaffenen Flotte die ebenfalls übermächtige persische Seemacht besiegen wollte. Diese zugespitzte Vorstellung eines Schicksalskampfes zwischen europäischem Individualismus und orientalischen Massen kam jedoch erst auf, als die Rückbesinnung auf antike Werte Teil der allgemein anerkannten Ideenwelt einer europäischen Wertegemeinschaft wurde. Georg Friedrich Hegel glaubte Anfang des 19. Jahrhunderts, dass zum Zeitpunkt des antiken persischen Ansturms »der Lauf der ganzen Weltgeschichte zitternd in der Schwebe hing«. Die Vorstellung, was geschehen wäre, wenn die Hellenen der persischen Übermacht erlegen wären, jagte dem deutschen Philosophen, der alles, was er für modern, geistvoll und erstrebenswert hielt, auf das Wirken der alten Griechen zurückführte, kalte Schauer über den Rücken.

Die Spekulation darüber, wie sich die Welt entwickelt hätte, wenn man ein historisches Ereignis einfach wegließe, ist genauso spannend wie müßig. Viele Jahrhunderte nach diesen historischen Begebenheiten sollte der griechisch-römischen Antike eine identitätsstiftende Rolle für das zerrissene neuzeitliche Europa zukommen. Zu diesem Zeitpunkt erst wurde die erfolgreiche Abwehr der persischen Invasion zum prototypischen Ringen zwischen den Werten des Orients und des Okzidents hochstilisiert. Wie vergleichsweise gelassen hingegen Perser und Griechen selbst diese Ereignisse wahrgenommen hatten, kann man schon daran erkennen, dass Themistokles, nachdem er aus Athen verbannt worden war, seinen Lebensabend hoch geehrt am persischen Königshof beschloss. Herodot begründete seine historische Forschung damit, dass »ich sie hier aufschreibe, damit die Erinnerung an die Vergangenheit erhalten werde und außergewöhnliche Taten sowohl der Griechen als auch der Barbaren nicht in Vergessenheit geraten, und vor allem, um zu zeigen, warum sie Kriege gegeneinander führten«. Keine Spur von Schicksal also in der trockenen Analyse vierzig Jahre nach den Perserkriegen. Obwohl Rassismus der Antike fremd war, entwickelte Herodot aber die sogenannte Klimatheorie. Diese an Untersuchungen von Hippokrates angelehnte Idee besagte, dass die Bewohner fruchtbarer, üppiger Regionen mit hoher Luftfeuchtigkeit durch den Einfluss ihres Klimas träge und faul würden. Völker, denen ihr Umfeld mehr Entbehrungen abverlangte, würden nach dieser Vorstellung abgehärteter und für den Krieg tauglicher. Diese Vorstellung wurde über die Jahrhunderte immer wieder aufgegriffen.

Der im 18. und 19. Jahrhundert als schicksalhaft betrachtete Konflikt zwischen Orient und Okzident wurde nun in alle möglichen anderen Ereignisse hineininterpretiert. Man übertrug ihn etwa auf die Vorgeschichte des Kampfes um Troja. So wurde aus der literarischen Aufarbeitung eines bronzezeitlichen Handelskrieges der erste asiatisch-europäische Konflikt. Auch anderen geschichtlichen Ereignissen wurde diese Bedeutung nachträglich angedichtet: Sultan Murads Ambition, sich im 14. Jahrhundert zusammen mit seinen christlichen Vasallen die Rohstoffe des Balkans zu sichern, wurde zur Schicksalsschlacht zwischen Christentum und Islam umgedeutet. Das *Kosovo Polje*, das Amselfeld, auf dem die Serben von einer Koalition aus islamischen und christlichen Heeren unter osmanischer Führung besiegt wurden, bekam so die Bedeutung einer Weihestätte abendländischen Widerstands. Die historische Tatsache, dass direkt nach der Schlacht serbische Truppen als integraler Bestandteil der osmanischen Armee bei der Expansion des Reiches im Osten mithalfen, wurde dabei vorsorglich ausgeklammert. Zu schön war der Gedanke, dass es eben so etwas wie ein europäisches Schicksal gebe, das in Triumph und Niederlage die christlichen Europäer (eben auch schon in vorchristlichen Zeiten) zu einer herausragenden Rolle auserwählt hatte.

Die Hunnen, die Mongolen, die Araber und immer wieder die Türken, deren aggressive Expansionspolitik sie mit den Österreichern, den Ungarn, den Russen und schließlich sogar mit einer vereinigten europäischen Seemacht in Konflikt kommen ließ – sie alle wurden nicht mehr, wie von den historischen Zeitgenossen, als Völker gesehen, die ihre jeweilige Machtsphäre ausdehnen wollten, sondern man erahnte ein übelmeinendes Konzept, eine bedrohliche Mission, die von Europa vereitelt wurde. Das Bild, das bemüht wurde, war immer das gleiche: asiatische Despotie versus europäischen Freigeist. Obwohl diese Vorstellung in unseren Köpfen auch heute noch übermächtig ist, ist sie nichts weiter als eine Projektion des 19. Jahrhunderts. Das Osmanische Reich, das Anfang des 19. Jahrhunderts noch fast alles umfasste, was wir heute als Orient bezeichnen, war das letzte geschlossene Territorium, das sich den europäischen Kolonialmächten erfolgreich widersetzte. Die Türken hatten technologisch und militärisch gerade den Anschluss an das moderne Europa verloren. Ihre über Jahrhunderte vorbildhafte staatliche Struktur wirkte nun überholt, altbacken, verträumt – »orientalisch« eben. Der griechische Freiheitskampf gegen die osmanische Herrschaft, der 1821 begann, wurde unter reger Beteiligung des jungen, modernen, klassisch gebildeten Europas geführt. Schnell waren die Osmanen mit den übermächtigen Persern der Antike gleichgesetzt, und schnell interpretierte man alle Wesenszüge des verfallenden Staates am Goldenen Horn in das vergangene persische Großreich. Als Lord Byron im griechischen Freiheitskampf das ihm angebotene Kommando annahm, bemühte er ebenfalls das Andenken der gefallenen Spartaner vom Thermophylenpass: »Ach Erde! Befreie uns aus deiner Brust / einen Rest unserer gefallenen Spartaner! / Von den dreihundert gewähre uns nur drei / Um eine neue Schlacht der Thermophylen zu schlagen!«

Es ist interessant, dass Byron Anfang des 19. Jahrhunderts als Leitbild für sein militärisches Abenteuer eine – noch dazu verlorene – antike Schlacht wählte. Doch schon der Spartanerkönig Leonidas selbst hatte romantische Vorstellungen vom Krieg und eine unverkennbare Todessehnsucht gehabt. Der Vormarsch der persischen Armee war eine Art Ritual. Da es diesem Heerbann nichts Wirksames entgegenzusetzen gab, verlief das Ereignis meist friedlich. Die griechischen Städte und auch die mächtigen Makedonen im Norden beeilten sich, dem »König der Könige« Xerxes zum Zeichen der Unterwerfung Wasser und Erde entgegenzubringen. Das wurde in der Regel akzeptiert; eroberte griechische Städte blieben unter eigener Verwaltung. Wichtig war es für die Eroberten bloß, die riesige Armee als Kostgänger loszuwerden, denn die persische Armee fraß die eroberte Landschaft buchstäblich leer. Von den griechischen *Poleis* hatten sich nur Athen und Sparta für den Widerstand entschieden; Theben und einige kleinere Stadtstaaten schwankten noch. Es gab eine klare Aufteilung: Sparta sollte den Krieg zu Land und Athen die Seeschlacht besorgen. Als es ernst wurde, weigerten sich die bigotten Spartaner allerdings, ihren Part zu übernehmen. Es war olympisches Jahr, und außerdem wurden in Sparta noch die *Karneien* gefeiert, ein Fest zu Ehren des Zeus, den Herakliden gewidmet. Den Frevel, in dieser heiligen Friedenszeit auf Kriegszug zu gehen, wollten sie einfach nicht wagen. Dass Xerxes einer ganz anderen Religion anhing und sich wenig um griechische Vorstellungen kümmern würde, überstieg anscheinend den Horizont der provinziellen Spartaner. Man rang sich dennoch durch, wenigstens eine Vorhut zu schicken – eben jene berühmten 300 Spartaner, die Lord Byron mehr als zwei Jahrtausende später reanimieren wollte, um gegen die Osmanen zu kämpfen.

Anführer der 300 war König Leonidas, der erst seit Kurzem in Amt und Würden war und dem bereits der Ruf vorauseilte, den Heldentod zu suchen. Leonidas wiederum orientierte sich an dem griechischen Superhelden Achilles, dem ein kurzes Leben, aber dafür ewiger Ruhm vorausgesagt worden war. Auch er sollte beides bekommen. Die Spartaner entsprachen so gar nicht unserer Klischeevorstellung des beweglichen, sprachgewandten und feingeistigen Griechen. Sie hinterließen weder Kunstwerke, Schriften, Musik noch Kulturleistungen, sondern ausschließlich den grimmigen Ruf, für den Krieg zu leben. Herodot vermerkte spöttisch, dass ihr permanenter Drill dermaßen hart war, dass die Spartaner »die einzigen unter den Menschen sind, für die der Krieg eine Erholung von der Anstrengung bedeutet«. Leonidas machte sich nun auf den Weg und zwang auch noch 7000 Mann Hilfstruppen in seinen Dienst. Die 300 legendären Personen verfügten also ebenfalls über eine stattliche Armee, wenn sie auch im Vergleich zu jener von Xerxes deutlich kleiner war. Leonidas wollte zwar sterbend Ruhm erlangen, aber er wollte auch den Preis in die Höhe treiben und versuchte ernsthaft, die Perser abzuwehren. Die Thermophylen waren ein strategisch gut gewählter Engpass, und die Ausrüstung der Griechen war für den Einsatz passend: Die griechischen Hopliten waren die Panzer der Antike. Jeder einzelne Kämpfer trug gut dreißig Kilogramm Bronze am Leib, lange Speere hielten die Gegner auf Distanz. Solange die Phalanx zusammenhielt, gab es wenig, das sie durchbrechen konnte. Und wirklich: Man hielt stand. Zwar nur ein paar Tage, aber immerhin lange genug, um einen Mythos zu gebären.

Die Spartaner machten ihrem Ruf alle Ehre. Nachdem Xerxes' Truppen die Stellung umgangen hatten, zogen die verbündeten Thebaner ab, andere Hilfstruppen ergaben sich. Nur die Spartaner wollten massakrieren und massakriert werden. Xerxes, erzürnt über den unbotmäßigen Zwischenaufenthalt, erfüllte diesen Wunsch. Die parallel stattfindende Seeschlacht bei Kap Artemision entschieden die Perser ebenfalls für sich. Xerxes ließ Athen verwüsten und überließ die Fortsetzung des Krieges einem Stellvertreter. Erst der griechische Seesieg bei Salamis und weitere Triumphe an Land im darauffolgenden Jahr beendeten die persische Invasion. Dienlich war es auch, dass die Kräfte der Perser zur Niederschlagung von Aufständen in der ungleich wichtigeren Provinz Babylon benötigt wurden. Es folgte ein griechischer Gegenangriff in Kleinasien, bei dem auch der damals noch unbedeutende Ort Byzantion griechisch besetzt wurde. Das romantische Bild einer kleinen Schar von Aufrechten, die mit Freude in den Untergang gingen; die Lässigkeit, mit der Leonidas auf die Aufforderung des Xerxes, seine Waffen zu übergeben, mit einem lakonischen »Hol sie dir doch!« reagiert haben soll – das gefiel den Romantikern des 19. Jahrhunderts. Vor allem gefiel ihnen die todessehnsüchtige Aussichtslosigkeit des Kampfes, verbunden mit dem überraschenden Sieg. Die alten Griechen hingegen waren vor allem froh, dass sie die Ambitionen des Xerxes überlebt hatten und nun gestärkt ihre Handelsbeziehungen mit Persien und dessen phönizischen Verbündeten wieder aufnehmen konnten.

Für die 2000 Jahre nach den Perserkriegen sollte der Orient dann nichts anderes als ein geografischer Begriff sein, der noch dazu die nordafrikanischen Provinzen Roms bezeichnete – der also mit einem Großteil jener Gegend, die wir heute als Orient begreifen, nichts zu tun hatte. Eine Kulturgrenze oder irgendeinen schicksalhaften Ort verband man mit diesem Begriff zumindest bis zum Fall Konstantinopels nicht. Und auch danach war der Umgang mit der übermächtigen Türkengefahr eher pragmatisch. Erst nachdem die europäischen

Staaten erfolgreich die gesamte Erde kolonialisiert hatten, wurde »der Orient« zum Begriff für die nicht unter europäischem Einfluss stehenden Länder des Ostens, und das waren vor allem Provinzen des Osmanischen Reiches. Militärisch wagte man sich lange nicht vor. Obwohl der türkischen Expansion schon Anfang des 18. Jahrhunderts ein Riegel vorgeschoben worden war, hallte die Erinnerung an die militärische Stärke der Türken gewaltig nach.

Mit Napoleons ägyptischem Feldzug veränderte sich um 1800 die Lage. Das Selbstbild der Europäer war klar; man sah sich in der Nachfolge der griechisch-römischen Welt und machte sich auf, Ägypten von asiatischen Despoten zu befreien. Allerdings wurden die Franzosen dort nicht als Befreier begrüßt, sondern als Usurpatoren abgelehnt. Napoleon versuchte, die türkische Verwaltung durch eine autochthon ägyptische zu ersetzen, stieß aber auf weitgehendes Unverständnis. Die »befreiten« Ägypter verweigerten die Kooperation, es fanden sich schlicht und einfach keine Beamten, die die Türken ersetzen wollten oder konnten. Die Hohe Pforte reagierte auf die Invasion: Napoleon konnte zwar einige Siege verbuchen, allerdings scheiterte sein Versuch, sich dauerhaft zu etablieren. Noch einmal konnten sich die Osmanen behaupten. Die Auswirkungen auf Europa waren aber groß. Durch die Auffindung des Steines von Rosette konnten die Hieroglyphen entschlüsselt werden, und es tat sich für die Europäer eine völlig neue Welt auf. Die alten Kulturen erschlossen sich; das Interesse, das bis dahin ausschließlich auf die griechisch-römische Vergangenheit gerichtet war, begann sich nun auch auf andere Vorläuferkulturen auszuweiten. Der alte Orient, von dem man bis dahin eher verschwommene Vorstellungen gehabt hatte, wurde fassbar. Und: Man empfand die alten Kulturen als fremd und andersartig. Das Osmanische Reich und seine Nachfolgestaaten traten in dieser Vorstellung in die Nachfolge von Ägyptern und Babyloniern, während sich die Europäer als geistige Nachfahren von Juden, Griechen und Römern betrachteten.

Die Orientalistik war zunächst eher ein Feld für Spione und Diplomaten, die sich mit dem übermächtigen und homogenen Osmanischen Reich beschäftigten. Dort, wo es Berührungspunkte gab, kristallisierten sich Interesse und später auch wissenschaftliche Forschung heraus. Allerdings führte das auch zur Bildung weiterer Klischees. Der erste Orientalist von Rang war Antoine Galland, der

Anfang des 18. Jahrhunderts die Märchen von Tausendundeiner Nacht übersetzte. Das darin verbreitete Bild eines Despoten, der notorisch Frauen nach einer Liebesnacht töten lässt und von der gewieften Scheherazade und ihren Erzählungen hingehalten wird, schuf eine populäre Vorstellung vom Orient. Die Aufklärer nutzten dieses Bild des Orients und dessen vermeintlicher despotischer Grundstruktur, um ihrem Publikum die Unzulänglichkeit der eigenen absolutistischen Herrschaft vor Augen zu führen: Montesquieu lässt in seinen *Lettres Persanes* (»Persische Briefe«) zwei gelehrte Perser durch Europa reisen und verpackt seine Kritik in eine vermeintliche Fremdsicht. Gleichzeitig zementiert er das Bild eines Orients, der vorrangig von Haremsleben, Sinnlichkeit und Willkür beherrscht wird. Auch Immanuel Kant schiebt in seinen anthropologischen Vorlesungen eine vermeintlich türkische Sicht vor, um eine Taxonomie der europäischen Länder zu schaffen. Voltaires *Zadig* und auch sein *Candide* durchleiden ihr Schicksal im Orient, oder besser an einem fiktiven Ort, einem konstruierten Orient. All diese Autoren, abgesehen von Galland selbst, haben jedoch das Osmanische Reich – denn das war der Orient der damaligen Zeit – nie besucht. Als Alphonse de Lamartine Anfang des 19. Jahrhunderts Syrien und Palästina bereiste, stellte er ernüchtert fest: »Ich würde gerne das Ganze ein wenig in Szene setzen, aber in Wahrheit wies die Dekoration weder Dreipässe noch Säulchen noch Fayenceverkleidungen noch aufgehängte Straußeneier auf. Derart orientalische Cafés gibt es nur in Paris.«

Das bedrohliche Reich der Osmanen hatte sich in ein Zauberreich der europäischen Imagination verwandelt. Der Dichter Paul Valéry nannte diese Fiktion eine *ménagerie mentale* und meinte, dass der Name »Orient« nur dann seine ganze Wirkung auf die Einbildungskraft eines Menschen ausstrahlen könnte, wenn dieser noch nie in jener kaum definierten Gegend gewesen sei. Die Einteilung war klar: hier römisch-griechische Klarheit, wobei man den Römern die Staatstradition zubilligte und die Griechen für das Geistesleben zuständig waren; dort machtvolle, aber dumpf-sinnliche Despotie. Das Fremde, das Andersartige, das »Orientalische« verschob im historischen Rückblick seine Grenze nach Belieben. In der Antike machte der Orient offenbar östlich der ionischen Küste halt; später schloss es sogar das christliche Byzanz ein; während der osmanischen Herrschaft reichte der Orient bis zum Balkan. Aus europäischer Perspektive postulierte man für weite Teile der Welt eine potenzielle Bereitschaft für aufklärerisches Denken, die man hingegen anderen Teilen einfach absprach. Es durfte für die technologisch und wirtschaftlich überlegenen Europäer einfach keine Entsprechung geben.

Die Kultur und Kunst des Orients wurde wahrgenommen. Lord Byrons Dichtung spielt in weiten Teilen im Orient; Goethe verehrte den persischen Dichter Hafis und erkannte hellsichtig: »Herrlich ist der Orient / Ueber's Mittelmeer gedrungen; / Nur wer Hafis liebt und kennt / Weiß was Calderon gesungen.« Doch der Orient blieb Staffage, und man glaubte – im Gegensatz zu den alten Griechen, auf die sich die damalige europäische Moderne bezog –, dass alles, was Wissenschaft, Technik und Rationalismus war, ausschließlich europäischen Ursprung hätte. Dieser Irrtum wurde erst zu Beginn des 20. Jahrhunderts revidiert – und diese Revision begann gleich mit einigen heiligen Kühen europäischen Selbstverständnisses, den Vorsokratikern; jenen inspirierten Personen, die für die wunderbare Entfaltung des antiken griechischen Geisteslebens standen.

Reisen bildet

Die griechische Mythologie beschreibt die Anfänge Europas so: Zeus verliebte sich in Europa, die schöne Tochter des Phöniziers Agenor. Um sie vor der argwöhnischen Hera zu schützen, verwandelte sich Zeus in einen Stier. Auf dem Rücken des schwimmenden Stiers gelangte Europa nach Kreta, wo sie sich endlich Zeus hingeben konnte. Schließlich wurde der ganze Erdteil nach der phönizischen Prinzessin benannt. Dieser griechische Mythos verpackt den Vorgang des Wissenstransfers in ein treffendes Bild, das durch die Forschung bestätigt wird. Die moderne europäische Archäologie sieht die Anfänge Europas folgendermaßen: Die Euböer, die Bewohner jener Attika vorgelagerten Insel, deren erste Siedlung, Chalkis, als Standort von phönizischen Muschelfischern entstanden ist, entwickelten schon früh Schiffsbau und Handelsbeziehungen mit den phönizischen Städten in Syrien. Von dort brachten sie nicht nur das Alphabet mit, das sie um Vokale ergänzten, sondern auch jede Menge wilder Geschichten, die dem heimischen

Publikum so gefielen, dass sie sie in ihre Mythologie integrierten. Es waren Geschichten aus dem Götterhimmel des zu diesem Zeitpunkt schon lange untergegangenen Hethiterreiches, zu dem im 2. Jahrtausend v. Chr. große Teile Anatoliens und Syriens gehört hatten.

Nach dem Zusammenbruch des hethitischen Reiches Anfang des 12. Jahrhunderts v. Chr. bildeten sich kleine Stadtstaaten mit hethitischer Kultur, die sich bis in die Antike hielten. Hethitische Götter teilten sich einige Stärken mit den griechischen: So wurde der oberste Gott Tarhunna mit einem Bündel Blitzen in der Hand dargestellt. Doch sie hatten auch schon die fatale Neigung der hellenischen Gottheiten zu menschlichen Schwächen: Neid, Missgunst, Wollust und Promiskuität im Pantheon wurden aus dem Vorderen Orient importiert. Vor allem die Urmythen von Gaia und ihren gewaltbereiten Söhnen haben eindeutig nahöstliche Quellen. Der Korngott Kumarbi etwa kam dadurch zu seiner Macht, dass er seinem Vorgänger Anu die Geschlechtsteile abbiss, davon schwanger wurde und den Wettergott Teššup gebar. Der wiederum setzte seinen Vater ab. Doch Kumarbi wollte zurück an die Macht und zeugte weitere Wesen. Die Angelegenheit setzte sich fort, und die Geschichten wurden an den langen Abenden der ägäischen Winterstürme gerne weitererzählt – nur dass die handelnden Personen jetzt Gaia, Chronos oder Uranus hießen. Archäologisch nachgewiesen ist eine Tonscherbe mit dem Namen des Zeus sowohl in phönizischer Schrift als auch in einem frühen griechischen Alphabet.

In diesem Zusammenhang kommt der Zerstörung der Stadt Ugarit, eines bronzezeitlichen Handelszentrums, durch die sogenannten Seevölker Bedeutung zu: Die Seevölker – ein Name, den sie von den Ägyptern erhalten hatten – waren eine Koalition aus Piraten, der Phönizier und Griechen angehörten, aber auch einige andere frühantike Stämme. Ugarit war eine Handelsmetropole im heutigen Syrien, in der sich einer der heiligen Berge der Hethiter, der Hazzi, befand, der nicht nur Göttersitz, sondern auch eine der wichtigsten nautischen Landmarken der frühen Seefahrt war. Die Seevölker zerstörten Anfang des 12. Jahrhunderts v. Chr. die Stadt Ugarit und raubten ihre Schätze. Der im Epos vom Trojanischen Krieg beschriebene Brauch, kleinasiatische Städte zu verwüsten, kann also zumindest in Syrien nachgewiesen werden. Die jeweilige Beute bestand nicht nur aus Gütern, sondern auch aus der Übernahme einer höher entwickelten Kultur, die eben auch Spuren in den Mythen hinterließ. Pharao Ramses III. fand schließlich eine Lösung für das grassierende Seeräuberproblem, die Schule machen sollte. Er siedelte die Seevölker einfach im Nildelta an und begann, sie nach und nach zu zivilisieren. Die Verbindung zwischen den Nachfahren der Seeräuber und den Ägyptern hatte Bestand. Eine der wichtigsten Handelskolonien der ionischen Stadt Milet war Naukratis im Nildelta; sie galt als Quelle des ionischen Wohlstands. Die Geschichte vom Beginn der griechischen Philosophie ist also eine Geschichte von Seefahrt, Handel und Wissenstransfer von den alten Kulturen des Vorderen Orients zu den Griechen.

Thales von Milet war ein Multitalent und ein weit gereister Kaufmann. Seine Heimatstadt unterhielt nicht nur Handelsbeziehungen nach Ägypten, sondern über den Landweg auch zur damaligen Welthauptstadt Babylon. Die Babylonier verfügten über das größte naturwissenschaftliche Wissen ihrer Zeit: Mathematik und Astronomie standen in voller Blüte. Ihre Kenntnisse der Sternenbahnen gingen so weit, dass die Babylonier Sonnenfinsternisse voraussagen konnten. Mit diesem Wissen gelang es Thales um 600 v. Chr., auch die Aufmerksamkeit seiner Mitbürger zu erlangen. Er prognostizierte eine Sonnenfinsternis – und sie trat tatsächlich ein. Wahrscheinlich war Thales selbst überrascht, dass das Datum, das er berechnet hatte, wirklich mit dem Ereignis übereinstimmte. Jedenfalls führte er den Ioniern damit vor Augen, dass die alten Kulturen über Wissen verfügten, das ihr eigenes in den Schatten stellte. Man kann nur darüber spekulieren, wie genau Thales damit begonnen hatte, sich mit dem wissenschaftlichen Wissen Babylons auseinanderzusetzen. Sein ungeheurer Beitrag – oder besser der Beitrag Griechenlands – war aber vor allem der Skeptizismus, der für jede Behauptung einen Beweis verlangt. Archäologisch sind sowohl der Satz des Thales als auch der Satz des Pythagoras schon 1200 Jahre vor ihren jeweiligen griechischen Namensgebern nachgewiesen. Allgemeine Bedeutung erlangten sie allerdings erst durch die wissenschaftliche Tradition, die von den Griechen geschaffen wurde. Bertrand Russell definierte im 20. Jahrhundert den Beginn von Wissenschaft und Philosophie damit, dass jemand eine allgemeine Frage stellt – und Thales von Milet stellte genau diese Frage.

Herodot beschrieb im 5. Jahrhundert v. Chr., wie Landvermesser in Ägypten vorgingen. Er vermutete, dass man dort die Feldmesskunst erfunden hatte und dass sie dann von Ägypten nach Griechenland gelangt war. Auch dieser Weg des Wissens ist inzwischen archäologisch bestätigt: Nicht nur die Landvermessung, sondern auch zentrale Elemente der Mathematik, etwa die Annäherung an die für Kreisberechnungen so wichtige Zahl Pi (π), waren den Ägyptern bekannt. Man benutzte im Niltal auch schon lineare und quadratische Gleichungen und kannte Volumenberechnungen für verschiedene geometrische Körper. Die Babylonier, deren Sexagesimalsystem noch komplexere Berechnungen erlaubte, konnten Quadrat- und Kubikwurzeln ziehen, und das auf sieben Nachkommastellen genau. Beide Kulturen kannten die mathematische Probe – allerdings noch nicht den allgemeinen Satz, sondern nur den Musterbeweis, also eine Vorlage und das Nachvollziehen von Fall zu Fall.

Man darf sich die frühe Forschung des Thales als spannendes Happening auf der Agora von Milet vorstellen. Thales nutzte sogenannte Faltungsbeweise, die leicht nachzuvollziehen sind: Wenn man eine geometrische Form entlang ihrer Symmetrieachse faltet, erhält man eine allgemeine Aussage. Einfachstes Beispiel: Der Durchmesser halbiert den Kreis. In etwas komplexerer Form lässt sich der Satz des Thales – alle Winkel an einem Halbkreisbogen sind rechte Winkel – ebenfalls in dieser grafischen Form nachweisen. Wie genau Thales vorgegangen ist, bleibt Spekulation. Seine Nachfolger schrieben ihm jedenfalls großes Wissen zu. Er soll die Entfernung eines Schiffes von der Küste berechnet und die Höhe der Pyramiden aus ihrem Schatten abgeleitet haben. Wie groß auch immer die Fähigkeiten des historischen Thales waren, in Milet begann die enge Symbiose zwischen Philosophie und Naturwissenschaft, die für das europäische Denken so signifikant werden sollte.

Vielleicht lag es am Götterhimmel, der sich doch mehr für Abenteuergeschichten eignete als für moralische Maßstäbe – die Griechen entkoppelten ihre Naturphilosophie jedenfalls schnell von theologischen Implikationen. Der vorsokratische Philosoph Xenophanes machte sich sogar über mythologische Gottesvorstellungen lustig: »Die Äthiopier behaupteten, ihre Götter seien stumpfnasig und schwarz, die Thraker, die ihrigen blauäugig und blond; wenn die Rinder und die Löwen Hände zum Malen und Skulptieren hätten, so würden die Rinder Götter wie Rinder und die Löwen Götter wie Löwen gestalten.« Die Griechen suchten Grundelemente, die alle Stoffe bestimmen sollten; sie legten die spekulative Grundlage für fast alle Wissenschaften (die Nachfolger brauchten Jahrtausende, um das aufzuarbeiten); und sie etablierten vor allem die Mathematik als zentrales Kulturgut. Egal wofür man sich interessierte: Fundiertes mathematisches Wissen war integraler Bestandteil der Allgemeinbildung. Wollte ein antiker Grieche als geistreich gelten, musste er auch kenntnisreich über mathematische Fragen diskutieren können. Die Mathematik wurde als universelle Sprache erkannt und auf alle Wissensgebiete übertragen. Mit der Zeit wurde dieses Wissen kanonisiert. Die Pythagoreer entwickelten ein Lehrprogramm, das die vier *Mathemata* Arithmetik, Geometrie, Astronomie und Harmonielehre enthielt. Diese hielten sich bis in die Frühe Neuzeit als zentrale akademische Fächer. Die Mathematik selbst wurde im dritten vorchristlichen Jahrhundert von Euklid in ein System gefasst, das im Prinzip auch noch unser heutiges mathematisches System ist.

Etwa zur gleichen Zeit traten zwei Herren aus Athen auf, deren Wirken bis in die Moderne die beiden Pole philosophischen Denkens darstellte: Platon und Aristoteles. In der Platonischen Akademie wurden Schüler in einer zehnjährigen Ausbildung dazu erzogen, ihre Gedanken weg von der vergänglichen Erfahrungswelt hin zum dahinterliegenden Unveränderlichen zu entwickeln. Auch hier waren die vier *Mathemata* Grundlage des Lehrplans. Platon etablierte kein Erklärungssystem, er betrachtete die Welt als zu komplex, um sie umfassend deuten zu können. Die Platonische Akademie war ein Ort, an dem junge Menschen ihren Geist im selbstständigen Denken üben sollten. In den mehr als 900 Jahren ihres Bestehens entwickelten die Platoniker und Neuplatoniker ein breit gefächertes geistiges Repertoire, das vom Skeptizismus bis zur Transzendenz reichte. Platons Schüler Aristoteles, der legendäre Lehrer Alexanders des Großen, war der erste Berufsphilosoph und aktive Forscher. Er etablierte die Erfahrungswissenschaft, die Empirie, und kategorisierte die Wissenschaften. Bis heute ist die Beschäftigung mit seiner Lehre Bestandteil des akademischen Lebens.

Das Wissen der griechischen Antike breitete sich nach den Eroberungen Alexanders des Großen bis nach Indien aus. Dort vermischten es die baktrischen Griechen mit dem Buddhismus; die Spuren davon sind im Mahayana-Buddhismus, also jener Hauptrichtung zu finden, die im Fernen Osten zur Blüte kam. Buddhistische Missionare gelangten übrigens im 2. Jahrhundert v. Chr. sogar nach Alexandria, zu diesem Zeitpunkt das innovativste Wissenszentrum, wo auch Euklid wirkte. In der römischen Kaiserzeit traten dann noch zwei weitere für das Wissen der Welt immens bedeutende Persönlichkeiten auf: Heron von Alexandria und Claudius Ptolemäus. Ptolemäus verfasste im zweiten nachchristlichen Jahrhundert eine Zusammenstellung über Astronomie und Mathematik, die *Mathematike Syntaxis,* die wir eher unter ihrem aus dem Arabischen abgeleiteten Namen *Almagest* kennen. Vor allem seine astronomischen Lehren waren bis zum Wirken von Nikolaus Kopernikus verbindlicher Standard. Weniger bekannt ist Heron, der einer angewandten Wissenschaft verpflichtet war. Er schuf Standardwerke über Pneumatik, Maschinenbau und Ballistik und konstruierte komplexe halbautomatische Maschinen. Der Heronsball, die erste Wärmekraftmaschine, nahm eine Form der Energienutzung vorweg, die eineinhalb Jahrtausende später mit der Dampfkraft die industrielle Revolution einleiten sollte.

Diese angewandte Wissenschaft erlangte um Christi Geburt eine erste Blüte. Es entstand eine profane, materialistische Welt, die der unseren in vielem ähnelte. Das Wissen wurde nutzbar gemacht und für die Erschaffung von Infrastruktur, etwa für Straßen- und Brückenbau, angewandt. Die Grundlage für diese Annehmlichkeiten, nämlich das freie und vorurteilsfreie Denken, wurde aber durch das Vordringen der großen monotheistischen Religionen zusehends eingeschränkt. Dort, wo Philosophie und Empirie religiösen Vorstellungen widersprachen, entschied man sich seit der Spätantike immer häufiger gegen die Wissenschaft. Das griechische Wissen verschwand in der Folge aus dem Zentrum der Gesellschaft, es verlor an Bedeutung und musste den neuen Kräften weichen. In einer Art Stafettenlauf wurde das Wissen jedoch über die Jahrhunderte von kleiner Insel zu kleiner Insel weitergereicht, und in einer interkonfessionellen Zusammenarbeit rettete es sich schließlich in die europäische Neuzeit, um zum alles bestimmenden Faktor der Moderne zu werden.

Die Kunst des Abschreibens

Schreibmaterial war teuer, der Prozess langwierig und das Grundmaterial rar: Wissen schriftlich zu tradieren, blieb bis zur Erfindung des Buchdrucks ein schwieriges und kostspieliges Unterfangen. Der wohl bedeutendste Übersetzer des abbasidischen »Hauses der Weisheit«, Hunain ibn Ishaq, beklagte im 9. Jahrhundert die Schwierigkeit, an brauchbare Vorlagen zu kommen: »Ich habe Galens Buch sehr gesucht und, um es zu suchen, die Länder von ganz Mesopotamien und Syrien, Palästina und Ägypten bereist, aber nichts gefunden, außer in Damaskus ungefähr die Hälfte.« Ibn Ishaq, der aus einer christlichen arabischen Familie stammte, war zweisprachig aufgewachsen. Er sprach sowohl Syrisch, das das Griechische zu jener Zeit als Kultursprache des Vorderen Orients abgelöst hatte, als auch Arabisch. Der sehr aufbrausende junge Mann und *failasuf al-arab* (»Philosoph der Araber«) überwarf sich bald mit seinen Lehrern und ging nach Alexandria. Erst nach einer dramatischen Aussöhnung kehrte er nach Bagdad zurück, wo er einer der wichtigsten Träger der Übersetzerbewegung wurde.

In der Tradition der Buchkopisten hatte man immer Wort für Wort übersetzt und großen Wert auf Genauigkeit gelegt. Das lag daran, dass hauptsächlich religiöse Werke kopiert wurden und man jede Abweichung als Verfehlung an der göttlichen Offenbarung betrachtete. Diese brauchbare Methode zum exakten Wissenserhalt eignete sich jedoch nicht zum Wissenserwerb aus einer Fremdsprache. Ibn Ishaq erkannte das Problem und nahm sich größere Freiheiten heraus. Nach seinem System fungierte der Übersetzer auch als eine Art Lektor, es wurden also auch fachliche Kenntnisse benötigt. Statt wörtlicher Übersetzung wurde nun sinngemäß übersetzt. Ein, wie man glauben möchte, kleiner Schritt, der aber große geistige Dynamik entfaltete: Er garantierte nicht nur die verständliche Übertragung in eine andere Sprache, sondern sorgte auch für die intensive Beschäftigung mit der Materie.

Ein weiteres Problem aller Übersetzungen war der fremde kulturelle Hintergrund, vor dem die Originale entstanden waren. Zum Verständnis eines platonischen Dialogs war zumindest eine Vorstellung von den griechischen Lebensumständen notwendig; bei naturwissenschaftlichen Themen, wie den Schriften des Arztes Claudius Galenus oder dem Wissenschaftssystem des Aristoteles, tat man sich schon leichter. Mit aristotelischer Logik rückte auch der erste arabische Philosoph, Al-Kindi, ebenfalls ein Arzt, dem Koran zu Leibe. Er stellte sich vor allem die Frage, ob die Welt, wie im Koran dargelegt, von Gott erschaffen worden war oder ob sie, wie es Aristoteles behauptete, ewig und unveränderlich war. Diese Frage sollte sowohl das christliche als auch das islamische Geistesleben noch lange beschäftigen. Herausragend war vor allem der Umstand, dass Al-Kindi es überhaupt wagte, diese Frage zu stellen. Er schlug sich zwar deutlich auf die Seite der Offenbarung, nützte dafür aber die analytischen Methoden des griechischen Philosophen – ein Vorgang, den 400 Jahre später Thomas von Aquin für das christliche Abendland wiederholen sollte. Grundvoraussetzung für diese Freiheit des Denkens war die Erlaubnis von höchster Stelle: Dem Kalifen Al-Mamun, einem Enkel des legendären Harun al Raschid, soll Aristoteles im Traum erschienen sein. Der kleine Diskurs zwischen dem Nachfolger des Propheten und dem griechischen Philosophen, der im Schlaf stattgefunden hatte, legitimierte in der Folge die Untertanen der Abbasiden, sich unbefangen dem Wissenskorpus der Antike zu nähern. Der Konflikt zwischen den »unteilbaren Wahrheiten« göttlicher Offenbarung und dem Wissen aus menschlicher Erkenntnis war nicht ganz neu. Schon der spätantike Kirchenvater Augustinus, der einen langen religiösen Weg vom Zoroastrismus über das Manichäertum bis zur christlichen Heilslehre gegangen war, kannte diesen Konflikt. Sosehr Augustinus überzeugt war, dass man den Sinn des Daseins unmittelbar durch den Glauben erfassen konnte, so klar erkannte er auch, dass dem Menschen das Bedürfnis innewohnte, das verstehen zu wollen, woran er glaubte. Kalif Al-Mamun sah das offensichtlich ähnlich, vermutlich sogar beeinflusst von den vielen syrischen Christen an seinem Hof, die mit den *Bekenntnissen* des Augustinus und seiner Auseinandersetzung mit dem Rationalismus vertraut waren.

Arabische Wissenschaftler, allesamt Ärzte, wie Ar-Razi (latinisiert Rhases), Ibn Sina (latinisiert Avicenna), Al-Biruni oder der für Europa so bedeutsame Ibn Ruschd (latinisiert Averroes), stellten das antike Wissen rund um die erste Jahrtausendwende ganz neu auf. Im Prinzip machten die Gelehrten dieser Zeit das Gleiche wie schon Thales und seine Nachfolger: Sie konfrontierten sich mit Vorhandenem und interpretierten es vor ihrem eigenen gesellschaftlichen Hintergrund neu. Der ärztliche Beruf, der mit der Philosophie seit der sassanidischen Schule von Gundischapur untrennbar verbunden war, sorgte für eine ständige Nähe zu jenen philosophischen Fächern, die wir heute als naturwissenschaftlich bezeichnen. Grundlage allen Denkens – und da folgte schon Al-Kindi den griechischen

Vorbildern – war die Mathematik, beziehungsweise die *Mathemata* der Pythagoreer. In der arabischen Tradition fächerte sich die Wissenschaft aber weiter auf: Chemie, Medizin und Geografie wurden eigene Fachgebiete. Ein erstes Spezialistentum entwickelte sich, was zu Höchstleistungen in den jeweiligen Bereichen führte. Besonders Al-Biruni und Ibn Sina, die im transoxanischen Buchara lebten und auch zusammenarbeiteten, trugen viel zu einem moderneren Verständnis der Naturwissenschaften bei. Ibn Sina entwickelte zum Beispiel ein Destillationsverfahren, also eine Methode der chemischen Trennung von Stoffen. Seine ursprüngliche Motivation: Er wollte die Seele einer Rose von ihrer Materie trennen. Al-Biruni errechnete den Erdumfang sehr genau und entwickelte das erste Pyknometer, mit dem er die Dichte von Körpern bestimmen konnte – alles Dinge, die Jahrhunderte später von der jungen europäischen Wissenschaft aufgesogen und angewandt werden sollten. Der arabische Zugang zur Philosophie war praktisch orientiert; der Nutzen der Wissenschaft, wie er wenig später von den Scholastikern Johannes von Salisbury oder Roger Bacon gefordert wurde, hatte in Buchara von Anfang an Bedeutung. Im Laufe der Zeit entstanden verbesserte Messgeräte, Terminologien und Begriffe. All das wurde später von der europäischen Wissenschaft übernommen: Wörter wie Algebra, Elixier und Talkum oder Sternennamen wie Aldebaran und Altair zeugen noch heute davon.

Die arabische Wissenschaft strebte danach, die Natur zu kontrollieren. Auch hier ist der Ansatz in der medizinischen Schulung der Philosophen zu suchen. Die ungeheuren Fortschritte, die die Medizin in den ersten arabischen Jahrhunderten machte, legten bei den Ausübenden die Vermutung nahe, dass der Mensch größeren Einfluss auf sein Schicksal hatte, als bis dahin angenommen worden war. Ibn Sina führte die chirurgische Entfernung von Krebsgeschwüren ein, er behandelte psychische Krankheiten, und seine *Materia Medica* enthält 800 Medikamente inklusive detaillierter Beschreibungen für die Anwendung, Wirkung und Wechselwirkung mit anderen Stoffen. Man erkannte die Bedeutung des Gemütszustandes für die körperliche Gesundheit; Ibn Sina beschrieb sogar eine eigene »Liebeskrankheit«. Was lag da näher, als aus der Trennbarkeit von Stoffen, der Veränderung des Zustandes von menschlichem Verhalten und der Erkenntnis, dass der ganze Körper als mechanischer Apparat verstanden werden konnte, zu folgern, dass der ganze Kosmos wandelbar sei? Die Alchemie entstand, und die Vorstellung, dass alle Stoffe veränderlich waren, entzündete auch den europäischen Geist. Damit wurden die Grundlagen für ein neues Selbstbild des Menschen geschaffen: Wenn der Mensch die Natur in so hohem Maße manipulieren konnte, dann griff er in Bereiche ein, die bis dahin Gott vorbehalten waren. Eine Kur mit Antibiotika, wie sie in der arabischen Medizin gängig war, konnte ein – sonst unweigerlich verlorenes – Leben retten. Man griff in den natürlichen – beziehungsweise göttlichen – Ablauf von Leben und Tod ein. Der letzte Schritt zum modernen Wissenschaftler, der seine Manipulation der Natur so weit treiben kann, dass ihm fast schöpferische Möglichkeiten zukommen, ist nur noch quantitativ. Dieses arabische Erbe ist freilich bis heute noch nicht in allen Bereichen der Gesellschaft angekommen und wird, vor allem in seinem Entstehungsgebiet, intensiv angefeindet.

Einen wahren Entwicklungsschub lösten arabische Gelehrte auch in der Mathematik aus. Dafür war vor allem der Kontakt nach Indien wichtig. Das indische Zahlensystem, bei dem man unter Verwendung von nur zehn Ziffern alle Zahlen darstellen konnte, vereinfachte und beschleunigte den Rechenprozess. Voraussetzung dafür war die Einführung der Null als selbstständige Zahl. Erst mit dieser Zahl ohne eigenen Zahlenwert konnte man die restlichen Ziffern beliebig kombinieren. Das Rechnen wurde vergleichsweise so einfach, dass man mathematische Prozesse als selbstständiges Mittel zur Erreichung definierter Ziele oder zum Nachweis von Thesen einsetzen konnte – ein Segen für die angewandte Wissenschaft der Araber und die Voraussetzung für die ungeheure Dynamik, die die Wissenschaft noch entfalten sollte.

Ein weiterer Arzt wurde zum eigentlichen Bindeglied zwischen der arabischen und der gerade beginnenden europäischen Wissenschaft: Die Aristoteles-Kommentare von Ibn Ruschd (Averroes) aus Córdoba führten den Aristotelismus und damit das Denken der Antike im christlichen Abendland ein. Dazu war ein weiteres »Haus der Weisheit« nötig, diesmal auf spanischem Boden. Schon im 9. Jahrhundert beklagte sich ein gewisser Alvaro, ein christlicher Bewohner Córdobas, über den Verlust der eigenen Sprache im Geistesleben: »Viele meiner Glaubensbrüder lesen die Dichtungen und Erzählungen der Araber und studieren die Schriften der mohammedanischen

Theologen und Philosophen, nicht um sie zu widerlegen, sondern um zu lernen, sich auf Arabisch genauer und eleganter auszudrücken.« Das Geistesleben war eindeutig arabisch dominiert. So sehr, dass sich der damalige Erzbischof von Sevilla genötigt sah, die Bibel ins Arabische zu übersetzen – nicht für missionarische Zwecke, sondern zum Gebrauch in der eigenen Gemeinde. Die Übergänge zwischen den Konfessionen waren fließend und das Zusammenleben durch Glaubensfragen kaum beeinträchtigt. Auch die immer erfolgreichere *Reconquista,* die »Rückeroberung« Spaniens durch die Christen, veränderte die »heile Welt« des Zusammenlebens von Christen, Juden und Moslems anfänglich nicht. 1085 fiel mit Toledo die ehemalige Hauptstadt des Westgotischen Reiches zurück an die Christen – ein symbolträchtiges Ereignis. Eine Reihe von spanischen Königen, alle mit dem Namen Alfons, bewerkstelligte diese Titanenarbeit der Rückeroberung: Auf Alfons den Tapferen folgte Alfons der Krieger und schließlich ein Alfons, der sich den Beinamen »der Weise« redlich verdiente. Er tat nämlich das, was schon der Sassanide Chosrau und der Kalif Al-Mamun erfolgreich getan hatten: Er gründete eine Übersetzerschule. Die Übersetzerschule von Toledo, die Mitte des 12. Jahrhunderts entstand, war ein loser Verband von wissenschaftlich Interessierten. Das Besondere war, dass sie Mitglieder aus allen drei Konfessionen hatte, die sogar projektweise zusammenarbeiteten. Die dabei entstehenden Arbeiten waren von hoher Qualität; das »Vielaugen-Prinzip« schaltete viele Ungenauigkeiten, mit denen das Vorbild in Bagdad lange zu kämpfen gehabt hatte, von vornherein aus.

Die Quellenlage und die lange Übersetzungskette vom Griechischen ins Syrische und ins Arabische blieben allerdings problematisch. So wurde das geschichtshistorische Werk des Atheners Proklos, der im fünften nachchristlichen Jahrhundert die Platonische Akademie geleitet hatte, als *Liber de causis* übersetzt und fälschlicherweise Aristoteles zugeschrieben. Die neuplatonische Schrift hatte auf Grund des vermeintlich bedeutenden Autors ungeheure Wirkung auf die europäischen Gelehrten. Viele Vorstellungen des *Liber de causis* blieben fest in den akademischen Köpfen verankert, selbst als schon längst direkte Übersetzungen aus dem Griechischen verfügbar waren. Ein Irrtum brachte also das lange brachliegende Geistesleben des christlichen Europas auf Touren. Die selbstverständliche Multikulturalität und das entspannte Verhältnis zu den jeweiligen religiösen Dogmen brachten nicht nur bedeutende Wissenschaftler und Dichter hervor, sie schärften auch die Vorstellung, dass man voneinander lernen konnte. Die lateinischen Übersetzungen, die im Spanien des 12. und 13. Jahrhunderts entstanden, ermöglichten den immer noch abgeschotteten Europäern, Zugang zu jenem Wissen zu finden, das wir heute als originär europäisch zu betrachten gewohnt sind.

Das Kreuz mit dem Kreuz

Die Sehnsucht der Europäer schien im Mittelalter vorerst nicht der Aufklärung, sondern dem völligen Aufgehen in Gott und dem göttlichen Prinzip zu gelten. Nachdem sich das Christentum in den germanisch und slawisch eroberten Teilen Europas anfänglich nur sehr langsam durchsetzen konnte und der Monotheismus durch die Einbeziehung lokaler Bräuche und alter Stammesgottheiten eine synkretistische Form angenommen hatte, stand das Hochmittelalter im Zeichen kirchlicher Dominanz – um nicht zu sagen, des Versuches, einen Gottesstaat einzuführen. Politisch spitzte sich dieser Zeitgeist im Investiturstreit zu, also im Kampf zwischen geistlichen und weltlichen Mächten um die Vorherrschaft. Im Geistesleben ist der sogenannte Universalienstreit sichtbarer Ausdruck dieses Grundsatzkonfliktes. Wieder einmal stand ein alter Grieche am Anfang und am Ende des Problems, in diesem Fall Platon. Die Grundlage des Universalienstreites bildete seine Ideenlehre, die sich am »besten Freund des Menschen« auf einfache Weise erklären lässt: Nach Platons Auffassung existiert der Hund an sich als Idee. Alle Hunde, die einem im Alltag begegnen, sind sozusagen nur Ausformungen der Idee vom Hund. Diese Position wird als *Realismus* bezeichnet (nicht zu verwechseln mit unserem umgangssprachlichen gleichlautenden Begriff). Die Gegenposition ist die der *Nominalisten,* die davon ausgehen, dass der Mensch, nachdem er verschiedene Hunde kennengelernt hat, einen abstrakten Allgemeinbegriff geformt hat, der Hunde bezeichnet. Dieses Problem ist für Hundefreunde von geringem Wert; es hat aber allgemeine Bedeutung: Die Frage, ob der

Hund oder die *Idee* vom Hund vor dem einzelnen, sinnlich wahrnehmbaren Tier selbst da war, beinhaltet nämlich eine Wertung. Für das Mittelalter, nicht nur das christlich-abendländische, das zum Realismus neigte, war dies mit der Frage verbunden, ob Gott die Ideen geschaffen hat. Wenn er dies getan hatte – und davon ging man aus –, dann stand das göttliche Prinzip unhinterfragbar vor allen Dingen, woraus ein Papst wiederum im politischen Sinn ableiten konnte, dass er dem Kaiser übergeordnet war.

Es ist die erfreuliche Fähigkeit des Menschen, sich nicht mit einer Entweder-oder-Frage zu begnügen, sondern Unvereinbarkeiten dieser Art weiterzuentwickeln. Einer der Ersten, die dies unternahmen, war um 1100 Petrus Abaelardus. Abaelardus ist eigentlich ein Spottname – eine latinisierte Form von *Abeilgard,* »Specknascher« –, den er in der Klosterschule bekam, als er nachts in der Speisekammer überrascht wurde. Naschhaft war auch sein Geist, und der hochintelligente Mann, Sohn eines geistig interessierten Grundbesitzers bei Nantes, der schon mit 23 Jahren an der Universität unterrichtete, zeigte bald seine Kompetenz. Obwohl selbst eher Nominalist, versuchte er die beiden Gegenpositionen im sogenannten *Konzeptionalismus* zu vereinigen. »Indem wir nämlich zweifeln, gelangen wir zur Untersuchung und durch diese erfassen wir die Wahrheit«, schrieb Abaelard schon früh den Weg aller europäischen Wissenschaft fest. Die Unerhörtheit seines Denkens bestand nicht etwa darin, dass er eine Gegenposition zur Kirche einnahm – das war schon vorher geschehen und wurde in der Regel mit Klosterhaft und anderen Umerziehungsmethoden bestraft –, sondern in der Anmaßung, dass eine Abfolge von Zweifel und Untersuchung zur Erkenntnis führen sollte. Für die Erkenntnis hatte man doch die göttliche Offenbarung! Der junge Professor wurde schnell zum Star und zum Vorstand der bedeutenden Kathedralschule von St. Victor in Paris. Die Jugend überrannte seine Vorlesungen förmlich, und mit Sätzen wie »Kritik und Zweifel sind ein wirksames Schutzmittel gegen blinden Glauben« oder, den Kant'schen kategorischen Imperativ vorwegnehmend, »Das Prinzip aller Moral ist das Gewissen des Einzelnen« wurde er zu einer Art Popstar seiner Zeit. Die Konsequenzen für ihn waren so radikal wie seine Ideen: Seine erotischen Verwicklungen mit der Studentin Heloise – sowohl weibliche Studenten als auch unstatthafte Beziehungen zu ihnen gab es – wurden ihm zum Verhängnis. Die vorherrschende Moral stieß sich sowohl am Liebes- als auch am Geistesleben des radikalen Denkers (und übrigens auch Troubadours). Er wurde überfallen und entmannt. Auch seine Lehre sollte kastriert werden: Abaelards Schriften wurden verbrannt und für ketzerisch erklärt. Er selbst begab sich zur Umerziehung ins Kloster. Seine Geliebte Heloise – ebenfalls ins Kloster verbannt – schrieb ihm bis zu seinem bald folgenden Tod rührende Briefe und ließ sich Jahrzehnte später neben Abaelard beisetzen. Der Erfinder der *scholastischen Methode* Abaelard lebte einen Konflikt vor, der bezeichnend für die Entwicklung der europäischen Wissenschaft werden sollte: Zwar gab es immer wieder bedeutende Machthaber, die das Geistesleben förderten, aber die dominante Grundhaltung der Herrschenden blieb reserviert. Europäisches Denken entwickelte sich, im Gegensatz zur islamischen Welt, aus dem Konflikt mit dem Establishment.

Ruhe kehrte in den Lehrbetrieb jedoch auch nicht ein, nachdem Abaclard in der Versenkung verschwunden war. Und auch wenn die Kirchenführung versuchte, sich gegen die arabischen Autoren zu verschließen, die die Gedanken der Jugend befeuerten, erreichte man diesbezüglich wenig. Der Geist war aus der Flasche, und wie Jahrhunderte zuvor der Philosoph Al-Kindi aus Bagdad – als »Alkindus« inzwischen latinisiert – näherte man sich den eigenen Dogmen mit den Methoden des Aristoteles, die man vorerst nur aus arabischen Quellen kannte. Abaelards Schüler Johannes von Salisbury, der die Meinung vertrat, die Wissenschaft sollte praktischen Nutzen haben und »die Seele erheben«, hatte seine Lehren aus Abaelards Schicksal gezogen und begnügte sich damit, eine Bestandsaufnahme der Wissenschaften zu verfassen. Hugo von Blankenburg, ebenfalls in Paris lehrend, teilte die Wissenschaften in theoretische und praktische ein, und sein Zeitgenosse Gilbert de la Porée entwickelte eine eigene Wissenschaftstheorie. Er erkannte, dass verschiedene Fächer verschiedene Methoden verlangten: die theoretische Spekulation in der Theologie, Empirie und Experiment in der Physik, das logische Denken in der Mathematik. All dies waren kleine Erosionen am universellen Anspruch der Kirche, im alleinigen Besitz der Wahrheit zu sein. Albert von Bollstädt, besser bekannt als Albertus Magnus, der ebenfalls in Paris lehrte, machte mit seinen Kommentaren zu Aristoteles das Denken der Antike in ganz Europa populär. Auch ihn ereilte der Ordnungsruf von Mutter Kirche, und der *Doctor universalis* war klug genug, die kontroversiellen Themen an den Nagel zu hängen und sich im Alter nur noch der Theologie zu widmen.

Die Bereitschaft der Kirche, gegen die Beschäftigung mit Aristoteles durchzugreifen, war zwar da, allerdings klappte es nie, das Denken des alten Griechen aus den Köpfen der Studenten zu verbannen. Unter Androhung der Exkommunikation bestimmte etwa die Diözese von Paris, dass »weder über die naturphilosophischen Schriften des Aristoteles noch über die Kommentare dazu öffentliche oder private Vorlesungen« gehalten werden durften. Das Verbot musste ständig erneuert und mit zusätzlichen Drohungen versehen werden. Schließlich reichte es den Lehrern und Studenten von Paris und sie traten in Streik. Scharenweise wanderten sie an die neue Universität von Toulouse ab, wo Vorlesungen über Aristoteles gegeben wurden. Auch die Kirche akzeptierte schließlich die Macht des Faktischen, und Papst Gregor IX. hob das Verbot zwar nicht auf, gestattete aber immerhin die Beschäftigung mit Aristoteles, um die inkriminierten Schriften »zu prüfen und von jedem Verdacht auf Irrtümer zu reinigen«. Das ließen sich die Gelehrten nicht zweimal sagen, und sie wandelten sofort wieder auf Abaelards Spuren. Radikales Denken führte bald wieder zum Konflikt: Joannes Jandum etwa zog aus seiner Beschäftigung mit Aristoteles den Schluss, dass die christliche Theologie irrational und sogar unwahr sei. Der Bannstrahl aus Rom folgte umgehend, allerdings hatte sich Aristoteles inzwischen endgültig etabliert. Die Erlangung eines akademischen Grades, ohne seine Schriften gelesen zu haben, war plötzlich undenkbar.

Interessanterweise bezeichneten sich die Gelehrten dieser Zeit selbst nicht als Aristoteliker, also nicht nach der Person, mit deren Lehrgebäude sie sich auseinandersetzten, sondern nach einem seiner bedeutendsten Kommentatoren: dem arabischen Gelehrten Ibn Ruschd, in Europa als Averroes bekannt. Die Averroisten setzten sich vor allem mit den 38 Kommentaren und Werkzusammenfassungen auseinander, die der arabische Arzt und Politiker aus Córdoba im 12. Jahrhundert über Aristoteles verfasst hatte. Trotz der jahrhundertelangen Beschäftigung der islamischen Theologie mit der griechischen Philosophie war auch dort der Widerspruch von theologischer Dogmatik und Rationalismus nach wie vor vorhanden. Etwas jünger als Petrus Abaelardus, war Ibn Ruschd ein radikaler Aristoteliker und ein strenger Rationalist. Ursprünglich ein Protegé des Kalifen, kam er bald mit den Korangelehrten in Konflikt. Ibn Ruschds Kommentare wurden verbrannt, seine Lehre verworfen und er selbst in die Verbannung geschickt. Allerdings landeten seine Bücher auch in Toledo, wurden übersetzt und dann vor allem von Michael Scotus, einem Gelehrten, der an allen geistigen Zentren der Zeit (also Paris, Toledo und Palermo) wirkte, verbreitet. Die Averroisten gerieten wie ihr Namensgeber in den bereits beschriebenen Konflikt mit religiösen Kräften. Doch Europa war in Bewegung. Es war ein Europa der Gegensätze; ein Europa der Troubadoure und italienischen Händler; ein Europa des arabisch sprechenden Stauferkaisers Friedrich II. und der Katharer; das Europa eines Franz von Assisi und ein Europa der Hanse und der Handelsstädte des Nordens. Und es war ein Europa der Averroisten und der christlichen Dogmatiker. Die aufgeputschte geistige Situation verlangte nach einem Kompromiss.

Der heilige Augustinus hatte um das Jahr 400 noch geschrieben: »Wenn Philosophen etwas lehren, das unseren Heiligen Schriften widerspricht, dann können wir ohne jeden Zweifel annehmen, dass es falsch ist. Wir werden schon Mittel finden, dies zu beweisen.« Die Kirche nahm sich aber nun im Hochmittelalter des Heiden Aristoteles und seiner arabischen und europäischen Apologeten an und integrierte sie in ihr eigenes Lehrgebäude. Die zentrale Figur dabei war der herausragende Intellektuelle und spätere Heilige Thomas von Aquin, der unter anderem am Hof jenes französischen Papstes und Troubadours Clemens IV. lebte, der großzügig Ablass versprach, wenn man seine Dichtung verbreitete. Thomas stammte aus einem gräflichen Haus in Italien und studierte bei den bedeutendsten Gelehrten seiner Zeit, vor allem bei Albertus Magnus, dem er sogar nach Köln folgte. Es gelang ihm, in einem umfassenden Werk die christliche Kirche mit dem Aristotelismus auszusöhnen. Er griff dabei auf die Schriften eines Kirchengelehrten aus dem 7. Jahrhundert zurück, der mit lateinischem Namen Ioannes Damascenus hieß und auf Arabisch Yahya ibn Sarjun ibn Mansur. Dieser Johannes, der auf griechischen Ikonen mit einem Turban dargestellt wird, hatte schon vor Al-Kindi versucht, Glaube und Aristotelismus in Einklang zu bringen. Er hatte im syrischen Damaskus gelebt. Thomas von Aquin verwarf nun die Ideenlehre Platons und machte Aristoteles zu *dem* Philosophen der Kirche. Die Theologie ernannte er zu einer eigenen

Wissenschaft, und den Rationalismus des alten Griechen machte er zu einer wertvollen Ergänzung. Thomas schuf damit für die europäische Wissenschaft die Möglichkeit, sich in einer christlich dominierten Welt überhaupt erst zu entwickeln. Bis heute ist der Thomismus zentraler Bestandteil der Ausbildung an katholischen Hochschulen. Allerdings hatte Thomas den nächsten geistigen Konflikt schon vorprogrammiert: Durch die Verdammung des Neuplatonismus klammerte er jene Freiheit des Denkens aus, die für die Renaissance so bedeutend werden sollte.

Vorerst konnten die Averroisten allerdings durchatmen. Und der Geist der Empirie verlieh Leuten wie dem *Doctor Mirabilis,* dem »wunderbaren Lehrer« Roger Bacon, Flügel. Diesen Franziskaner faszinierte – wie schon seine arabischen Vorbilder Al-Kindi oder Al-Haitam, die er durch die Übersetzer von Toledo studiert hatte – die Vorstellung von der Veränderbarkeit der Natur, die Beeinflussung und Metamorphose der Schöpfung. Dieser magisch-alchemistische Zugang, der auch in den Werken von Albertus Magnus oder Guilielmus Alvernus zu finden ist, formte sich in Bacons Denken zur Vision eines technischen Zeitalters. In wütenden Pamphleten wandte er sich gegen theologische Haarspaltereien und forderte, alle Kraft für eine Wissenschaft einzusetzen, die »lehrt, wie man Dinge entdeckt, die das menschliche Leben um viel größere Zeitspannen verlängern können, als auf natürlichem Wege zu erreichen ist«. Bacon wollte die Schöpfung verbessern. Tierzucht, Landwirtschaft, Medizin, alles sollte mit wissenschaftlichen Mitteln verändert werden. Seine Ideen aus der *Epistola de Secretis Operibus,* dem Brief über geheime Werke, kann man heute als Kursbuch der industriellen Revolution lesen: »Maschinen für die Schifffahrt ohne Ruderer können so gebaut werden, dass die größten Schiffe auf Flüssen oder Meeren von einem einzigen Mann mit größerer Geschwindigkeit fortbewegt werden können, als wenn sie voll bemannt wären. Auch Wagen könnten so gebaut werden, dass sie sich ohne Zugtiere mit ungeheurer Geschwindigkeit bewegen. Auch Flugapparate können so konstruiert werden, dass ein Mann in der Mitte der Maschine sitzt und einen Motor in Schwung hält, durch den künstliche Flügel die Luft schlagen wie bei einem fliegenden Vogel.« Bacon blieb zwar umsetzbare Konstruktionspläne schuldig. Doch auch hier war der Geist aus der Flasche und der Schritt zur Renaissance, die den Menschen und die menschlichen Fähigkeiten ins Zentrum des Denkens stellte, eigentlich schon vollzogen.

Ecce Homo

Im fernen Finanzzentrum Kairo, dessen Handelsnetz sich dank der italienischen Seemächte bis tief nach Europa erstreckte, sah sich der Gelehrte Muhammad Ibn Chaldun um 1400 genötigt, Folgendes aufzuschreiben: »Uns ist neuerdings zu Ohren gekommen, dass die philosophischen Wissenschaften in den Ländern der Franken prächtig gedeihen und dass dort ein Überfluss an Studenten herrscht. Aber Gott weiß am besten, was es mit diesen Teilen der Erde auf sich haben mag.« Die Barbaren des Nordens hatten sich, so schien es, doch noch entschlossen, Teil der zivilisierten Welt zu werden. Doch dem großen arabischen Gelehrten fehlte noch ein wenig der Glaube daran.

Die plötzliche Dynamik, die sich Europas im Spätmittelalter bemächtigte, resultierte aus der heterogenen Struktur des Erdteils und aus dem Umstand, dass es nie einer zentralen Macht gelungen war, den Kontinent zu dominieren. Es gab viele Machtzentren und viele unterschiedliche Traditionen. Es war auch kein weitverbreitetes Ideal, ein »Staatsvolk« zu sein – die Untertanen blieben bockig. Eine geregelte, gut verwaltete Welt, an die man sich in jenen östlichen Gegenden, die die Osmanen zu diesem Zeitpunkt gerade für sich reklamierten, noch gut erinnern konnte, hatte im Westen seit den Tagen des Römischen Imperiums nicht mehr existiert. Die Herrschenden hatten sich viel vom ungestümen Individualismus ihrer normannischen und germanischen Vorfahren bewahrt. Die Art, wie geherrscht wurde, unterschied sich regional stark. Italien war in die Königreiche Sizilien, Neapel, den Kirchenstaat und den Flickenteppich der wirtschaftlich starken norditalienischen Stadtstaaten aufgeteilt. Frankreich war klein, vom Hundertjährigen Krieg ausgeblutet und weit vom späteren Zentralstaat entfernt. Das Römisch-Deutsche Reich war in sich zersplittert und mit seiner komplexen dezentralen Machtstruktur de facto unregierbar. Im Norden hatten die Hanse und die flandrischen Städte mit ihren demokratischen Strukturen das Sagen. Ungarn, unter den Luxemburgern ein verhältnismäßig großes Reich, zerrieb sich an den vordringenden Osmanen, und die litauischen Jagellonen waren gerade erst dabei, ihren gewaltigen Staat zu schaffen. Das Großfürstentum Moskau war glücklich, wenn es gegen das tartarische Reich der Goldenen Horde überhaupt bestehen konnte. Kastilien und Aragon waren noch getrennt und das islamische Königreich Granada noch stark.

Eine kleine Stadt wie Mailand vereinte in diesem Europa oft mehr Macht auf sich als ein Kaiser. Friedrich II. erlebte das am eigenen Leib: Als er über die Alpen nach Norden zog, um dort seinen Thronanspruch durchzusetzen, wurde er von den Mailändern förmlich gejagt; und noch Maximilian I. hatte gerade einmal 300 Mann zur Verfügung, um seinen Anspruch auf Italien durchzusetzen. Der Traum eines universellen christlichen Abendlandes, das Kaiser und Päpste mit unterschiedlichen Zielsetzungen geträumt hatten, war ausgeträumt: Europa war zersplittert, und verschiedene kleine und größere Machtzentren wetteiferten miteinander. Für die Entwicklung des Geisteslebens war das jedoch durchaus förderlich. Wenn Studenten der Lehrplan in Paris nicht gefiel, konnten sie nach Toulouse gehen. Als Joannes Jandum den Papst verärgert hatte, konnte er bei Kaiser Ludwig »dem Baiern« unterschlüpfen, der sich gerade ebenfalls im Konflikt mit dem Pontifex befand. Flandrische Städte hielten es mit dem Geistesleben anders als das Römisch-Deutsche Reich; in Oxford konnten Dinge wie der Averroismus frei gelehrt werden, die in Paris verboten waren. Ein Gelehrter, der auf sich hielt, hatte mindestens eine Flucht vor der Obrigkeit in seiner Biografie vorzuweisen. Nachdem mithilfe Ibn Ruschds / Averroes' und Aristoteles' der Geist befreit worden war, zog das restliche Leben bald nach. In Italien, wo viel Geld und viel Wissen zur Verfügung standen und die Nachfahren wilder Haudegen wie Robert Guiscard regierten, sollte der Mensch Gott aus dem Zentrum des Interesses verdrängen.

Sex im öffentlichen Raum war um 1400 keine Neuigkeit. Seit gut einem Jahrhundert war ganz Europa durch Minnedienst und Troubadourbewegung sexualisiert worden. Auch wenn die männliche Hingabe zur Damenwelt stark ritualisiert war: Der älteste soziale Kitt des Menschen, die Sexualität, war öffentlich überaus präsent. Wo sich die Möglichkeit bot, wurde aus der abstrakten Minne ein raffiniertes höfisches Spiel. Ein Edelmann hatte redegewandt, gebildet, wollüstig und gefährlich zu sein. Diese neue Mode kam aus Neapel: Die Feste am dortigen Hof hatten den Charakter von Orgien; Ehebruch vor aller Augen war schick, solange er stilvoll begangen wurde. Weibliche Lust wurde zur Schau gestellt und nicht mehr versteckt. Nicht dass es diese sexuellen Bedürfnisse nicht schon vorher gegeben hätte – das Mittelalter war keineswegs prüde –, aber am Hof König Roberts von Neapel wurden diese Tabus demonstrativ gebrochen. Entsprechend groß war die Provokation. Aber nicht nur sexuell befreite man sich von Regeln. Das Verächtlichmachen von Werten war schick, das Leben hatte für den Einzelnen wenig Bedeutung und wurde leichtfertig in Duellen aufs Spiel gesetzt. Geistreicher Nihilismus war angesagt, Dekadenz elegant. Das Ganze sprach sich schnell herum. Neapel war sexy.

König Roberts freizügige Hofhaltung wäre freilich eine Fußnote der Geschichte geblieben, wäre nicht ein junger Florentiner von diesem höfischen Leben geprägt worden – Giovanni Boccaccio. Er sollte Sätze wie die folgenden schreiben: »Allem gehen die Gesetze der Natur voran. Da aber die Natur nichts umsonst geschaffen hat, hat sie uns auch die edlen Geschlechtsteile darum verliehen, damit wir sie eifrig in Gebrauch setzen.« In seinem *Decamerone* schuf Boccaccio den ersten modernen erotischen Roman. Das Buch war allerdings nicht nur provokant, es schuf einen neuen literarischen Kosmos. Boccaccio schrieb über das profane Leben, weit weg von moralischen Fragen. Er schilderte eindrucksvoll die große Pestepidemie und stellte das Menschliche ins Zentrum seiner Literatur. Mit seiner Dante-Biografie schuf Boccaccio auch den Kult um den Dichter Dante Alighieri, und zusammen mit seinem Freund Francesco Petrarca begann er, antike Literatur zu suchen und durch Abschriften zu verbreiten. Boccaccio bekam Zugang zur Bibliothek der ältesten Benediktinerabtei in Montecassino und erntete dort das, was Cassiodorus, der Kanzleileiter Theoderichs, durch sein Gebot, Bücher zu kopieren, fast tausend Jahre zuvor eingeleitet hatte. Die Beschäftigung mit antiken Quellen, nicht nur philosophischen Werken, sprengte das enge Denkkorsett der Zeit. Im *Decamerone* schrieb der bekennende Averroist Boccaccio auch die berühmte Ringparabel, die wir heute hauptsächlich aus Lessings *Nathan der Weise* kennen. Die Geschichte, die aus dem maurischen Spanien stammte, betrachtete die drei Religionen Judentum, Christentum und Islam als gleichwertig und als Spielarten des gleichen Grundgedankens.

Die von der Antike begeisterten Italiener besannen sich auch, dass am Goldenen Horn noch ein griechisch-römischer Staat bestand, und sie hofften, dort authentische Quellen der Antike zu finden. Dreißig Jahre vor der Eroberung durch die Osmanen reiste der Humanist Giovanni Aurispa nach Konstantinopel, um an die Originale antiker Schriften heranzukommen. Er erhielt Zutritt zum Hof und wurde sogar Sekretär von Kaiser Johannes Palaiologos. Aurispa gelang es, über zweihundert Werke zu erwerben, darunter so bedeutende Dokumente wie eine Abschrift von Platons *Politeia*.

Eine weitere Quelle für die geistige Erneuerung Europas fand sich neben den Arabern auch in Griechenland. Der Ideologe hinter dem Versuch einer Wiedergeburt antiken Denkens war Georgios Gemistos Plethon. Dieser sich selbst als Neuplatoniker bezeichnende Philosoph stand dem offensichtlich bevorstehenden Untergang des Byzantinischen Reiches neutral gegenüber. Er hielt sowohl den muslimischen als auch den christlichen Staat für eine Fehlentwicklung und lehnte die Vermengung von Religion und Politik prinzipiell ab. Gemistos wollte ein neues, auf antiken Ideen basierendes Staatsgebilde aufbauen. Dieser neue Staat sollte nach platonischen, pythagoreischen und zoroastrischen Prinzipien ausgerichtet sein. Vor allem erkannte Gemistos die Notwendigkeit des sozialen Ausgleiches. Sein idealer Staat hatte eine ständische Struktur: Ein Monarch sollte von einer intellektuellen Elite beraten werden. Diese Elite sollte nicht zu reich sein, um nicht ihren eigenen wirtschaftlichen Interessen zu folgen, aber auch nicht allzu arm, damit sie nicht bestechlich wäre. Grundbesitz sollte mit der Verpflichtung wirtschaftlicher Nutzung verbunden sein, und ein moderates Steuersystem sollte die Ausbeutung durch die Herrschenden limitieren. Gemistos sprach sich gegen das übliche Söldnertum aus und betrachtete Mönche als parasitär. Visionär waren auch seine Vorstellungen von einem modernen Strafrecht: Er lehnte Leibes- und Verstümmelungsstrafen kategorisch ab und maß der Resozialisierung große Bedeutung bei.

Cosimo de' Medici war von Gemistos, den er anlässlich des Konzils von Florenz kennenlernte, stark beeindruckt. In Florenz verfasste dieser auch eine Schrift, die die Bedeutung Platons über die des Aristoteles stellte und sich damit gegen den christlich harmonisierten

Aristotelismus des Thomas von Aquin wandte. Laut Gemistos hatte Aristoteles der Lust einen zu hohen Stellenwert eingeräumt. Das bezog sich allerdings nicht auf jene Lust, die König Roberts Hof in Neapel so attraktiv machte, sondern auf die generelle Lust und auch Lustbefriedigung im geistigen Bereich. Gemistos verlangte, sich stattdessen dem Streben nach dem Guten zu widmen, wie es Platon forderte. So befreiend dieser neue / alte Denkansatz für die beginnende Renaissance war, so einschränkend entpuppte er sich auch: Denn das »Streben nach dem Guten« impliziert, dass »das Gute« definiert ist. Damit wird, ähnlich wie in den religiösen Dogmen, ein Ziel vorgegeben. Das Denken soll sich im neuplatonischen Sinn einem höheren Zweck unterordnen. Erst die radikalen Aufklärer des 18. Jahrhunderts wie Denis Diderot sollten Lust und Leidenschaft wiederentdecken und diesen ursprünglichen menschlichen Antrieb als legitim anerkennen. Gemistos Schriften kursierten nicht nur in Italien, sondern gelangten durch Kaiser Manuels Europareise auch in den Norden. Erasmus von Rotterdam kannte Gemistos' Schriften, und Thomas Mores für die europäische Entwicklung so wichtiges Buch *Utopia* bezieht sich direkt auf Gemistos' Staatslehre. Unter Mehmed dem Eroberer wurde seine Lehre auch ins Arabische übersetzt. Seine Ideen flossen in den Aufbau des osmanischen Staates ein und blieben in Europa bis in die Moderne wirksam.

Die Renaissance setzte in nahezu jedem Bereich neue Maßstäbe: Politisch entkoppelte sie sich von der Religion; künstlerisch und philosophisch stellte sie den Menschen ins Zentrum aller Betrachtungen; die Baukunst fand zu neuen Formen; Malerei und Musik suchten und fanden neue Wege. Diese italienische Wiedergeburt entwickelte sich zu einem Exportschlager – auch in den Orient.

III.

Kayser-i Rum: Von der Eroberung Konstantinopels bis zum Beginn der Verwestlichung 1453–1839

Der Fürst

Die Möglichkeit zu herrschen hat sich immer schon aus zwei Dingen ergeben: dem Willen und der richtigen Gelegenheit. Die meisten Herrschaftssysteme waren und sind das Produkt eines Ausgleichsprozesses innerhalb der jeweiligen Gesellschaften. Die Machtfülle der Herrscherpersönlichkeiten variierte, sie war oft nur eine »Leihgabe« himmlischer Mächte oder ein Mandat der Beherrschten. Legitimation zum Herrschen konnte man aus dem göttlichen Ursprung, der eigenen Familie, einem Übervater aus der Vergangenheit, einer Wahl oder auch aus dem Beweis persönlicher Fähigkeiten ableiten. Über die Jahrhunderte blieben Herrscher in Erinnerung, die große Veränderungen oder Umstürze herbeigeführt hatten. Und jene, die zumindest den Eindruck erweckten, dass ihr Wirken aus der eigenen Kraft resultierte, wurden unsterblich. Jenen Persönlichkeiten, die sich von der Allgemeinheit absetzen konnten, sah man auch gerne ihr zerstörerisches Potenzial nach. Und an Durchstartern wie Julius Cäsar oder Alexander dem Großen orientierten sich unzählige weniger bedeutende Herrscher. Jeder hoffte, in sich wenigstens ein Fünkchen dieses alles beugenden Willens zu entdecken. Schon im sumerischen *Gilgamesch-Epos* wird beschrieben, wie sich ein König dank seiner Persönlichkeit und seiner Tatkraft über Menschen und göttliches Gesetz erhebt: »Rühmen will ich mich in Uruk: ›Der Starke bin ich!‹ Ziehe ich ein, so ändere ich die Geschicke!« Das älteste literarische Werk der Menschheit beschreibt minutiös, wie der übermächtige Mensch schließlich doch auf seinen Platz verwiesen wird. Die genussvolle Reduktion übermächtiger Helden ist ein literarisches Grundkonzept, das universell ist und vermutlich unser Bedürfnis nach einer höheren Ordnung spiegelt.

In den Köpfen von Renaissanceherrschern blieb der Gedanke vom eigenen Untergang freilich ausgeklammert. Hier wurde der Mensch in den absoluten Mittelpunkt gerückt, und die persönlichen Fähigkeiten wurden als ausschlaggebend betrachtet. Das genealogisch unbedeutende spanische Adelsgeschlecht der Borgia etwa konnte plötzlich die europäische Politik bestimmen, und das durch keine – bis dahin doch so wichtige – Abstammung legitimiert. Die wahre Macht lag in den Händen der Nachfahren von Kaufleuten;

anrüchige Aufsteiger wie die Mailänder Familie Sforza konnten sogar eine dynastische Verbindung mit den Habsburgern eingehen. Die Medici verbanden sich mit den Bourbonen und wurden so zu den Begründern des neuen französischen Herrschergeschlechtes. Nicht Abstammung, göttliche Schickung oder der Beifall der Gemeinschaft zählten nun, sondern ausschließlich die persönliche Fähigkeit, die Macht zu erlangen und zu behalten – eine Vorstellung, die wie viele andere dem antiken Denken entlehnt und damit im 15. Jahrhundert topaktuell war. Damit wurden auch die persönlichen Ansprüche an einen Fürsten groß. Man erwartete umfassendes Wissen gepaart mit Tatkraft. Die Welt wollte von ihren Fürsten gezwungen, ausgetrickst und beherrscht werden; das »Publikum« wollte beeindruckt sein. Das *Wollen* war das Fürstliche, die Legitimation der Herrschaft drückte sich vor allem durch den Herrschaftswillen aus. Dabei rückten allgemeine Werte zusehends in den Hintergrund. Nicht dass frühere Herrscher in der Wahl ihrer Mittel zimperlich gewesen wären, aber in der Renaissance akzeptierte man erstmals, dass für den Herrschenden die üblichen Regeln nicht galten.

Der Florentiner Niccolò Machiavelli schrieb Anfang des 16. Jahrhunderts mit *Il Principe* jenes theoretische Werk über Macht, das gerne als Anleitung zum unmoralischen Handeln oder als Aufruf zur reinen Machtgier missverstanden wird. Der eigentliche Skandal dieser ersten Analyse von Machterwerb und Machterhalt bestand aber darin, dass scheinbar unveräußerliche Werte auf ihren Nutzen für die Herrschaft abgeklopft wurden. »Gut sein« war für Machiavelli genauso eine Option wie »schlecht sein«. Der Fürst sollte sich vor allem die Frage stellen, welches Verhalten opportun sei: »Denn zwischen dem Leben, so wie es ist, und dem Leben, so wie es sein soll, besteht ein so großer Unterschied, dass derjenige, der nicht beachtet, was geschieht, sondern nur das, was geschehen sollte, viel eher für seinen Ruin als für seine Erhaltung sorgt.« Machiavelli argumentierte immer für den Selbsterhalt. Er wahrte Distanz zu der Materie, die er beschrieb, und wog ohne dogmatische Scheuklappen ab, was zu tun sei, um als Fürst erfolgreich zu sein. Dort, wo er die Einhaltung von Werten forderte – etwa wenn er meinte, dass sich der Fürst »nicht an der Habe seiner Untertanen, deren Vermögen oder ihren Weibern vergreifen« solle –, tat er dies, weil der Hass der Untertanen ein Gefahrenmoment für die Herrschaft bedeutete. Für Machiavelli war die

Ausübung von Herrschaft etwas, das schöne und unschöne Seiten besaß. Als Machthaber musste man bereit sein, beide zu bedienen.

Einer, der diese Bereitschaft zweifellos an den Tag legte, war der Renaissancefürst Mehmed II. (»der Eroberer«). Wie viele seiner Zeitgenossen in Italien und im restlichen Europa war auch er ein eifriger Leser der damals populären Alexanderromane. Als Kind und Jugendlicher muss Mehmed eher verträumt gewesen sein. Seine Weigerung, zu lernen, trieb seinen Vater Murad II. zur Verzweiflung; er erlaubte den Lehrern seines Sohnes ein Züchtigungsrecht, das diese auch ausübten. Vor allem den religiösen Belehrungen widersetzte sich Mehmed. Allerdings scheint er schon früh eine künstlerische Ader in sich entdeckt zu haben, die sich nicht nur in der Dichtung niederschlug, sondern auch in Zeichnungen. Im Topkapi-Saray-Museum werden heute die Schulhefte des Eroberers ausgestellt, in denen sich einige dieser Zeichnungen finden. Das Erstaunliche: Alles war im Stil italienischer Maler gehalten, also der europäischen Mode der Zeit entsprechend. Trotz des überlieferten Widerstands des Schülers Mehmed scheint er sich seinen Lehrstoff doch erarbeitet zu haben. Er sprach sechs Sprachen fließend und hatte in einigen anderen Grundkenntnisse. Er war mit griechischer Philosophie und Naturwissenschaft vertraut und bewahrte sich bis ins Alter eine gut belegte Offenheit für alles Neue. Sein klarer Blick auf nützliche Innovationen wie die Artillerie verhalf ihm auch zu seinen militärischen Erfolgen – denn, darin sind sich die Zeitgenossen einig: Der Eroberer von Konstantinopel war kein genialer Feldherr. Bei seinen Eroberungskriegen brillierte er eher durch sein politisches Denken und den überlegten Einsatz der Ressourcen.

Die Persönlichkeit Mehmeds wird äußerst widersprüchlich beschrieben. Von jähzornig und triebhaft bis zu kalt, berechnend und »Satanslehrling in Form einer Schlange« reichte das emotionale Repertoire, folgt man den Biografen. Da die meisten Beschreibungen, die sich mit Mehmeds Persönlichkeit befassten, von seinen Gegnern stammten – dies deshalb, weil sein Umfeld es als unpassend erachtete, einen Sultan menschlich zu beurteilen –, mischte sich immer sehr viel Politik in die Charakterstudien. Im Alter zog sich Mehmed zurück, wurde übergewichtig, mied gesellschaftlichen Kontakt und pflegte vor allem die Dichtkunst. Der erste große Orientalist, Josef von Hammer-Purgstall, übertrug im 19. Jahrhundert einige von Mehmeds Gedichten ins Deutsche, zum Beispiel: »Jetzt, da Rose in dem Garten / Rosenfarbenes Hemd legt an / Und zu schmücken sich mit Knöpfen / Rosenknospen angetan / Wenn mit Knospen und mit Rosen / Ein Gespräch der Mund fing an / Wären jenen Zuckerlippen / Rosenworte untertan.« Mehmed umgab sich gerne mit Dichtern wie dem Lyriker Ahmed Pascha, den er zum Wesir und obersten Richter seines Reiches ernannte. Auch die beiden Dichterinnen Mihri Hatun und Sejneo Hatun gehörten zu seinem intellektuellen Umfeld. Die Damen – der Titel *Hatun* entspricht ungefähr dem einer englischen *Lady* – führten ein freies, im Falle von Mihri sogar zügelloses Leben. Zumindest die Frauen der Oberschicht wurden in dieser Phase noch nicht in den Häusern versteckt.

Mehmeds Weg zur Macht begann mit einigen Pannen. Als sein älterer Bruder Ali früh verstarb, wurde der bockige Pubertierende von seinem Vater an den Hof geholt, um in die Regierungsgeschäfte eingeführt zu werden. Der junge Mann schlug sich anfänglich gut und wurde noch als Kind nominell mit der Verwaltung ganzer Provinzen betraut. Seit Dynastiegründer Osman übten sich die türkischen Sultane in geordneter Hofübergabe. Der alternde Sultan vertraute seinem Nachfolger nach und nach Ämter an und sorgte dafür, dass alles glatt lief. Bei Mehmed, der knapp dreizehnjährig zum Sultan wurde, war der Zeitpunkt allerdings verfrüht. Es kam zur ersten Janitscharenrevolte, die – wie die vielen folgenden Revolten des Eliteregiments – mit Geldzahlungen geregelt wurde. Mehmeds Vater Murad erkannte, dass es noch zu früh fürs Altenteil war, und kehrte wieder in sein Amt zurück. Erst mit seinem Tod im Jahr 1451 übernahm der immer noch blutjunge Mehmed endgültig die Herrschaft.

Nach der zweiten Schlacht auf dem Amselfeld 1448 hatten die Osmanen die Vorherrschaft über Südosteuropa für sich entschieden. Zur wertvollsten Beute dieser Schlacht gehörten jene ungarischen Kanonengießer, die entscheidend zur Eroberung Konstantinopels beitragen sollten. Mehmed machte sich sofort ans Werk, schmiedete kluge Allianzen mit den Genuesen und setzte seinen Eroberungsplan innerhalb von zwei Jahren um. Wie in seinem Brief an Kaiser Konstantinos Palaiologos angekündigt, wollte er die Stadt unbedingt haben, »selbst wenn sie leer sein sollte«. Und leer sollte sie sein. Nach mehreren Monaten Belagerung, drei Tagen Plünderung, dem Exodus aller Personen, die nicht mit dem Kaiser den Heldentod sterben wollten, und nachdem alle, die überlebt hatten, auf Sklavenmärkten verkauft worden waren, glich Konstantinopel einer Geisterstadt. Mehmeds Vorstellung von einer universellen Herrschaft sollte sich jedoch nicht in den symbolischen Handlungen erschöpfen, die dazu führten, dass sein *Goldener Apfel* den Mittelpunkt des Reiches markierte. Er begann eine überlegte und differenzierte Ansiedlungspolitik. Ihm schwebte keine türkische Stadt vor, sondern – analog zu den Ritualen der Inthronisierung – eine Stadt, die die Vielfältigkeit des Osmanischen Reiches repräsentierte. Juden aus Saloniki, Griechen vom Peleponnes und Türken aus dem ganzen Reich sollten in einem definierten Verhältnis das Reich in der Hauptstadt abbilden. Die erste Volkszählung der Stadt aus dem Jahr 1477 verzeichnet 9000 türkische, 3000 griechische und 1500 jüdische Haushalte, was eine Bevölkerungszahl von ungefähr 70 000 Personen ergibt. Diese Zahl war zwar weit von der Millionenmetropole früherer Zeiten entfernt, allerdings war Konstantinopel damit immer noch eine der größten Städte der damaligen Zeit. Zum Vergleich: Florenz hatte zu diesem Zeitpunkt ungefähr 80 000 Einwohner.

Die byzantinische Verwaltungsstruktur der Hauptstadt, die sich in einigem vom restlichen Reich unterschieden hatte, wurde übernommen. Konstantinopel hatte ein Zunftsystem. Die Zünfte waren, ähnlich wie in europäischen Städten, in verschiedenen Stadtvierteln angesiedelt. Es gab eine staatliche Aufsicht über Handel und Gewerbe und genormte Maße. Öffnungszeiten und die Lebensmittelverteilung waren ebenfalls stark reglementiert. Der Versorgung mit Grundnahrungsmitteln wurde Priorität vor allen anderen Verwaltungsfragen eingeräumt. Seit dem 5. Jahrhundert war die Ausgabe des Brotes in Konstantinopel nicht über private Bäckereien erfolgt, sondern über *gradi,* öffentliche Ausgabestellen. Dieses System wurde im Osmanischen Reich bis in die Hungerjahre des Ersten Weltkrieges aufrechterhalten. Im griechischen Byzanz galt die Kontrolle über die Hauptstadt als kaiserliches Privileg und wurde vom *Eparchen* ausgeübt. Dieses Amt hieß seit Mehmed *Istanbul Kadisi* und wurde meist in Personalunion mit dem Kommando über die Janitscharen vergeben. Das Wort »Istanbul« im Titel des Richters der Hauptstadt war aber noch nicht als Eigenname der Stadt zu verstehen, die weiterhin Konstantinopel hieß. *Eis tin polin,* »in der Stadt«, war schon in vorosmanischer Zeit die geläufige Bezeichnung gewesen, die eben nicht für irgendeine Stadt, sondern *die* Stadt stand.

Zwar kam es zu vielen Zwangsumsiedlungen nach Konstantinopel, aber das alte osmanische Prinzip des *Istimalet* – also der Gedanke, Vertrauen zu erwerben, um Gehorsam zu bekommen – sorgte auch für die freiwillige Rückkehr vieler christlicher Byzantiner in die Stadt. Mehmed garantierte absolute Religionsfreiheit – etwas, zu dem sich europäische Herrscher erst im 19. Jahrhundert durchringen konnten. Vielleicht war dieser Toleranz die Tatsache förderlich, dass Mehmed, wie sein Sohn Bajezid überlieferte, selbst nicht an Gott glaubte. Schon kurz nach der Eroberung Konstantinopels ließ der Sultan Folgendes verlautbaren: »Hiermit erkläre ich mich und zeichne meinen Erlass für meine Anhänger auf. Meine Worte betreffen die Christen, bekannt oder unbekannt in Ost und West, nah und fern. Diejenigen, die meinem Erlass nicht Folge leisten, seien sie Sultane oder gewöhnliche Muslime, widersetzen sich auch dem Willen Gottes und seien verflucht. Ob Priester oder Mönche an einem Berg Unterschlupf finden, oder ob sie in der offenen Wüste, in einer Stadt, einem Dorf oder in einer Kirche wohnen – ich persönlich verbürge mich mit meinen Armeen und Gefolgsleuten für sie und verteidige sie gegen ihre Feinde. Jene Priester gehören zu meinem Volk. Ich nehme Abstand davon, ihnen irgendeinen Schaden zuzufügen. Es ist verboten, einen Bischof von seinen Pflichten abzuhalten, einen Priester von seiner Kirche fernzuhalten und einen Eremiten von seiner Unterkunft. Ein Muslim darf eine Christin, die er geheiratet hat, nicht daran hindern, in ihrer Kirche Gott zu verehren und den Schriften ihrer Religion Genüge zu tun. Wer sich gegen diese Anordnungen stellt, soll als Feind Allahs und seines Gesandten betrachtet werden. Muslime sind verpflichtet, sich bis ans Ende der Welt an diese Anordnungen zu halten.« Die Muslime hielten sich zwar nicht bis ans Ende der Welt an diese Vorgaben, aber Mehmeds Nachfolger, auch sein Sohn Bajezid II., ein eher frömmlerischer Herrscher, befolgten die Befehle des Mannes, der als zweiter Dynastiegründer der Osmanen galt, weiterhin.

Die Eroberung Konstantinopels und die Herrschaft Mehmeds fielen in eine Zeit, in der eine weitreichende Parität zwischen der islamischen und der christlichen Welt erreicht war. Technologisch begegnete man sich ebenso auf Augenhöhe wie in der Entwicklung von Kunst und Wissenschaft. Zwar sollten die Osmanen noch länger militärisch überlegen bleiben, und auch den Weg zum politischen Zentralismus, der bestimmend für die Neuzeit werden sollte, waren sie schon gegangen, aber es gab kein nennenswertes kulturelles oder technologisches Gefälle mehr. In weiten Bereichen war nun Kooperation angesagt, und im Westen empfand man die neue Ordnungsmacht am Bosporus zwar als Gefahr, aber auch als stabilen und verlässlichen Partner. Zumindest für die Regierungszeit Mehmeds gilt, dass Entwicklungsunterschiede zwischen den Hemisphären keine große politische Bedeutung hatten.

Die Fürsten

Der »Renaissancefürst« als Showprogramm wurde hauptsächlich in Italien gegeben. Die Weichen für das zukünftige Europa wurden an der Wende zur Neuzeit allerdings in Frankreich, im Römisch-Deutschen Reich und in Konstantinopel gestellt. Das Kräfteverhältnis stand dabei anfänglich sehr zugunsten der Osmanen. Machiavelli, der seine Theorien mit zeitgenössischen Beispielen belegte, beschrieb den osmanischen Staat als Zentralmacht mit uneingeschränktem Durchgriffsrecht des Fürsten. Wie schwach hingegen die Machtbasis christlicher Herrscher war, illustrierte er folgendermaßen: »Der König von Frankreich dagegen steht inmitten einer Menge von altangesessenen Herren, die in ihrem eigenen Gebiet von ihren Untertanen anerkannt und geliebt werden. Sie haben ihre Vorstellungen, die kann ihnen der König nicht ohne eigene Gefahr nehmen.« Zur Zeit Machiavellis war dieser König Franz I., der sich in nicht enden wollenden Kriegen mit dem habsburgischen Kaiser Karl V. um die Vorherrschaft in Europa stritt. Obwohl in Karls Reich »die Sonne nicht unterging« – denn er beherrschte auch noch Spanien mit seinen Überseekolonien –, konnten beide Herrscher nur davon träumen, eine ähnliche Machtfülle wie Sultan Mehmed und seine Nachfolger auf sich zu vereinen.

»Wer nicht heucheln kann, kann nicht herrschen«, sagte Ludwig XI., einer der wichtigsten Wegbereiter des französischen Zentralstaates und ein Vorgänger von Franz I. Der Zeitgenosse von Sultan Mehmed, der als »die universelle Spinne« verunglimpft wurde, war ein hellwacher Charakter und galt als der gebildetste christliche Herrscher seiner Zeit. Noch unter der Regierung seines Vaters wurde mit dem Fall von Bordeaux der Hundertjährige Krieg, jene Auseinandersetzung mit England, die Frankreich über hundert Jahre lang lähmte, beendet. Ludwig, sich des Umstandes bewusst, dass die »altangesessenen Herren« sich ihre Vorstellungen nicht so leicht nehmen lassen würden, begann damit, Adel und Klerus gezielt gegen das Volk auszuspielen. Er berief die Generalstände ein, also ein Gremium, in dem auch die Bürger vertreten waren, und nahm deren Entscheidungen ernst. Aus den Generalständen – vor allem aus dem Umstand, dass sie unter den nachfolgenden Herrschern nicht mehr konsultiert wurden – sollte sich später die Dynamik der Französischen Revolution entwickeln. Vorerst war die Einbeziehung des Bürgertums aber eher eine Stütze der Königsmacht.

Frankreich hinkte in vielerlei Hinsicht der Entwicklung nach, nicht zuletzt, weil sich durch den permanenten Kriegszustand mit England das Rittertum – eine Führungsschicht, die ihr Dasein mit ihrer Kampfkraft begründete – über die Zeit gehalten hatte. Ludwig selbst, der schon in jungen Jahren die Befähigung zum Intriganten zeigte, war in eine Verschwörung des Adels gegen seinen Vater verwickelt. Diese sogenannte *Praguerie* wandte sich gegen Militärreformen, die dem Adel Einfluss auf die Politik entzogen hätten. Ludwigs Vater Karl VII. – jener König, der mithilfe des Bauernmädchens Jeanne d'Arc die Engländer zurückgedrängt hatte – konnte den Aufstand niederschlagen. Der Sohn wurde nicht zur Rechenschaft gezogen, zog aber später als König den Schluss, dass man die »altangesessenen Herren« dringend in ihrer Macht beschneiden musste. Das bekam ihm zunächst schlecht: Im Konflikt mit der Hocharistokratie, die vom burgundischen Herzog Karl dem Kühnen unterstützt wurde, unterlag er militärisch. Doch er landete einen Coup im *Human Resource Management:* Karl, Herzog von Burgund und einer der reichsten Fürsten Europas, hatte einen Sekretär namens Philippe de Commynes. Dieser gilt als Schöpfer der ersten modernen Geschichtsschreibung, und er zeigte auch erstaunliche Fähigkeiten zum Verrat: Ludwig gelang es, den Berater seines Konkurrenten abzuwerben. Commynes wechselte die Seiten, und dank seiner Insiderkenntnisse konnte Ludwig nun Karl den Kühnen immer wieder ausmanövrieren. Schließlich fiel die Entscheidung auf biologischem Weg: Ludwig überlebte Karl und erbte jenen Teil der burgundischen Besitzungen, der nicht als Mitgift an den späteren Kaiser Maximilian ging. Obwohl wir dank dem Verräter selbst – er schrieb eine Autobiografie, in der er begründete, warum Verrat durchaus ein opportunes Mittel sein kann – sehr detailliert über die Zeit Bescheid wissen, kennen wir den eigentlichen Grund für seinen Frontenwechsel nicht. Für Machiavelli, der Commynes' Schriften sicherlich kannte, bot die Ungeheuerlichkeit des Treuebruchs jedenfalls weiteres Anschauungsmaterial für seine Staatstheorie. Ludwig XI. hinterließ zwar kein geeintes Reich, aber zumindest war es ihm gelungen, die innerfranzösische Konkurrenz auszuschalten und vor allem die Freiheiten der Kirche zu beschneiden. Am Ende seiner Herrschaft begann sich alles auf die Person des Königs auszurichten. Ein Prozess war in Gang gesetzt, der später durch die Kardinäle Richelieu und Mazarin vollendet wurde und zum Absolutismus führte.

Die östliche Hälfte des ehemaligen fränkischen Reiches regierte zu dieser Zeit ein Mann, der ebenfalls einen äußerst beleidigenden Spitznamen trug: Der Habsburger Friedrich III. – der letzte Kaiser des Römisch-Deutschen Reiches, der für seine Krönung nach Rom fuhr – wurde als »Erzschlafmütze des Reiches« bezeichnet. Diese abfällige Beurteilung stammte von seinem Sekretär Eneas Silvius Piccolomini, dem späteren Papst Pius II. Piccolomini war ein eifriger Verfechter einer Einigung des christlichen Abendlandes gegen die Türken. Friedrich ließ sich aber auf keinen militärischen Konflikt mit den Osmanen ein. Das brachte seinen Sekretär in Opposition zum Kaiser. Piccolomini war der Erste, der den Begriff »Europa« für das christliche Abendland benützte; politisch war man allerdings von einer solchen Einheit weiter entfernt als je zuvor. Die »Erzschlafmütze des Reiches« verschlief zwar – sehr im Gegensatz zu seinem immer an guter Öffentlichkeitsarbeit interessierten Sohn Maximilian – die Chance, sein Image zu korrigieren, aber als Politiker war er durchaus aufgeweckt. Er kann in gleichem Maße wie Maximilian als Erschaffer der österreichischen Hausmacht gelten. Als er die Kaiserwürde übernahm, wählten ihn die Kurfürsten vor allem deshalb, weil er über sehr geringe Macht verfügte. Das Römisch-Deutsche Reich war zu dieser Zeit eigentlich nur noch ein ausgehöhlter Mantel für die Partikularinteressen diverser Fürstenhäuser. Die schwachen Habsburger versprachen, wenig bei den eigenen Machtspielchen zu stören.

Friedrich führte, wenn er es überhaupt tat, glücklose Kriege. Um einen Konflikt mit den den österreichischen Erblanden benachbarten Osmanen zu vermeiden, hielt er sich einfach von den Reichstagen in Regensburg und Frankfurt fern, wodurch das Römisch-Deutsche Reich keinen gemeinsamen Beschluss bezüglich der Türkenabwehr fassen konnte. Da half es Piccolomini wenig, dass er in einer dreistündigen Rede die Aufstellung einer Europaarmee forderte – ohne Kaiser kein Beschluss. So blieb es den damals mächtigen Polen und Ungarn überlassen, sich gegen Sultan Mehmeds Armeen zur Wehr zu setzen. Polen unterlag zwar; dem ungarischen Heeresführer János Hunyadi gelang es jedoch 1438, die Siegesserie der Osmanen zu unterbrechen. Der ungarische Erfolg stoppte den Vormarsch der Osmanen. Friedrich musste zwar vorerst auf die ungarische und die böhmische Krone verzichten, allerdings blieben die Habsburger langfristig die Gewinner. Denn Friedrich ließ sich seinen Verzicht dadurch abgelten, dass er und seine Nachfolger als Erben Ungarns eingesetzt wurden – eine Erbschaft, die die Habsburger schon bald antreten sollten. Das Problem war allerdings, dass Ungarn osmanisch dominiert war und man sich das Erbe erst holen musste. Während sich der Spott der Zeitgenossen und auch von nachfolgenden Generationen über den Langzeitkaiser Friedrich ergoss, war seinem direkten Nachfolger Maximilian I. klar, dass sein Vater eine kluge und weitsichtige Politik betrieben hatte, deren Früchte er einfahren konnte. Er sprach von Friedrich als der »weise Kunig« – eine Einschätzung, die sich bewahrheiten sollte: Nur zwei Generationen später beherrschte die Dynastie der Habsburger ein Reich, das Spanien und seine Kolonien, die sogenannten Erblande und das durch Friedrichs Reformen wiedererstarkte Römisch-Deutsche Kaiserreich umfasste.

Maximilian zeigte in seiner Jugend eine gewisse Ähnlichkeit mit Mehmed II.: Er widersetzte sich seinen Lehrern, und auch hier erlaubte der Vater die Prügelstrafe, um den Sohn mit Wissen zu füllen. »Ein König ohne Bildung ist wie ein gekrönter Esel«, stand in einem der Lehrbücher Maximilians. Der Sohn Friedrichs III. und der portugiesischen Prinzessin Eleonore wuchs zusammen mit einem türkischen Kind in der schmucklosen kaiserlichen Residenz in Wiener Neustadt auf: Othman Calixt, ein angeblicher Thronprätendent und Enkel von Sultan Murad II., war Maximilians Spielgefährte. Der osmanische Prinz, der allerdings von türkischer Seite nie anerkannt wurde, war offensichtlich eine Art Unterpfand; politisch wurde er nie eingesetzt. Othman Calixt tauchte aber einige Male bei großen

Ereignissen im Reich auf – etwa bei der »Landshuter Hochzeit« zwischen dem bayrischen Herzog und einer Tochter des polnischen Königs, die pikanterweise einer Koalition gegen die Osmanen diente, oder in der Kurstadt Baden-Baden, wo das große Gefolge Othmans beklagt wurde. Die Nähe der beiden jungen Prinzen Maximilian und Othman zeigt, mit welcher Selbstverständlichkeit Osmanen zu diesem Zeitpunkt schon in Zentraleuropa präsent waren. Auch ein Sohn Sultan Mehmeds namens Cem, der der Tötung durch seinen Bruder Bajezid II. entkommen war, lebte in Europa. Er war ein auch von türkischer Seite anerkannter Thronanwärter und damit eine Gefahr für die innere Stabilität des Osmanischen Reiches. Der Johanniterorden »bewahrte« ihn gegen eine stattliche Summe auf Malta auf. Neben den Geldleistungen schickte der dankbare Sultan auch noch eine Hand des heiligen Johannes dorthin, eine für Christen unschätzbar wertvolle Reliquie.

Der renitente Schüler und spätere Kaiser Maximilian sollte sich zum Vollender der Reichsideen seines Vaters mausern. Er setzte vor allem zwei Marken, die symbolisch für den weiteren Verlauf der europäischen Geschichte werden sollten: einerseits im Verhältnis zur Religion und andererseits im Verhältnis zum Kapital. Zunächst zur Religion: Die Päpste dieser Zeit waren Renaissancefürsten wie alle anderen Herrscher und hatten den Nimbus des Erhabenen und Spirituellen fast vollständig verloren. Alexander VI. und danach Julius II. brachten nicht nur den Mönch Martin Luther gegen sich auf, sondern auch alle regierenden weltlichen Fürsten. Maximilian nannte den militärisch sehr erfolgreichen Papst Julius einen »reißenden Wolf, der alles Göttliche und Menschliche zuschanden macht«. Die Päpste versuchten aus machtpolitischem Kalkül, die Kaiserkrone nicht in einer Familie zu belassen, sondern die Würde abwechselnd verschiedenen Fürsten anzubieten. Das eröffnete eine weitere Konfliktebene der Habsburger mit den *Allerchristlichsten Königen* von Frankreich: Als König Franz I. seinen Konkurrenten Maximilian wissen ließ, dass er dessen Anspruch als oberster Schirmherr der Christenheit nicht mehr akzeptierte, antwortete der Kaiser: »Ich werde nach Rom ziehen, um Kaiser und Papst zugleich zu werden.« Das war keine leere Drohung: Vier Jahre lang versuchte Maximilian, beide Ämter auf sich zu vereinen. In Reformen und Reförmchen wurde die Kurie, das Wahlgremium der Päpste, dem anfangs kein einziger deutscher

Kardinal angehört hatte, verändert. Der wichtigste Unterstützer des Kaisers war Matthäus Lang, der Erzbischof von Salzburg. Maximilians verwegener Plan zog jedoch eine Art europäische Einigung nach sich: In seltener Harmonie opponierten Bischöfe und Herrscher aus ganz Europa gegen diesen Versuch, den Investiturstreit nachträglich doch noch zugunsten des Kaisers zu entscheiden. Maximilian rückte in der Folge aus realpolitischen Erwägungen, aber sicher auch aus Pietät von seinem Plan, ein wahrhaft universeller Herrscher zu werden, ab. Zugleich mit dem Ende seiner Ambitionen auf die Papstwürde verwandelte sich der romantische Überflieger in einen frömmelnden Büßer. Es ist durchaus möglich, dass Maximilian den Griff nach der Nachfolge Petri letztlich nicht mit seinem christlichen Gewissen in Einklang bringen konnte. In den letzten vier Jahren seines Lebens führte der Kaiser seinen Sarg immer mit sich. Kurz vor seinem Tod verbat er sich sogar, mit seinem Titel angesprochen zu werden. Seine Leiche sollte gegeißelt und die Zähne herausgebrochen werden. Nicht als stolzer Fürst, sondern als zahnloser Büßer wollte Maximilian seinem Schöpfer entgegentreten.

Nur ein paar Jahre nachdem der Erzbischof von Salzburg Matthäus Lang den Versuch beenden musste, »seinen« Herrscher als Papst zu installieren, startete Sultan Selim I., der Enkel Mehmeds, erfolgreich einen ähnlichen Coup in der islamischen Welt. Die Osmanen hatten sich inzwischen den Mamelukenstaat Ägypten und damit den wichtigsten Handels- und Finanzplatz der Welt einverleibt. In Kairo lebte, in völliger Abhängigkeit von den Herrschenden, der letzte Nachfolger des Propheten, der Kalif. Zwar hatte das Kalifat inzwischen jede politische Bedeutung verloren, und da es kein islamisches Priestertum gab, hatte die Meinung des Kalifen auch keine Auswirkungen auf die Auslegung der religiösen Lehre. Allerdings war die Person des Kalifen ein Element, das alle Moslems verband. Der Sultan, der auch noch Mekka und Medina erobert hatte, brachte den Kalifen nach Istanbul und schwang sich nicht nur zum Beschützer der heiligen Städte, sondern auch des Kalifen auf. Als der Nachfolger des Propheten schließlich verstarb, leiteten die Osmanen aus dem Umstand, dass sich das Kalifat in ihrer Hauptstadt befand, ihren Anspruch auf die Nachfolge ab. Für das gleichzeitig säkulare und multireligiöse Osmanische Reich hatte das zwar vorerst keine Auswirkungen, allerdings sollte die Verbindung von weltlicher und geistlicher Macht in den Händen der Sultane zu einer deutlich anderen gesellschaftlichen Entwicklung führen als im restlichen Europa. Mit der Reformation, sowohl der protestantischen als auch der darauffolgenden katholischen, wurde das abendländische Verhältnis zwischen weltlicher und geistlicher Herrschaft ein für alle Mal festgeschrieben. Maximilians Plan war der Schlussakt eines jahrhundertelangen Ringens um die universelle Herrschaft der römischen Imperatoren. Im nun entstehenden Europa war kein Platz mehr dafür.

Auch das zweite Zeichen, das Maximilian setzte, hatte mit Erzbischof Matthäus Lang zu tun. Lang stammte aus Augsburg und war über die Vermittlung des Kaufmannsgeschlechtes der Fugger in Maximilians Dienst gekommen. Der Kaiser, dessen Lebensführung ebenso kostspielig war wie seine politischen Eskapaden, befand sich in chronischer Geldnot. Er ließ sich deshalb auf Geschäfte mit den Kaufleuten aus Augsburg ein und verpfändete so ziemlich alles, was es an Besitz der Krone gab. Dieses Aufnehmen von Schulden und die Erfüllung der eingegangenen Verpflichtungen war ein Mittel der europäischen Fürsten, sich auf Augenhöhe mit anderen zu begeben. Bankhäuser wie die Medici und die Fugger stiegen dadurch in den höchsten Adel auf. In Konstantinopel hingegen ging man mit zu großer Macht von Kaufleuten anders um: Als der Salzmonopolist und Pelzhändler Michael Kantakuzenos, ein Abkömmling byzantinischer Kaiser und hoher Adeliger, sechzig Schiffe zur osmanischen Flotte beisteuerte, wurde Sultan Murad III. misstrauisch – so viel Macht neben seiner eigenen schien ihm ungehörig. Er ließ den Kaufmann einfach hinrichten. Kurzfristig trug das zwar zur Stabilität der osmanischen Herrschaft bei, langfristig verhinderte diese Kompromisslosigkeit der Sultane aber notwendige gesellschaftliche Veränderungen. Die Europäer hingegen profitierten in den nächsten Jahrhunderten davon, dass die Machtzentren kontinuierlich wechselten. Die ausschließliche Ausrichtung auf einen einzigen Herrscher oder ein einzelnes Prinzip fand nicht statt. Macht konnte sich an Marktplätzen wie Amsterdam ebenso konzentrieren wie in Personen vom Format des französischen »Sonnenkönigs« Ludwig XIV. Die Art und Weise, wie der jeweilige Machtanspruch ausgeübt wurde, war sehr unterschiedlich. Die Amsterdamer Handelshäuser, die Medici oder die Fugger nützten ihren Einfluss eben ganz anders als ein absoluter Herrscher. Im Osmanischen Reich hingegen wurde Macht immer nach denselben Grundlagen ausgeübt. Das war zwar für die Sultane effizient und für die Beherrschten angenehm vorhersehbar, stellte die Türken aber immer deutlicher vor das Problem, es auf Basis völlig überholter Strukturen mit den europäischen Mächten aufnehmen zu müssen.

Willkommen im Club

Die Eroberung Konstantinopels wurde wie ein Paukenschlag im ritterlichen Europa vernommen: Längst obsolete Kreuzzugsideen flammten wieder auf, und Eneas Silvius Piccolomini, der spätere Papst Pius II., sprach von der Notwendigkeit eines vereinigten Europas im Zeichen der Türkengefahr. Doch man hatte die Existenz des Osmanischen Reiches längst akzeptieren müssen. Nach und nach waren die diversen lateinischen Fürstentümer, die Griechenland kontrollierten, von den Osmanen geschluckt worden, ohne dass sich nennenswerter Widerstand bei anderen christlichen Mächten rührte. Die Differenz zwischen Christentum und Islam war nur ein Element in den Überlegungen, und nicht einmal das wichtigste. Lediglich der Papst sah sich veranlasst, die Türkengefahr als ein religiöses Problem zu sehen, das er auf eigenwillige Art zu lösen versuchte: »Eine Kleinigkeit kann dich zum größten und berühmtesten aller heute lebenden Menschen machen«, schrieb Pius II. an Mehmed den Eroberer, »es sind ein paar Tropfen Wasser, mit denen du getauft wirst, dich zu den Sakramenten der Christen bekennst und an das Evangelium glaubst. Wenn du dies tust, wird es auf Erden keinen Fürsten geben, der dich an Ruhm übertrifft und dir an Macht gleichzukommen vermag. Wir werden dich Herrscher der Griechen und des Orients nennen, und was du eben noch gewaltsam besetzt hast und zu Unrecht beherrschst, wirst du zu Recht besitzen.« Der besorgniserregende Zustand der römischen Kirche ließ sich schon daran erkennen, dass ein Papst die Taufe, das wohl wichtigste Sakrament, als »ein paar Tropfen Wasser« bezeichnete.

Die weltlichen Herrscher sahen die Sache noch pragmatischer als der Pontifex. Mit den Osmanen war schlicht und einfach eine neue staatliche Einheit entstanden, mit der man umgehen musste. Im Idealfall versuchte man sie sogar für die eigenen Zwecke einzusetzen. Der Reibebaum für alle Interessen im östlichen Mittelmeer blieb das übermächtige Venedig, gegen das man nun die ebenfalls übermächtige Militärmacht der Osmanen ausspielen wollte. Schon Filippo Maria Visconti, der Herzog von Mailand, hatte versucht, den frisch inthronisierten Sultan Murad II., also noch Mehmeds Vorgänger, zu einem gemeinsamen Feldzug gegen Venedig zu überreden. Murad war aber weitsichtig genug, seine militärischen Interessen stattdessen auf einfachere Gegner am Balkan zu richten; er ließ die venezianischen Besitzungen vorerst unberührt. Damit verschaffte er sich jene Luft, die er brauchte, um die Osmanen, die durch den Einfall Timur Lenks geschwächt waren, neu aufzustellen.

Nachdem die Genuesen bei der Eroberung Konstantinopels so geschickt agiert hatten, dass sie innerhalb von drei Jahren wieder alle ihre Handelsprivilegien ausüben konnten, obwohl Galata zu einem Teil des Osmanischen Reiches geworden war, war es auch für Venedig an der Zeit zu handeln. Auf Grundlage eines ausgeklügelten Gesandtschaftswesens schuf man die moderne Diplomatie. Wie immer ging die *Serenissima Repubblica* planvoll vor, und sie erlangte einen ungeheuren Wissensvorsprung, den sie geschickt nützte, um den zunehmenden Verlust der eigenen Macht auszugleichen. Bis zum 16. Jahrhundert hatte Venedig eine einzigartige Position: Basierend auf einem Netzwerk von diplomatischen Repräsentanten, Spionen und Kaufleuten in verschiedenen osmanischen Städten war Venedig die einzige Quelle für europäische Staaten, die Informationen über die Osmanen erhalten wollten. Schon bald gelang es den Venezianern, das genuesische Handelsmonopol in Konstantinopel zu brechen. Wie sehr die Osmanen schon selbstverständlicher Teil des Machtgeflechtes waren, ersieht man aus den Biografien des Dogen Andrea Gritti und seiner Söhne. Gritti verbrachte seine Jugend in Konstantinopel. Er war Getreidehändler und auch in einer nicht näher definierten diplomatischen Mission unterwegs. Die Sache musste allerdings delikat gewesen sein, denn Gritti wurde 1499 der Spionage angeklagt. Durch seine Freundschaft zu Großwesir Mesih Pascha gelang ihm die Flucht. Später wurde Andrea Gritti einer der bedeutendsten Feldherren und Dogen Venedigs.

Andrea Gritti hinterließ in Konstantinopel drei illegitime Kinder mit einer muslimischen Frau. Die Kinder trugen nach venezianischem Recht zwar seinen Namen, waren durch dasselbe Recht aber von der politischen Teilnahme in Venedig ausgeschlossen. Vater Gritti, der innenpolitisch den venezianischen Adel zu Ungunsten ärmerer Schichten bevorzugte, versuchte nun, familiär über seinen türkischen Sohn Alvise in den europäischen Hochadel vorzustoßen: Ökonomisch und politisch durch seinen Vater und die eigene Position am osmanischen Hof gut vernetzt, versuchte Alvise Gritti, der *Beyoğlu* (»Sohn des Dogen«), mit Unterstützung des Sultans den ungarischen Thron zu besteigen. Dieses Unterfangen wurde allerdings durch die vorausschauende Politik Kaiser Friedrichs III. und die damit verbundenen Erbansprüche der Habsburger verhindert. Alvise wurde schließlich von Konkurrenten innerhalb des osmanischen Machtapparates ermordet. Signifikant war jedoch, dass europäische Politik über Konstantinopel lief: Der Sultan sprach ganz selbstverständlich bei der Thronfolge eines angrenzenden Reiches – und Ungarn war zu diesem Zeitpunkt eine europäische Macht – ein Wörtchen mit. Glaubensfragen wurden dabei klar hinter Machtfragen gereiht.

Die osmanischen Herrschaftseliten waren auf vielerlei Art mit den Machthabern anderer Länder verbunden. Wie im restlichen Europa waren es vor allem Familienbande, die über die religiösen Grenzen hinweg hielten. Mesih Pascha, der seinen Freund Andrea Gritti vor einem Spionageprozess rettete, gehörte zu jenem Personenkreis, der sich nach der Eroberung Konstantinopels mit den neuen Machtverhältnissen arrangiert hatte: Als Abkömmling des hohen byzantinischen Adels hatte er der Versicherung Mehmeds geglaubt, dass der konfessionelle Hintergrund oder die griechische Abkunft keine Benachteiligungen bringen würden. Mesih Pascha war ein Neffe des letzten byzantinischen Kaisers Konstantinos Palaiologos. Er konvertierte zum Islam und war maßgeblich am Aufbau der osmanischen Flotte beteiligt. Auch Hersekoğlu Ahmed Pascha, der insgesamt sechs Mal Großwesir war, war ein solcher erfolgreicher Karrierist und Konvertit. Der Sohn des Herzogs von Bosnien trat zum Islam über, wurde zum Großadmiral der osmanischen Flotte und heiratete sogar eine Tochter von Bajezid II. An Karrieren dieser Art stießen sich die Zeitgenossen kaum: Religionsübertritte bei Herrschaftswechseln waren ein anerkanntes Mittel, den eigenen Einfluss oder den der Familie zu erhalten. Selbst Mönchen gestand man Ausflüge in den fremden Glauben zu: Der Dominikanernovize Georg von Ungarn, der mit seinem *Traktat über Sitten, Umstände und Nichts-*

nutzigkeit der Türken eine frühe Beschreibung der Osmanen hinterließ, lebte über zwanzig Jahre lang im Osmanischen Reich. Farbig schilderte er die geordnete Ruhe einer Welt, die so ganz anders als die des christlichen Europas war. Georg, ein ausgesprochener Frauenfeind, sah in der Geschlechtlichkeit die schlimmste Versuchung. Er befürwortete vor allem die häusliche und abgeschiedene Rolle der Frau in der islamischen Gesellschaft. Darin hatte er auch eigene Erfahrung: Er war – obwohl er das nach seiner Rückkehr zu verbergen versuchte – im Osmanischen Reich verheiratet. Zurück im christlichen Europa, empfing er die Weihen, trat wieder in den Dominikanerorden ein und erwies sich als hervorragender »Zeuge« christlichen Wahrheitsanspruches und als Eiferer gegen die Türken. Die Glaubenszweifel eines Georgs von Ungarn, der sich zerrissen zwischen zwei Welten wähnte, war aber eher die spezielle Befindlichkeit einer empfindsamen Seele. Die Frage, die die meisten Zeitgenossen nach dem Umbruch in Konstantinopel beschäftigte, war die des eigenen Fortkommens. Vor allem der byzantinische Adel musste sich eine neue Rolle suchen. Der Familie Kantakuzenos etwa, deren Nachfahre Michael wegen zu großer Macht vom Sultan hingerichtet wurde, kam in den ersten Jahrzehnten eine Brückenfunktion zu. Der hohe Adel verschwägerte sich kreuz und quer über alle Religionsgrenzen hinweg und hielt sein informelles Netzwerk aufrecht. Carica Mara, eine der Frauen von Murad II., entstammte der Familie Kantakuzenos. Ihre Schwester Katharina wiederum war mit Ulrich von Cilli verheiratet, der im Namen der Habsburger zeitweise die Herrschaft in Ungarn ausübte. Solche Querverbindungen zeigen, dass die Osmanen in die europäischen Netzwerke ebenso eingebunden waren wie andere Herrscherhäuser.

In der spannenden Konsolidierungsphase nach der Eroberung Konstantinopels, die ungefähr die Regierungszeit von Mehmed II. und seinem Sohn Bajezid II. umfasste, war noch nicht ganz klar, wie sich der osmanische Staat ausrichten würde. Zwar war die islamische Tradition in Armee und Herrscherfamilie stark verankert, aber das Volk in den eroberten Gebieten war großteils christlich: Griechenland bestand bis zur osmanischen Besitznahme aus verschiedenen kleinen Fürstentümern mit lateinischer Herrschaft; der Balkan war slawisch und von der Orthodoxie geprägt. Noch kurz vor dem Fall Konstantinopels wurde mit dem Konzil von Florenz der ernsthafte

Versuch unternommen, die Kirchenspaltung rückgängig zu machen. Der Papst betrachtete sich also zu Recht als für den Osten zuständig. Aus damaliger Sicht mag der Versuch, Mehmed zur Konversion zu bewegen, durchaus einen realpolitischen Hintergrund gehabt haben. Ob der Eroberer ernsthaft über diese Option nachgedacht hat, durch »ein paar Tropfen Wasser« Vollmitglied im Club europäischer Herrscher zu werden, ist nicht überliefert. Spätestens unter seinem Sohn Bajezid, der es mit dem Islam sehr genau nahm, und dessen Sohn Selim I., der Ägypten und Arabien eroberte, begann sich das Osmanische Reich in Kernbereiche der islamischen Welt auszudehnen. Ab da war die Option, den *Kayser-i Rum* zu einem christlichen Herrscher zu machen, endgültig vorbei.

Sultan Mehmed galt als Ost-West-Mensch, und das drückte sich nicht nur in seiner Politik aus, sondern auch in seinen Bauwerken. Er liebte eine Stilvielfalt, die alle Kunstrichtungen seines Herrschaftsbereiches verbinden soll. Die Fatih-Moschee und der Topkapi-Palast, seine zwei größten Bauvorhaben, sind streng geometrisch errichtet, ganz im Stil der italienischen Renaissance. Allerdings sind die Kuppelbauten byzantinisch und die Dekoration, vor allem die Säulenabschlüsse, im alttürkischen Charakter gehalten. Mehmed holte bedeutende Renaissancekünstler wie Gentile Bellini, von dem ein Porträt des Herrschers stammt, an seinen Hof. Leonardo da Vinci skizzierte eine Brücke über das Goldene Horn, die Galata und Konstantinopel verbinden sollte, und auch von Michelangelo erhoffte sich der Herrscher eine Brücke über den Bosporus. Dieser Kunstaustausch war durchaus ein Mittel der Diplomatie. Italienische Kunst war ein Exportschlager, und die italienischen Staaten wollten dem neuen *Kayser-i Rum* gefällig sein. So zwangen die Venezianer Bellini, seine Arbeit im Dogenpalast abzubrechen, um sein berühmtes Porträt von Mehmed zu malen – man wollte den kunstsinnigen Sultan nicht warten lassen. Handelsverträge und Privilegien zwischen dem islamischen Herrscher und seinen christlichen Partnern in Europa waren ebenso solide und haltbar wie die zwischen christlichen Staaten. Es gab eine gemeinsame Vorstellung von Rechtssicherheit, und man half sich gegenseitig bei Problemen: Bernardo Bandini Baroncelli war einer der Attentäter der sogenannten Verschwörung der Pazzi, die zum Ziel hatte, durch die Ermordung Lorenzos und seines Bruders Giuliano die Vorherrschaft der Medici in Florenz zu brechen.

Dem Attentat, das am Ostersonntag beim Kirchgang stattfand, fiel Giuliano zum Opfer; Lorenzo der Prächtige entkam. Hintergrund der Bluttat war ein Konflikt um die Vorherrschaft im Kirchenstaat, den der Papst mit dieser Verschwörung zu seinen Gunsten beeinflussen wollte. Isoliert und ohne Verbündete gelang es Lorenzo durch geschicktes Taktieren, wieder an die Macht zu gelangen. Die Brüder Pazzi wurden hingerichtet, allerdings entkam Bandini nach Konstantinopel. Mehmed, wahrscheinlich selbst kein Freund von Attentaten auf Herrscher, lieferte Bandini in fürstlicher Brüderlichkeit nach Florenz aus, wo dieser ebenfalls hingerichtet wurde. Kommunikation auf Augenhöhe und Rechtlichkeit bestimmten in hohem Maß das Verhältnis zwischen Europäern und Osmanen. Natürlich hatten all diese diplomatischen Bemühungen auch einen handfesten ökonomischen Hintergrund: Für die italienischen Städte war es vor allem der Levantehandel, den es unbedingt zu halten galt. Obwohl durch die Entdeckung des Seeweges nach Indien das Transitmonopol kleinasiatischer Herrscher gebrochen worden war, blieben die alten Handelswege nach Asien noch lange Zeit attraktiv. Doch der Seeweg nach Indien und die Entdeckung Amerikas begannen, anfangs noch unmerklich, den Schwerpunkt europäischer Politik von Süden nach Norden und Westen zu verlagern.

In Spanien geschahen im Jahr 1492 zwei Ereignisse, die das Gefüge Europas und der Mittelmeerstaaten verändern sollten: Christoph Columbus entdeckte die Insel Hispaniola und damit Amerika, und König Muhammad XII. von Granada übergab die Herrschaft unter Zusicherung der Religionsfreiheit für seine Untertanen an die Könige von Kastilien und Aragon. Nur sieben Jahre später wurde die Multikulturalität Granadas in einem der größten Pogrome aller Zeiten hinweggespült, dem nicht nur Muslime, sondern vor allem die jüdische Bevölkerung zum Opfer fielen. Die Wahl für Andersgläubige lautet ab jetzt: Zwangsbekehrung oder Deportation. Viele Juden zogen die Emigration vor und siedelten sich zusammen mit den *Moriscos,* dem islamischen Bevölkerungsteil, im benachbarten Marokko und in Algerien an. Viele zog es aber auch an einen Ort, der nicht nur absolute Religionsfreiheit versprach, sondern wo die gut ausgebildeten *Sephardim* obendrein noch willkommen waren: nach Konstantinopel. Die Lebensbedingungen waren dort so gut, dass die Stadt in einem rabbinischen Rechtsgutachten als »jüdische Mutterstadt« bezeichnet wurde. Sultan Bajezid II., der die sephardischen Juden per Dekret explizit in sein Reich einlud, wird so zitiert: »Wie töricht sind die spanischen Könige, dass sie ihre besten Bürger ausweisen und ihren ärgsten Feinden überlassen.«

Das brutale Vorgehen der Spanier, das vordergründig wie ein religiös motivierter Akt wirkte, war in Wirklichkeit der erste Versuch, einen Nationalstaat zu gründen. Man versuchte schlicht und einfach, das Volk zu homogenisieren; religiöse Gleichschaltung war dafür das Mittel der Zeit. Damit schlugen die Spanier einen Weg ein, der dem osmanischen Staatsgedanken diametral entgegengesetzt war. Die Folge war die geistige Verödung Spaniens, einer der bis dahin vielseitigsten und am stärksten prosperierenden Regionen Europas – eine Verödung, von der das Osmanische Reich profitieren sollte. Die *Sephardim,* die spanischen Juden, die nach der Vertreibung durch König Ferdinand und Königin Isabella fast mittellos im Osmanischen Reich ankamen, wurden dort schnell integriert. Ihr großes Fachwissen im handwerklichen und wissenschaftlichen Bereich war gefragt. Ein spanischer Jude, Josef Hamon, stieg sogar zum Leibarzt des Sultans auf. Mose Kapsali, einer der Anführer der eingesessenen jüdischen Gemeinde, brachte es auf den Punkt: »Sultan Selim liebte die Juden wahrhaftig sehr. Denn er sah, dass er durch sie andere Völker zerschmettern konnte.« Unter den Emigranten fanden sich nämlich auch erfahrene Eisengießer und Pulverhersteller. Das Wissen, die technologischen Kenntnisse und die Erfahrung, die sich über Jahrhunderte in Spanien angesammelt hatten, fanden ihren Weg zurück in den Orient. Die Sultane ernteten, was die Kalifen Jahrhunderte zuvor gesät hatten. Von Konstantinopel aus fanden die *Sephardim* später auch ihren Weg nach Wien, aus dem die österreichischen Juden 1670 vertrieben worden waren. Sie galten als Untertanen des Sultans und waren deshalb von den Reichsgesetzen ausgenommen. Diese *Türken* trugen maßgeblich zur wirtschaftlichen Entwicklung der Habsburgermonarchie bei. Einer von ihnen, Diego d'Aquilar, der Gründer des Tabakmonopols, stieg sogar in den Adelsstand auf, während seine österreichischen Glaubensbrüder sich nicht einmal legal in Wien aufhalten durften. All das gelang, weil die schützende Hand des Sultans bis weit in das Reich des katholischen Kaisers hineinreichte.

Selbst die habsburgischen Kaiser, deren Herrschaft durch kriegerische Konflikte mit den Osmanen um die Hegemonie in Osteuropa geprägt war, verständigten sich durchaus auch in zivilisierter Form mit ihren osmanischen Gegnern. Allerdings gingen sie dabei nicht mit jener Umsicht und jenem Aufwand vor, wie es etwa die Venezianer taten. Die habsburgischen Gesandten an der Hohen Pforte wurden von den Sultanen als eine Art Unterpfand einbehalten. Im Fall eines kriegerischen Konfliktes zwischen den beiden Mächten setzte es für die Gesandten sofort Haft oder zumindest Hausarrest. Den ersten Versuch einer Verständigung startete Kaiser Maximilian, nachdem ihm am Reichstag zu Worms die Finanzierung eines Türkenkrieges verweigert worden war. Unter großem Prunk empfing er eine osmanische Gesandtschaft. Ein gemeinsamer Gegner war schnell gefunden: die Republik Venedig. Das »Freundschaftsbündnis« diente vor allem dazu, die cleveren Kaufleute am Rialto in ein Bündnis mit dem Römisch-Deutschen Reich zu pressen. Doch die Venezianer, die von Getreideimporten aus dem Osmanischen Reich abhängig waren, hielten den Kaiser noch lange hin. Erst als sie ihre Getreideversorgung aus Sizilien gesichert sahen, traten sie der *Heiligen Liga* – einem Bündnis Spaniens, des Heiligen Stuhls und des Römisch-Deutschen Reiches gegen die Osmanen – bei.

Der Sultan suchte und fand daraufhin schnell neue christliche Verbündete. Abgesichert durch geschickte Heiratspolitik und günstige Erbfolge traten die Habsburger, die sich noch drei Generationen zuvor nur durch ihre Schwäche für das Kaiseramt empfohlen hatten, auch noch die Herrschaft über Spanien und sein Kolonialreich an. Die ewigen Gegenspieler der Habsburger, die französischen Könige, fühlten sich nun von allen Seiten bedroht. Was lag in dieser Situation näher als ein Bündnis mit der Großmacht am Bosporus? Frankreich ging mit der Hohen Pforte eine lange, fruchtbare Verbindung ein, die bis zur Französischen Revolution Bestand haben sollte.

Der ganz normale Kampf um die Macht

Als Mehmed der Eroberer 1481 starb, ging das christliche Abendland davon aus, dass sein Reich gemeinsam mit der übermächtigen Herrscherfigur untergehen würde – eine große Enttäuschung für die

Analysten an der Wende zur Frühen Neuzeit, denn die Expansion ging munter weiter, und die christlichen Herrscher bemühten sich auch mit den Nachfolgern des Eroberers um gutes Einvernehmen.

Nach Mehmeds Hausgesetz musste jeder Thronanwärter sterben, der sich nicht durchsetzen konnte. Diese brutale Methode, für klare Machtverhältnisse zu sorgen, erzeugte unter den Prätendenten im Fall des Todes eines Sultans hektische Aktivitäten. Oft halfen Thronanwärter auch nach und ließen ihre Väter ermorden. So hält sich im Falle Mehmeds das Gerücht, dass Bajezid II. an dessen Ableben mitwirkte. Der fromme Bajezid war jedenfalls nicht der erklärte Favorit des Vaters. Als Mehmed starb, benachrichtigte der Großwesir die beiden für die Nachfolge in Frage kommenden Söhne. Das Rennen war eröffnet und wurde gleich von Bajezid beeinflusst: Er ließ den Boten an seinen Bruder Cem abfangen und verschaffte sich damit einen Startvorteil. Während Bajezid nach Konstantinopel unterwegs war, täuschte der Großwesir im Bemühen, Ruhe und Ordnung zu erhalten, den Janitscharen vor, dass Mehmed noch am Leben sei. Sklaven bewegten die Arme des toten Sultans, während die Truppen vorbeidefilierten. Doch die Wahrheit sickerte bald durch. Die Janitscharen stürmten daraufhin den Palast, töteten Großwesir Karamani Mehmed Pascha und zogen Bajezid entgegen. Der Thronanwärter nahm den Kopf des Großwesirs in Empfang, versprach Solderhöhungen und hatte damit das Rennen fast gewonnen. Nach kurzen militärischen Konflikten floh sein Bruder Cem. Er wurde von den Johannitern gefangen genommen, die sich diese Hilfestellung unter anderem mit der Taufhand des heiligen Johannes fürstlich entlohnen ließen.

Bajezid machte sämtliche Hoffnungen des Abendlandes auf eine baldige Implosion des Osmanischen Reiches zunichte. Der neue Sultan war eher ein stiller Arbeiter als ein großer Zeichensetzer. Mit Sachverstand vervollständigte er die Projekte Mehmeds; vor allem perfektionierte er das Steuersystem und damit die Finanzierung der militärischen Expansion des Reiches. Sein Bruder Cem, zwar kontrolliert, doch immer noch am Leben, blieb dabei eine ständige Bedrohung für Bajezids Herrschaft. Cems Lebensführung war sehr aufwendig und wurde dem Johanniter-Großmeister Pierre d'Aubusson mit der Zeit trotz Bajezids Alimenten zu kostspielig. Das kostbare Faustpfand Cem, das nach ein paar Jahren in die Stammburgen der

Johanniter nach Südfrankreich überstellt wurde, war Ziel vieler erfolgloser Entführungsversuche. Vom Mamelukensultan in Kairo bis zu den spanischen Königen: Jeder hätte ihn gerne in seinen Händen gehabt. Schließlich ging die Geisel an den Heiligen Stuhl. Als Alexander VI., der berüchtigte Borgia-Papst, an die Macht kam, hatte Bajezid endlich einen Gesprächspartner, mit dem man vernünftig verhandeln konnte. »Es wäre gut«, schrieb Bajezid an den Papst, »wenn Ihr meinen Bruder, der doch der Sterblichkeit unterworfen ist, umbringen ließet. So müsst Ihr genannten Cem so schnell wie möglich auf die Euer Hoheit am meisten zusagende Weise aus den Bedrängnissen dieser Welt erlösen und seine Seele in eine andere Welt versetzen, wo er besser die Ruhe genießen wird.« Papst Alexander, der schon häufig Konkurrenten von den »Bedrängnissen dieser Welt« erlöst hatte, war aber nicht gleich gefällig. Das wertvolle Faustpfand wechselte noch einmal den Besitzer, diesmal gegen politische Schützenhilfe im Konflikt des Papstes mit den italienischen Stadtstaaten: Cem wurde an die Franzosen weitergereicht, die gerade Neapel erobert hatten und sich dauerhaft in Italien festsetzten. Dort verstarb der Bruder des Sultans, nur 36 Jahre alt, überraschend. Die Leiche wurde feierlich einer osmanischen Delegation übergeben, und zwischen den von allen Seiten bedrängten Franzosen und den Osmanen begann jene *Special Relationship,* die Frankreich im Zeitalter des Absolutismus helfen sollte, seine wirtschaftliche und militärische Vormachtstellung gegenüber dem Römisch-Deutschen Reich zu erlangen.

Der gemeinsame Gegner blieb das immer noch mächtige Venedig. Französische Truppen halfen den Osmanen bei der Belagerung des venezianischen Korfu; im Gegenzug eroberte man für die französische Krone Nizza, und die türkische Flotte überwinterte sogar in Südfrankreich. König Franz I. wollte vor allem der Umklammerung durch die Habsburger entkommen, indem er den Druck auf den Osten des Habsburgerreiches erhöhte. Die Franzosen übernahmen auch viele Elemente der türkischen Staatskultur: Der Absolutismus entstand; Zentralismus war angesagt – und damit vor allem der fiskale Zugriff auf die zu entrichtenden Abgaben. Die »altangesessenen Herren«, die Machiavelli beschrieb, wurden Schritt für Schritt von der Macht ausgeschlossen. Erklärtes Vorbild: die absolute Macht der Hohen Pforte. Man entwickelte in ersten Ansätzen eine staatlich gesteuerte Wirtschaftsform, die später als Merkantilismus den Glanz des »Sonnenkönigs« finanzieren sollte. Dabei wurde das türkische Prinzip der Finanzierung der Armee durch eigene Wirtschaftsdomänen übernommen. Französische Handelsprivilegien im Osmanischen Reich sorgten für große Absatzmärkte für die entstehenden Manufakturen. Erstmals wurde der Warenstrom signifikant vom Okzident in den Orient gelenkt. Die Franzosen waren, und darin lag der große Wettbewerbsvorteil, von der *Dschizya,* der Kopfsteuer für Nicht-Muslime, befreit. Diese rechtliche oder zumindest steuerliche Gleichstellung mit Muslimen brachte die innereuropäische Konkurrenz auf den Plan: Den protestantischen Mächten England und Holland, erklärten Gegnern des habsburgischen Kaiserhauses, gelang es später, ähnliche Vereinbarungen zu treffen.

Die Osmanen, die vor allem in militärischen Kategorien dachten, übersahen dabei das fatale Handelsbilanzdefizit, das durch den Export von Grundstoffen und den Import von verfeinerten Waren entstand. Vorerst freute man sich über die Zolleinnahmen und eine Bündnispolitik, die den gemeinsamen Hauptgegner, das Römisch-Deutsche Reich, einzukreisen begann. Doch der Konflikt mit europäischen Mächten beschränkte sich nicht auf den Westen des Osmanischen Reiches. Die Portugiesen hatten inzwischen den Seeweg nach Indien erschlossen, und ihre Kriegsschiffe tauchten nun auch auf den mamelukischen Handelsrouten im Roten Meer auf. Der Nachfolger Bajezids II., Sultan Selim I., begann sich daher vermehrt um den Osten zu kümmern. Ägypten – Kornkammer, Wirtschaftszentrum und größter Baumwoll- und Zuckerrohrproduzent dieser Zeit – schien bereit für die osmanische Ernte. Selim war ein trockener, pragmatischer Charakter, der in einem kurzen, effizienten Machtkampf sämtliche Brüder liquidieren ließ – und zur Sicherheit auch noch alle fünf Neffen. Der Sultan, der das Perserreich entschieden schwächte und Ägypten eroberte, war ein brutaler Machtmensch mit einer zarten Seite, die sich gleichwohl als ebenfalls sehr brutal erwies: Um seinem Sohn Süleyman die Schrecken des Brudermordes zu ersparen, tötete er selbst seine anderen Söhne. In der Folge zeugte der bisexuelle Herrscher keine weiteren Kinder mehr; er wandte sich – auch das ist eine praktikable Verhütungsmethode – ausschließlich Männern zu. *Selim Yavuz,* der »gestrenge Selim«, regierte kurz und erfolgreich und hinterließ Süleyman ein konsolidiertes Reich.

Als der blutjunge Sultan Süleyman, der später im Westen »der Prächtige« genannt werden sollte, sein Amt antrat, verschob sich der Fokus des osmanischen Expansionsdranges wieder nach Europa. Die Eroberung Belgrads ebnete ihm den Weg nach Wien, zum neuen *Goldenen Apfel.* Doch die osmanischen Strategen unterschätzten den Feldzug von 1529 sträflich: Das Heer kam zu spät im Jahr an und führte nur leichte Feldgeschütze mit, die gegen die Wiener Befestigung wenig ausrichten konnten. Außerdem hatte Süleyman mit der Disziplin der eigenen Truppen zu kämpfen. »Die Janitscharen verlangen ihr Geschenk«, schrieb der Sultan in sein Tagebuch, »sie verwunden das Haupt des Segbanbaschi (Stellvertreter des Janitscharenagas, Anm.) und bewerfen die Großen des Reiches mit Steinen.« Die meuternden Janitscharen metzelten entgegen Süleymans Befehl Gefangene nieder und verkauften Personen, denen man freies Geleit zugesichert hatte, an Sklavenhändler. Sie widersetzten sich offen. Als sich dann auch noch ein Entsatzheer auf den Weg nach Wien machte, beschloss Süleyman, dass der Rückzug die bessere Option war. Der *Goldene Apfel* blieb weiterhin im Besitz des »anderen« Kaisers – jenes Konkurrenten, gegen den sich Süleyman mit Franz I. von Frankreich verbündet hatte. Als Reaktion auf die Inthronisierung Kaiser Karls V. hielt Süleyman in Belgrad Paraden im europäischen Stil ab; er trug dabei auch eine europäische Krone. Süleyman demonstrierte damit, dass er sich als europäischer Herrscher verstand, als *Kayser-i Rum.* Und er stimmte mit dem *Allerchristlichsten König* von Frankreich dahingehend überein, dass den Habsburgern kein universeller Anspruch zustand. Die Kanzlei des Sultans bezeichnete Karl V. in völliger Ablehnung seines kaiserlichen Status nur als *Kral,* als »König«. Kaiser Karl ließ sich jedoch propagandistisch ebenfalls nicht lumpen: Er verbreitete im Reich die Nachricht, dass am französischen Hof türkisches Gewand schon häufiger gesehen werde als europäisches. Menschen in deutscher Kleidung werde in Frankreich sogar nach dem Leben getrachtet. Mit solchen Meldungen hoffte Karl, seine Reichsfürsten hinter sich zu sammeln.

Alles, was sich gegen Habsburg richtete, und alles, was gegen die katholische Zentralmacht des Papstes auftrat, suchte Kontakt mit den Osmanen und wurde von diesen gerne empfangen. Die Niederländer skandierten bei ihrem Versuch, sich von der spanischen Herrschaft zu befreien: »Lieber türkisch als päpstlich!« – ein Ruf, den man gerne in dem Mund nahm, da die Gefahr einer osmanischen Landnahme in Holland eher gering war. Aber auch in Ungarn und in Siebenbürgen, also in Gebieten, die über Jahrhunderte in der osmanischen Einflusssphäre lagen, setzten die protestantischen Herrscher lieber auf die Sultane als auf das Kaiserhaus. Delegationen der ungarischen Stände, Hollands oder aus dem elisabethanischen England hielten sich an der Hohen Pforte auf und versuchten, militärische Allianzen gegen die Habsburger zu schmieden. Im Dreißigjährigen Krieg wurde das Osmanische Reich regelrecht zur Drehscheibe europäischer Politik: Auf Initiative von Gabor Bethlen, dem mächtigen Fürsten von Siebenbürgen, sollte 1625 ein großer Kongress in Istanbul stattfinden. Eingeladen waren alle, die sich gegen die Habsburger verbündet hatten: Frankreich, England, Venedig, Ungarn, Dänemark und das mächtige Schweden. Der geplante Kongress scheiterte jedoch an den Skrupeln der katholischen Mächte Frankreich und Venedig und an einem Machtvakuum an der Spitze des osmanischen Staates – Sultan Murad IV. war zu diesem Zeitpunkt gerade mal 13 Jahre alt.

Die islamische Welt mischte also neben Protestanten und Katholiken bei den großen Religionskriegen der Neuzeit durchaus mit. Die Isolierung – oder besser gesagt die Zuweisung der Rolle des »Anderen«, des »Fremden« – resultierte indirekt ebenfalls aus den innerchristlichen Konflikten. Die Herrschenden maßten sich ab dem Zeitalter der Religionskriege an, über Gewissensfragen der Untertanen oder zumindest über die Form, in der diese Gewissensfragen im Alltag organisiert wurden, zu bestimmen. Religion war in den Mittelpunkt hoheitlichen Denkens gerückt; Religionsausübung und Staatsziele waren damit untrennbar verbunden. Bis zur fatalen Entwicklung, die Reformation und Gegenreformation in Bewegung setzte, war Religionsausübung und auch die eifersüchtige Wache über die Dogmen eine kirchliche Aufgabe gewesen. Abweichlertum war zwar, auch mit Unterstützung der Herrscherhäuser, blutig verfolgt worden, aber das Anliegen selbst war als rein religiös betrachtet worden. Mit dem Beginn des Barock wurde die Religion nun gleichzeitig profanisiert und politisiert. Die Identität des Einzelnen wurde immer stärker von seiner staatlichen Zugehörigkeit bestimmt: Die universelle Kraft des Christentums entwickelte sich zu einem Mittel, das der Entwicklung des Nationalstaates Vorschub leistete. Innerchristlich war der Ausgleich hergestellt, und man arrangierte sich miteinander. Durch die Lösung des Konfliktes wurde auch die Rolle eines Außenstehenden, der keiner der beiden Parteien zugehörig war, überflüssig. Die multiethnische und multireligiöse osmanische Gesellschaft wurde mit dem Islam gleichgesetzt, so wie der *Türke* zum Orientalen schlechthin wurde.

Die Macht der Tulpe

Durch die politische Nähe, die zwischen den Osmanen und den protestantischen Mächten im Konflikt mit dem Habsburgerreich entstand, kamen auch England und Holland in den Genuss der *Kapitulationen,* der Handelsprivilegien im Osmanischen Reich. Das wechselseitige Verhältnis war herzlich: Die europäischen Partner nutzten die Rechtssicherheit und mischten sich nicht weiter in türkische Angelegenheiten ein – für sie standen die Handelsinteressen im Vordergrund. Was beiden Seiten noch nicht bewusst war, war der Umstand, dass gerade diese bürgerlichen, kaufmännischen Kräfte zum Untergang der alten osmanischen Gesellschaft beitragen sollten. Eine nicht unbedeutende Rolle spielte dabei eine kleine Blume, zumindest als Indikator für die gesellschaftliche Entwicklung.

Ursprünglich stammte die Tulpe aus dem zentralasiatischen Pamirgebirge und war ausschließlich rot und kurzstielig. Die im Vorderen Orient mit Schönheit und Vollendung assoziierte Blume war mit den Osmanen bis nach Istanbul gereist. Auch Mehmed der Eroberer benutzte die Tulpe in einem depressiven Gedicht als Sinnbild des Guten und Schönen: »Schenk mir Wein ein Lakaie, denn eines Tages / wird der Tulpengarten zerstört sein.« Der habsburgische Gesandte Oghier Ghislain de Busbecq, der auf Grund seines Geiselstatus an der Hohen Pforte seine Jahre in Istanbul häufig im Hausarrest verbrachte, setzte sich mit Kultur und auch Gartenkunde der Osmanen auseinander. Neben einer bedeutenden Handschriftensammlung brachte er Mitte des 16. Jahrhunderts die ersten Tulpen nach Zentraleuropa – zuerst nach Wien. Später fiel der Protestant Busbecq in Ungnade und musste nach Holland emigrieren. Er gab dort Tulpenzwiebeln an den begnadeten Botaniker Carolus Clusius weiter, der mit ersten Züchtungen begann. In den nächsten hundert Jahren entwickelte sich eine unendliche Vielfalt an Farben und Formen der Blume, und die Tulpenzwiebeln wurden zu einem begehrten Handelsgut und Statussymbol in den aufstrebenden Niederlanden.

Die Konfrontation des schmucken Zwiebelgewächses mit dem beginnenden Kapitalismus an der Scheldemündung sollte in einem der ersten großen Wirtschaftszusammenbrüche der Geschichte enden. Bis dato war es im Großen und Ganzen um Land und Besitz gegangen. Selbst die frühen Kapitalisten in Italien hielten die enge Beziehung zwischen Kapital und Ware aufrecht. Man investierte und setzte im Erfolgsfall den Gewinn erneut ein. Das war – im Vergleich zu später – ein behäbiger Ablauf. Ab dem 15. Jahrhundert entstanden jedoch im Norden Europas Börsen, die das eingesetzte Kapital vom Warenverkehr entkoppelten. Wenn nun jemand investierte, konnte er die Investition weiterverkaufen und neues Kapital für eventuell noch lukrativere Spekulationen freimachen. Diese Erleichterung beschleunigte den Kapitalmarkt um ein Vielfaches. Eine der ersten Hochburgen dieser neuen Wirtschaftsform, des Kapitalismus, war die Börse von Amsterdam.

Die anfängliche Begeisterung für die exotische Blume war vor allem ästhetischer Natur. Der Wunsch, besonders schöne Exemplare zu besitzen, wurde in der vom Geld faszinierten Welt der Holländer im Preis ausgedrückt. Es kursierten bald Beträge, die auf Grund der schwierigen und langsamen Reproduzierbarkeit von Zwiebelgewächsen für einzelne außergewöhnliche Pflanzen immens hoch waren. Als Tulpen in verschiedensten Farben und Formen Preise erzielten, die jenseits allen Warenwertes lagen, begann sich ein Spekulationskarussell zu drehen, das den jungen Kapitalmarkt heiß laufen ließ. Die märchenhaften Gewinne, die durch das schnelle Kaufen und Verkaufen in Aussicht standen, lockten immer mehr Personen, die normalerweise nichts mit Börsengeschäften zu tun hatten, in den Handel. Das zusätzliche Kapital trieb die Preise weiter in die Höhe. Man nahm Geld auf, um mitmachen zu können. Schließlich wechselten die Blumenzwiebeln nicht einmal mehr haptisch den Besitzer. Während die Tulpen eingewintert in einem Keller lagen, waren sie oft im Besitz hunderter Personen, die alle einen kleinen Gewinn mit dem Weiterverkauf der steigenden *Blumen-Aktie* machten.

Die Spekulationsblase platzte Anfang Februar 1637, als sich in einem Tulpenkollegium in Haarlem keine Käufer für ein Kontingent fanden. Die Panik setzte fast unmittelbar ein, da allen beteiligten Spekulanten bewusst wurde, dass es sich bei der hochpreisigen Ware letztlich nur um ein paar Blumenzwiebeln handelte. Man stieß die Tulpen in Panik ab. Der Preisverfall war radikal; innerhalb von Tagen verloren die Tulpenzwiebeln fast ihren gesamten Wert. Ganze Kaufmannsgeschlechter waren ruiniert; Land, Immobilien und Schiffsflotten wechselten ihre Besitzer. Die boomende holländische Wirtschaft lag am Boden. Der höchste Preis, der gesichert für eine einzelne Tulpenzwiebel gezahlt worden war, betrug 5200 Gulden. Zum Vergleich: Das durchschnittliche Jahreseinkommen eines Großkaufmanns betrug damals 3000 Gulden; ein hochseetaugliches Schiff kostete gerade einmal 500 Gulden. Hätte es im osmanischen Staatsrat Strategen gegeben, die versucht hätten, mithilfe von Blumenexporten die Finanzkraft des Abendlandes zu unterminieren, wären sie wahrscheinlich vom Sultan sofort exekutiert worden. Doch das Unternehmen hätte Erfolg gehabt, wie sich zeigte. Schon ein paar Jahre später kam es zu weiteren Spekulationen – mit ähnlich fatalem Ausgang. Anfang des 18. Jahrhunderts wiederholte sich der Blumenwahn noch einmal, allerdings wurde diesmal mit ebenfalls aus der Türkei stammenden Hyazinthen spekuliert. Auch diesmal waren keine Strategen der Hohen Pforte an der Vernichtung von Kapital beteiligt, obwohl sie inzwischen die fatale Macht der kapitalistischen Marktwirtschaft am eigenen Leib kennengelernt hatten.

Eine gesellschaftliche Struktur wie in Holland konnte sich im Osmanischen Reich nie entfalten. Doch die Niederländer oder davor die italienischen Stadtstaaten waren auch im christlichen Abendland eine Ausnahme. Diese »bürgerlichen Mächte« entstanden nur dort, wo sie sich dem Zugriff der Herrscherhäuser entziehen konnten. Im ungleich besser organisierten Osmanischen Reich und in seinen ebenfalls gut organisierten Vorgängerstaaten gab es keine vergessenen Ecken, in denen im Wildwuchs neue Konzepte entstehen konnten. Schon seit dem Mittelalter lebten die Bürger der europäischen Städte ein ganz eigenes Leben. Sie waren in eine Handwerkerschicht und in ein städtisches Patriziat unterteilt – so weit glich die Struktur jener im Osmanischen Reich. In beiden Hemisphären herrschte eine strikte zünftische Ordnung, die den Alltag bis hin zur Bekleidung reglementierte und strukturierte. Der Unterschied bestand aber in der Möglichkeit von Selbstverwaltung: Europäische Städte hatten Stadtrechte und Bürgermeister, und sie hatten sich, durchaus unter Opfern, eine große Unabhängigkeit von Adel und Klerus erkämpft. Dazu kam die regionale Zersplitterung Europas: Während in Spanien eine restriktive Zentralmacht herrschte, die ein Bürgertum genauso wenig aufkommen ließ wie die Osmanen, blieb das Römisch-Deutsche Reich heterogen und wurde von einer Vielzahl von Herrschaftsgebieten mit sehr unterschiedlichen Verwaltungsstrukturen geprägt. So wie sich schon die Ideen mittelalterlicher Gelehrter von einem ins andere Herrschaftsgebiet gerettet hatten, flüchtete sich auch die Idee der bürgerlichen Wirtschaft an Orte abseits der Machtzentren. Sowohl Venedig als auch Amsterdam liegen in unzugänglichen Sumpfgebieten, an denen der Feudaladel wenig Interesse hatte – und selbst wenn er Interesse zeigte, dann ermöglichte gerade die Unzugänglichkeit die Verteidigung gegen Ritterheere.

Durch den ständigen Kampf um die Hegemonie in Europa waren neue Ideen durchaus willkommen. Kaufleute wie die Fugger konnten Herrscher instrumentalisieren und, um ihre finanziellen Interessen zu wahren, dabei völlig neue Gesellschaftsformen schaffen. Es gab auch keine verbindlichen Gesetze, die die Opfer des frühen Kapitalismus beschützt hätten. Im Osmanischen Reich hingegen hatte ein freies Unternehmertum, bedingt durch die hohe Rechtssicherheit und die verbindliche Rechtsform auf dem ganzen Reichsgebiet, von vornherein schlechte Karten. Denn Unternehmertum agierte, zumindest in seinen Anfängen, immer ein wenig mithilfe der Übertölpelung von anderen. Freie Preisbildung war im türkischen Einflussgebiet schwer zu erreichen. Das Augenmerk der Behörden lag eher auf einem gewissen Konsumentenschutz als auf der Förderung der Kaufleute. Ein wichtiger Beamter war der *Muhtesib,* der Inspektor für das Marktgeschehen. Er überwachte die Preisgestaltung und die Warenqualität. Schon allein eine solche Institution unterdrückte die Entstehung einer Marktwirtschaft im abendländischen Sinn.

Der Merkantilismus, der vor allem als wirtschaftliches Hilfsmittel zur Schaffung von Armeen gedacht war, bewirkte eine technologische und strukturelle Belebung der produzierenden Wirtschaft. Philipp Wilhelm von Hornick, einer der bedeutendsten Theoretiker des Merkantilismus, formulierte die zentrale Frage: »Was kosten

100 000 Mann unter Waffen und inwieweit ist das finanzierbar?« Die Antwort führte zu staatlichen Investitionen in die Wirtschaft. Als der Merkantilismus unter dem französischen »Sonnenkönig« Ludwig XIV. das dominierende Wirtschaftsmodell wurde, entstand parallel in England und Holland der freie Kapitalmarkt, dessen sich auch so wirtschaftlich ungeschickte Herrscher wie die Habsburger gerne bedienten. An der Börse von Amsterdam wurde auch mit Dingen gehandelt, die direkte Auswirkungen auf das Osmanische Reich haben sollten: Kriegsanleihen. Erfolgreiche Kriegsunternehmer wie Prinz Eugen von Savoyen, der innerhalb weniger Jahrzehnte die Hausmacht der Habsburger schuf, konnten dort Geld aufnehmen, das gegen die Osmanen oder den »Sonnenkönig« in Frankreich verwendet wurde. Solange Eugen erfolgreich blieb, investierten die anonymen *Pfeffersäcke* gerne weiter in seine Unternehmungen. Kriege wurden zwar von Herrschern beschlossen und betrieben, doch die Finanzierung des Krieges wurde durch den freien Kapitalverkehr vom aktuellen Steueraufkommen und sogar von den Krieg führenden Staaten unabhängig.

Ein weiterer Vorteil für die Entwicklung unseres modernen Wirtschaftssystems lag wiederum in der politischen Zersplitterung Europas: Fehlentscheidungen der Herrschenden hatten meist nur lokale Auswirkungen, während eine falsche Maßnahme des Sultans sein ganzes Reich betraf und mangels konkurrierender Meinungen schwer zu revidieren war. Außerdem investierten die Osmanen wenig in die Infrastruktur außerhalb militärischer Notwendigkeit. Im Großen und Ganzen beschäftigten sich die Osmanen mit den drei Städten Edirne, Bursa und Istanbul – der Rest des Reiches hatte einfach zu funktionieren. Widerstand wurde notfalls gewaltsam gebrochen. Die drei wichtigsten Säulen osmanischer Wirtschaft waren die Versorgung der Städte, der Unterhalt des Militärs und der Bürokratie sowie die Gewährleistung der Steuer- und Zolleinnahmen. Alles andere blieb bis ins 19. Jahrhundert unterentwickelt. Eine erstaunlich ähnliche Entwicklung schlug Spanien ein: Reich durch die Ausbeutung seiner Kolonien, ebenso wie auch der Reichtum des Osmanischen Reiches aus seinem Expansionsstreben resultierte, verschliefen die Spanier ebenfalls die zukunftsträchtigen Innovationen. Während die Habsburger trotz eigener Ignoranz in Wirtschaftsfragen zum Teil von den europäischen Modernisierungen profitieren konnten, begann das bis dahin so überlegene osmanische System, den eigenen Staat aufzufressen. Der Steuerdruck, den die Finanzierung der Armee der Bevölkerung auferlegte, führte zur Rebellion: Die *Celali*-Aufstände des 16. und 17. Jahrhunderts unterhöhlten die staatliche Autorität. Dabei ging es nicht nur um Münzverschlechterung und wirtschaftliche Nachteile des Landes. Die Timarbesitzer, die *Sipahis,* also die türkischstämmige Kavallerie, lehnten sich auch gegen die *Devschirme*-Bürokratie auf. Es war also ein Aufstand einer Bevölkerungsgruppe, die dem europäischen Feudaladel ähnlich war, gegen den Zentralismus. Der Zugang zur Macht und in höhere Staatsämter, der ihnen durch das osmanische System verwehrt war, verbunden mit dem beginnenden Bedeutungsverlust der Kavallerie im Militär, ließ die osmanischen Bauern und Grundherren zusammenrücken.

Der Beginn der europäischen Wirtschaftsmacht hätte jedoch ohne den gewaltigen Absatzmarkt des Osmanischen Reiches nicht funktioniert, und die türkische Wirtschaft profitierte durchaus von dieser Entwicklung. Die Produktionskosten für Grundstoffe wie Baumwolle, aber auch für Vieh und Getreide waren im Osmanischen Reich deutlich billiger. So konnte englisches Tuch, das in der Türkei reißenden Absatz fand, zu vertretbaren Preisen hergestellt werden. Dass die ausgeführten Waren um einiges weniger wert waren als die eingeführten, sollte sich für die Osmanen erst viel später als problematisch erweisen. Die inzwischen vernetzte Wirtschaftswelt funktionierte vorerst gut, und die geopolitischen Probleme, die daraus resultieren sollten, wie der Kolonialismus, standen erst an ihrem Anfang.

Im Reich der unheilstiftenden Giauren

Zu einer kleinen, aber bedeutsamen Trendwende in der Politik des Osmanischen Reiches kam es im August 1664, als habsburgische Truppen die Osmanen überraschend bei dem Versuch, die Raab zu überschreiten, schlugen. Der osmanische Großwesir Ahmed Pascha, dem bewusst war, dass Kaiser Leopold I. trotz des Sieges um jeden Preis einen Friedensschluss brauchte, verwandelte die militärische

Niederlage in einen kleinen diplomatischen Sieg. Leopold, der seine Truppen an der Westseite seines Reiches gegen den französischen König Ludwig XIV. benötigte, akzeptierte zwar einige Gebietsgewinne der Osmanen, aber er steigerte auch seinen innereuropäischen Status. Ab diesem Zeitpunkt mussten die Habsburger für den ihnen überlassenen Teil Ungarns keine Ehrengeschenke mehr nach Konstantinopel abführen. Dieses Ende der Tributpflicht untergrub nachhaltig den Versuch der Franzosen, den französischen König als alleinigen Anführer der Christenheit zu etablieren. Das römisch-deutsche Kaisertum gewann seinen Status als nominell oberste Instanz zurück. Die realen Machtverhältnisse berührte das zwar vorerst nicht, aber als Leopold I. zwanzig Jahre später den europäischen Adel um Hilfe beim Entsatz Wiens von den Türken bat, war das der Ruf des unumstrittenen Anführers des christlichen Europas.

Das habsburgisch-osmanische Abkommen beendete auch die etwas herablassende Gepflogenheit der Osmanen, eher unbedeutende Chargen an den kaiserlichen Hof zu entsenden. Ab nun wurden die sogenannten Großbotschaften entsandt: prunkvolle und mit dem langsamen Verfall des Osmanischen Reiches immer pompöser werdende Delegationen hochgestellter Persönlichkeiten. Statt in Istanbul mit Ehrengeschenken um die Gunst des Sultans zu buhlen, verkehrten kaiserliche Gesandte ab jetzt auf Augenhöhe. Bei der ersten Großbotschaft, die der Beylerbey von Rumelien Kara Mehmed Pascha im Jahre 1665 nach Wien führte, war auch der wohl berühmteste osmanische Reiseschriftsteller, Evliya Çelebi, dabei. Ihm verdanken wir die Beschreibung der komplizierten und auf Statusgewinn ausgerichteten Begrüßungsrituale an der Grenze: Die sogenannten *Auswechslungen* zeigen, wie viel amüsanter der diplomatische Dienst im Gegensatz zum bewaffneten Konflikt war. Das Konzept des diplomatischen Balztanzes begann mit der passenden Garderobe: »Als unser Pascha zu den Grenzpfählen hinanstieg, war er ganz mit Brokat, Gaze, Goldgewebe und Juwelen bedeckt, im Gürtel trug er Krummdolch, Messer und Schwert, den Streitkolben hatte er in der Hand und auf dem Rücken einen Zobelmantel, in dessen Haaren man ein Ei verstecken konnte.« Ob es an der Last der Juwelen oder der Fragilität der im Zobelmantel versteckten Eier lag, Mehmed Pascha wurde jedenfalls beim Gehen von zwei Männern gestützt. Irritierend fand Çelebi auch die Idee der *Giauren,* also der

Ungläubigen, zu dem Treffen ihre Frauen mitzubringen, die »prächtig aufgeputzt daherkamen«.

Das protokollarische Ritual wurde durch den Aberglauben verschärft, dass der, der sich zuerst bei den Grenzpfählen einfand, seine Unterlegenheit bekundete. Man versuchte einiges an Tricks, die wie höfliche Gesten wirkten, um als Letzter den Sitzplatz einzunehmen. »Als der Pascha, indem er sich unzählige Male spreizte, den auf unserer Seite befindlichen Grenzpfahl erreichte und unter einem Schattendach am Fuße unseres Grenzpfahls auf einem über und über vergoldeten Stuhl Platz nahm, setzte sich auch der Botschafter der Giauren.« Doch der Pascha hatte den kaiserlichen Botschafter gefoppt: »Als unser Pascha das sah, sprang er sofort auf und erwies ihm alle Ehren.« Der ausgefuchste Pascha schaffte es in dieser ersten Phase der Begegnung als Letzter endgültig auf seinen Platz. Doch der Austausch an verzögernden Höflichkeiten ging unverdrossen weiter, indem man untere Chargen hin und her schickte. Die Grenzpfähle an der Raab waren ein diplomatischer Ritualplatz. Laut Evliya Çelebi waren sie von Sultan Süleyman nach dessen gescheitertem Versuch von 1529, Wien einzunehmen, aufgestellt worden. »Wer von meinen Kriegern, Wesiren und verehrungswürdigen Nachkommen diese Grenze überschreitet, um ins Land der Giauren zu ziehen, soll kein Glück haben und eine Niederlage erleiden«, soll die Aufschrift auf einer Tafel gewarnt haben – eine geradezu prophetische Voraussicht, denn zwanzig Jahre nach dem ersten Treffen der Delegationen sollte Großwesir Kara Mustafa beim letzten türkischen Versuch, den *Goldenen Apfel* Wien zu erobern, diese Prophezeiung bitter zu spüren bekommen.

Die erste Großbotschaft, die Evliya Çelebi, der Autor des *Seyahatnâme,* des »Buchs der Reisen«, begleitete, diente der Bestätigung des Friedens von Eisenburg. Frieden mit den Osmanen war aber in Zeiten ihrer militärischen Überlegenheit eine relative Angelegenheit. Nach osmanischen Rechtsvorstellungen war ein Friedensschluss mit Ungläubigen gar nicht möglich. Das Maximum, das man ihnen zubilligte, war ein zwanzigjähriger Waffenstillstand. Aber auch aus christlicher Sicht waren Muslime weder rechts- noch vertragsfähig. Mit Muslimen abgeschlossene Verträge konnten mit dem Segen der Kirche jederzeit gebrochen werden – eine Vorstellung, die von der Kirche und auch den *Ulema,* den islamischen Gelehrten, gerne bekräftigt wurde. De facto gab es aber sehr wohl gute und beständige Verträge zwischen den Osmanen und christlichen Nationen. Die Handelsverträge mit Genuesen und Venezianern reichten sogar bis ins Mittelalter zurück; sie bestanden lange und zum gegenseitigen Nutzen. Auch der Friede von Eisenburg hielt für die vereinbarte Laufzeit von 20 Jahren. Danach setzte das Osmanische Reich zu seinem letzten Versuch an, den *Goldenen Apfel*, die Reichshauptstadt Wien, zu pflücken.

Das Interesse an Wien und an der Welt der Ungläubigen insgesamt wuchs beständig. Evliya Çelebi beschrieb Wien in seinem Reisebuch für ein aufgeschlossenes orientalisches Publikum. Und sein Besuch des *Goldenen Apfels* erfüllte die Erwartungen der Leserschaft: Çelebi lokalisierte das Heldengrab des Çerkez Dayı, der geduldig unter der Erde wartete, bis seine Dienste beim nächsten Eroberungsversuch wieder in Anspruch genommen werden sollten. Außerdem berichtete der Reisende vom Wunder der Süleymansbresche: Ein Teil der Wiener Stadtmauer, in die Süleyman der Prächtige bei seinem Belagerungsversuch eine Lücke geschlagen hatte, widerstand auf wundersame Weise seit inzwischen 150 Jahren dem Wiederaufbau. Sosehr sich die »unheilstiftenden Giauren« auch bemühten, immer wieder brach die Mauer zusammen. Neben seiner Leidenschaft für die Fabulierkunst hatte Çelebi aber auch ein scharfes Auge für Neuerungen und den Fortschritt der beginnenden europäischen Wissenschaft. Besonders die Entwicklungen in der Chirurgie hatten es ihm angetan. Akribisch beschrieb er Augenoperationen und andere Eingriffe und beschenkte die ausführenden Ärzte großzügig. »Wenn ich all die wunderbaren Kuren, die ich bei ihnen gesehen habe, einzeln aufschreiben und beschreiben wollte, würde mein Buch so dick werden wie der Kanun des Ibn Sina«, schrieb er bewundernd. Der türkischen Delegation wurden bei ihrem Besuch die großen Neuerungen des europäischen Lebens bewusst, die sich seit dem ausgehenden Mittelalter entwickelt hatten.

Obwohl Roger Bacon schon im 13. Jahrhundert davon geträumt hatte, was geschehen könnte, wenn man wissenschaftliche Erkenntnisse in die Praxis umsetzte, blieben praktisches und theoretisches Wissen bis zum Beginn der Neuzeit streng getrennt. Handwerker stellten zwar schon komplexe Maschinen her, sie meisterten Bauwerke wie gotische Dome oder die Kuppel des Petersdoms – also wahre Herkulestaten der Statik – und entwickelten die Gusstechnik für Monumente und Kriegsgeräte. Doch zwischen dem Mechaniker, also dem händisch arbeitenden Menschen, und dem Gelehrten wurde streng unterschieden. Es fand auch kein Austausch statt; die Welten der Wissenschaft und der Praxis existierten in völlig getrennten Sphären. Erkenntnisse, die in der Praxis gewonnen wurden, fanden keinerlei Eingang in die Theoriegebäude der geistigen Elite. Durch diesen Mangel an Austausch bekam das empirische Wissen keinen geistigen Unterbau und vor allem keine allgemeine Gültigkeit. Das lag vor allem daran, dass die ständischen Unterschiede unüberwindlich schienen und die wissenschaftliche Methodik der Scholastik und Alchemie nicht auf Erkenntnisgewinn ausgelegt war. Vannoccio Biringuccio, der als Begründer der Metallurgie gilt, schrieb in seinem Buch *De la Pirotechnia,* das 1540 posthum erschien: »Die Alchemisten stützen sich mehr auf angesehene Zeugen als auf Vernunftgründe und beweisbare Tatsachen. Sie führen Hermes, Arnoldus, Raymundus oder den heiligen Thomas an und wollen durch das Ansehen, das deren philosophische Kenntnisse oder deren Heiligkeit haben, sozusagen Ehrfurcht erwecken, damit der Zuhörer sich unwissend fühlt und schweigt oder ihre Behauptung bestätigt.« Der Pariser Chirurg Ambroise Paré, der Arzt mehrerer französischer Könige und ein des Lateinischen unkundiger Autodidakt, befand schon Ende des 16. Jahrhunderts, dass es »mehr Dinge zu erforschen gibt als solche, die schon erforscht sind, und auch die Künste sind nicht so vollkommen, dass man sie nicht verbessern könnte«.

Doch die Gelehrten der Universitäten gingen lange Zeit von einem vorhandenen Wissenskanon aus. Neues war darin nicht vorgesehen; alles von Interesse war ihrer Ansicht nach bei antiken Autoren und den Kirchenvätern zu finden. Dieser Ansicht widersprachen die alltäglichen Erfahrungen. Schließlich war nicht nur Amerika entdeckt worden, sondern auch das Schießpulver und jede Menge an Technologien, die es vor Beginn der Renaissance noch nicht gegeben hatte. Der Prozess dieser geistigen Veränderung war jedoch langwierig, und die Wissenschaftler, die in neue, unbekannte Welten vorstießen, waren oft in anderen Bereichen in den Vorurteilen ihrer Zeit gefangen. Johannes Keppler etwa verbrachte nicht nur Jahre seines Lebens damit, die Planetenbahnen zu berechnen; er wandte fast ebenso viel Zeit auf, seine Mutter in einem Hexenprozess zu verteidigen. Keppler war nicht der Ansicht, dass es Hexerei nicht gebe, er konnte nur glücklicherweise beweisen, dass seine Mutter keine Hexe war. Isaac Newton verbrachte sein halbes Forscherleben auf den Spuren der *Materia prima,* der »Urmaterie«, und schuf ein aus heutiger Sicht skurriles alchemistisches Werk.

Die Naturwissenschaften begriffen sich in ihrer Entstehungszeit nicht unbedingt als Gegenentwurf zum Bestehenden, sondern eher als etwas Neues, ganz anderes. »Neu« wurde ein Synonym für »gut«. Als wie verzopft man das etablierte Geistesleben betrachtete, erkennt man an einer Aussage Blaise Pascals: »Der Respekt vor dem Althergebrachten hat solche Formen angenommen, dass man alle Anschauungen für Orakelsprüche und sogar die Unklarheiten für Geheimnisse hält.« Da mussten dringend neue Methoden her, und diese fand man, als man die Welt der Praktiker entdeckte. Denis Diderot, der schon zu einem späteren Zeitpunkt dieser geistigen Neuerungen wirkte, beschrieb seine Ausbildung Mitte des 18. Jahrhunderts so: »Wir wandten uns an die tüchtigsten Handwerker in Paris und in unserem Königreich. Wir machten uns die Mühe, sie in ihren Werkstätten aufzusuchen, sie auszuforschen und nach ihrem Diktat Aufzeichnungen zu machen, ihre Gedanken zu entwickeln, aus diesen Gedanken die jeweils eigentümlichen Fachausdrücke zutage zu fördern, Verzeichnisse derselben anzufertigen und sie zu erklären.« Die Theorie wurde also zu dieser Zeit schon ganz selbstverständlich aus der praktischen Beobachtung abgeleitet, und die Gelehrten betrachteten es als ihre Aufgabe, aus den empirischen Erfahrungen der Handwerker allgemeine Thesen abzuleiten.

René Descartes, nach dessen latinisiertem Namen *Cartesius* das kartesische Weltbild – also unser modernes, auf den Menschen bezogenes, dem rationalen Denken verpflichtetes Selbstverständnis – benannt ist, schuf die Voraussetzungen zur Mathematisierung der wissenschaftlichen Welt. Durch Descartes' Entdeckungen konnten geometrische Fragen wie die Sternenbewegungen mithilfe der Algebra angegangen werden. Das Bild des Wissenschaftlers als Verwalter unüberschaubarer mathematischer Formeln ist auf diesen Ursprung zurückzuführen. Visionäre wie Isaac Newton konnten durch die konsequente Anwendung der mathematischen Sprache in ihrer Forschung zu Erkenntnissen gelangen, die ihnen durch die bloße Beobachtung der Realität verschlossen geblieben wären. Descartes betrachtete den Kosmos als eine Art mathematisch beschreibbare unbeseelte Maschine, die sich nur nach gewissen Regeln verändere. Diese Betrachtungsweise der Welt gipfelte in dem für unser heutiges Verständnis so wichtigen Satz: »Die Regeln, denen zufolge diese Veränderungen stattfinden, nenne ich die Naturgesetze.« Damit war es ausgesprochen: Gottes Gesetz wurde auf eine höhere, für die Wissenschaft unerreichbare und damit uninteressante Ebene, die Metaphysik, gehoben. Die neuen Naturwissenschaftler, die Physiker, konnten sich damit unbehindert der Erforschung von Gesetzen widmen, bei denen ihnen kirchliche und weltliche Autoritäten nichts mehr dreinzureden hatten – ein Befreiungsschlag durch Selbstbeschränkung.

In der islamischen Welt bestand eine alte, kulturell gut eingebettete wissenschaftliche Tradition, die in weiten Teilen auf die mittelalterlichen arabischen Philosophen wie Ibn Sina oder Ibn Ruschd zurückging. Dieser Wissenskanon wurde weiterentwickelt und vor allem angewandt. Auch der neugierige Blick über die eigenen Grenzen hinaus blieb erhalten, und so wurde der ungeheure Wissenszuwachs der Europäer zu Beginn der Neuzeit durchaus nachvollzogen, auch wenn er nicht dieselbe Breitenwirkung zeigte wie im Abendland. Ein großer Hemmschuh für die Verbreitung war, dass sich der Buchdruck im Osmanischen Reich lange nicht durchsetzen konnte. Der Grund dafür war vor allem ästhetischer Natur: Seit der Frühen Neuzeit war die Einfuhr von Druckwerken in arabischer Schrift zwar explizit erlaubt. Die europäischen Druckereien verwendeten aber für osmanische Kunden ungewohnte marokkanische Drucklettern, die als unästhetisch empfunden wurden. Die lange kalligrafische Tradition und die hohe Kunst, zu der es die Kopisten in Konstantinopel gebracht hatten, machten Schrift zu etwas, das ästhetischer Kritik ausgesetzt war.

Die erste osmanische Druckerei in Istanbul, die der Diplomat und Kosmopolit Ibrahim Müteferrika Anfang des 18. Jahrhunderts gründete, war schon zu Lebzeiten des Betreibers kein Erfolg, und danach schlief das Druckwesen für weitere hundert Jahre wieder ein. Die für ihre Buchstaben ästhetisch geschmähten Marokkaner – nominell ebenfalls Untertanen des Sultans, aber durch Entfernung und geschichtliche Abläufe sehr eigenständig – waren es, die als Erste begannen, das neue europäische Wissen zu rezipieren. Die Nachfahren jener muslimischen und jüdischen Migranten, die vor der

Reconquista nach Nordafrika geflohen waren, riefen eine neue Übersetzungsbewegung ins Leben. Muhammad Al-Gassani und etwas später Quasim Al-Hagari begannen damit, systematisch alle neuen Wissensgebiete für den Orient zu erschließen. Es ist bezeichnend für das osmanische Regime, dass ausschließlich die Werke über Artillerie und Ballistik den weiten Weg von der Peripherie ins Zentrum des Reiches schafften. Elias bin Yuhanna, ein Christ aus Mossul, bereiste acht Jahre lang Südamerika; sein Reisebericht blieb aber ebenso ein Kuriosum wie ein Buch über amerikanische Heilpflanzen, das der Historiker und Astronom Müneccimbaschi Ahmed Dede verfasste. Im Zentrum der morgenländischen Astronomie, in Kairo, war der bedeutende Astronom Hasan Al-Gabarti nachweislich auf dem Laufenden über die aktuellen Entwicklungen der europäischen Wissenschaft. Er verfügte über ein Teleskop und propagierte wie sein Zeitgenosse Galileo Galilei das heliozentrische Weltbild. Doch die Fragen, die Wissenschaftler wie Al-Gabarti stellten, vermochten die Fantasie des Publikums nicht im selben Maße zu entzünden wie in Europa. Überlieferte Schriften sind spärlich, und über die Arbeit des Kairoer Astronomen ist nur deshalb so viel bekannt, weil sein Sohn, ein bedeutender Historiker, Texte darüber hinterließ.

Die Begeisterung, die Evliya Çelebi in Wien über moderne medizinische Methoden empfand, wollte er mit seiner Leserschaft teilen. Die Medizin war im Osmanischen Reich hoch entwickelt. Von den Seldschuken, die ihr Kernland in Persien und damit an jenem Ort gehabt hatten, der seit der sassanidischen Akademie von Gundischapur die Wissenschaft untrennbar mit der Medizin verbunden hatte, hatte man das Krankenhauswesen übernommen. Ende des 16. Jahrhunderts verfügte Istanbul über 119 *Darüşşifa*, osmanische Krankenhäuser mit Kapazitäten von bis zu 300 Patienten. Die medizinische Versorgung war also immer noch um einiges besser als in Europa. Das erkannte auch Lady Mary Wortley Montagu, die am Beginn des osmanischen Rokokos, der Tulpenzeit, als Frau des englischen Botschafters eine seltsame Praxis beobachten konnte: Die Damen des Harems steckten ihre Kinder absichtlich mit Pockenerregern an. Indem sie die Kinder einer geringen Anzahl von Keimen aussetzten, also eine Art Lebendimpfung durchführten, konnten die Geimpften ausreichend Abwehrstoffe entwickeln, um einer etwaigen Infektion zu widerstehen. »Ich bin Patriotin genug, Schmerzen auf mich zu nehmen, um diese nützliche Erfindung auch in England in Mode zu bringen«, schrieb die Lady einer Freundin nach Hause. Doch der Widerstand in der Heimat war gewaltig. Bei den Gelehrten stießen ihre Berichte auf Misstrauen, obwohl diese Impftechnik im Orient seit dem Mittelalter gebräuchlich war. Lady Montagu, selbst von Pockennarben entstellt, ließ ihre Kinder impfen und rührte in der Folge die Propagandatrommel für diese erste Schutzimpfung. Im Zuge einer Pockenepidemie konnte sich die resolute Dame Mitte des 18. Jahrhunderts endlich durchsetzen. Von da an trat die Pockenimpfung ihren Siegeszug durch Europa an, freilich nicht immer ohne Widerstand. So war etwa die verpflichtende Einführung der Pockenimpfung durch die damaligen bayerischen Landesherren ein Auslöser für die Tiroler Bauernaufstände unter Andreas Hofer.

Der wissenschaftliche Fortschritt blieb regional sehr unterschiedlich. Während in der Royal Society in London unser modernes Weltbild geschaffen wurde, kümmerte man sich im *Collegium Gregorianum,* der wichtigsten jesuitischen Lehrstätte in Rom, aktiv um Gegenaufklärung. Bis heute konkurriert naturwissenschaftliches Wissen bisweilen erfolglos mit magischen Naturvorstellungen. All diese europäischen Entwicklungen wurden im Orient jedoch rezipiert und zum Teil auch nachvollzogen. Die Ideen der »unheilstiftenden Giauren«, also jener Europäer, die es sich zusehends zur Aufgabe machten, das klassische Gesellschaftssystem in Frage zu stellen, machten auch vor dem Osmanischen Reich und damit dem gesamten Orient nicht halt.

Die Rückkehr der Tulpe

Der osmanische Staat war auf Expansion ausgerichtet. Die Sultane betrachteten die Gebietserweiterungen als oberste politische Priorität. Das milde Steuersystem und das hohe Maß an sozialen Aufstiegsmöglichkeiten resultierten auch aus den beständigen Gebietsgewinnen und den damit verbundenen Möglichkeiten auf Beute und Verwaltungsposten. Die Revolte der Janitscharen gegen Sultan Süleyman vor Wien im Jahr 1529 war symptomatisch für das osmanische System und sollte über die Jahre zu einer problematischen Bruchstelle werden. Die Janitscharen, schmal besoldet und finanziell auf ihr Plünderungsrecht angewiesen, hatten ein starkes Eigeninteresse an Kriegszügen. Der Gruß, den sie dem neuen Sultan bei seiner Amtseinführung entgegenbrachten – »Beim Goldenen Apfel sehen wir uns wieder« – konnte auch als Aufforderung des Militärs zum Kriegszug verstanden werden. Janitscharenaufstände waren etwas, mit dem sich seit Mehmed dem Eroberer fast jeder Sultan herumschlagen musste. In der Regel wurde die Elitetruppe mit Geldgeschenken beschwichtigt oder einfach extensiv auf Feldzügen verheizt. Doch die Unzufriedenheit der Janitscharen institutionalisierte sich und sollte zu einem Element des Untergangs des Osmanischen Reiches werden. Das Modell der osmanischen Kriegsführung sah vor, dass jeweils im Frühjahr die Truppen in Edirne gesammelt und ausgerüstet wurden. Dann begab man sich auf Eroberungszug. Die Nachschubwege wurden mit zunehmender Größe des Reiches immer länger, Wien lag am Rande dieser Reichweite. Auch das war ein Grund, warum die Eroberung dieses *Goldenen Apfels* zwei Mal misslang. Doch Scheitern dieser Art brachte das ganze System ins Wanken.

Süleyman der Prächtige war ein kompetenter Feldherr, ein herausragender Staatsmann und unter dem Pseudonym *Muhibbi* (»geliebter Freund«) auch ein bedeutender Dichter. Er verbrachte sein halbes Leben in Feldlagern, wo er schließlich auch starb, und eroberte riesige Gebiete in Europa und Persien. Doch die Gebietsgewinne reichten am Ende nicht mehr aus, um den gewaltigen Militärapparat zu finanzieren. Schon beim Erreichen des ersten Höhepunktes seiner Entfaltung zeigte das den europäischen Staatsstrukturen so überlegen scheinende osmanische System erste Schwächen. Höhere Abgaben waren die Folge; diese Belastung wurde von den *Timar*-Inhabern, dem osmanischen Landadel, an die Bauern weitergegeben. Die Ausbeutung der Landbevölkerung führte zur Entwurzelung von Bauern, die plündernd durch den rumelischen Teil des Reiches zogen. Trotz der ungeheuren Blüte, die Süleyman seinem Reich bescherte, kam es zu ersten Rissen, die sich unter seinen Nachfolgern vertiefen sollten.

Süleyman hatte eine persönliche Angewohnheit, die unter Sultanen nicht sehr verbreitet war: Monogamie. Mit seiner Frau Roxelane pflegte Süleyman eine über Jahrzehnte dauernde innige und auch auf geistigem Austausch beruhende Beziehung. Was man als einnehmende Charaktereigenschaft des Privatmannes sehen kann, widersprach dem osmanischen Staatssystem krass. Üblicherweise wurden Haremsfrauen mit ihrem Nachwuchs in die Provinz abgeschoben, wo die Prinzen vom politischen Establishment beobachtet und gegebenenfalls für ein Nachfolgerennen in Stellung gebracht wurden. Roxelane verblieb jedoch im Harem und schenkte ihrem Mann über die Jahre sechs Kinder. Aus dem persönlichen Briefwechsel des Ehepaars ersieht man auch die Sorge um den Nachwuchs. Alle Sprösslinge bekamen hochwertige Ausbildungen und erlebten ein für Abkömmlinge eines Sultans ungewöhnlich harmonisches Familienleben. Allerdings wurde der zu erwartende Konflikt um die Nachfolge ein ebenso intimer Kampf. Roxelane begann sich einzumischen und versuchte, die Nachfolgeregelung in ihrem Sinne zu beeinflussen, was ihr auch gelang. Nach ihrem Wunsch und gemäß europäischem Muster sollte der älteste Sohn, Selim, dem Vater nachfolgen. Doch Selim, der als »der Trinker« in die osmanische Geschichte eingehen sollte, war nicht der bevorzugte Kandidat des Establishments; und Primogenitur war keine Erbform, die im Orient geläufig war. Die Auseinandersetzungen mit seinem Bruder Bayezid wuchsen sich zum Bürgerkrieg aus. Bayezid unterlag, und Selim konnte sich erfolgreich etablieren. Er war mit der Venezianerin Cecilia Venier-Baffo verheiratet, die bald an seiner statt regierte.

Die mütterliche Fürsorge hatte den brutalen Selektionsvorgang, der für unerbittliche Klarheit in den Machtstrukturen sorgte, unterlaufen. Und prompt lief das System aus dem Ruder. Der Fisch begann am Kopf zu stinken. Die auf Süleyman folgenden Sultane galten als schwach, und diese Phase des Osmanischen Reiches wurde gerne als »Weiberwirtschaft« verunglimpft. Trotzdem ging die Expansion zügig weiter, auch dank fähiger Großwesire, etwa jene aus der Familie Köprülü. Roxelane wurde in der osmanischen Tradition als Hexe und in Europa als Intrigantin dargestellt. Man kann ihre Auflehnung gegen das unpersönliche Liebesleben im Saray aber auch als menschlich notwendig betrachten. Dass sie noch dazu über die Intelligenz verfügte, ihre Interessen als Frau gegen die Hofgesellschaft durchzusetzen, trugen ihr die Politiker in Orient und Okzident noch lange nach.

Anfang des 17. Jahrhunderts wurde das System des Geschwistermordes durch ein auf eine andere Art grauenvolles Instrument ersetzt: den *Kafes* (»Käfig«). Nachfolgeberechtigte Prinzen wurden ab nun in einem abgetrennten Bereich des Harems gefangen gehalten. Im Bedarfsfall holte man sie heraus und setzte sie auf den Thron. Die jeweiligen Sultane, die während ihrer Zeit im Käfig bewusst von politischen Themen ferngehalten wurden, hatten kaum Möglichkeiten, sich zu geeigneten Herrschern zu entwickeln. Viele zerbrachen psychisch an den Folgen der Käfighaltung oder flüchteten sich in Scheinwelten, die ihnen ihr prosperierendes Imperium bereitstellte. Eine der großen Ausnahmen sollte Ahmed III. werden, aber vorher musste die Expansion des Imperiums zu einem Ende finden.

Frankreich, seit mittlerweile anderthalb Jahrhunderten ein treuer Verbündeter der Osmanen in Europa und der größte Profiteur der osmanischen Handelsprivilegien, hatte durch die kluge Politik der Kardinäle Richelieu und Mazarin zu einem dem osmanischen System nicht unähnlichen Königtum gefunden. Ludwig XIV. regierte absolut; der Adel war politisch schachmatt und wurde mit höfischen Aufgaben beschäftigt. Eine Reihe fähiger bürgerlicher Aufsteiger wie der Begründer des Merkantilismus Jean-Baptiste Colbert erledigte die Staatsgeschäfte. Ludwigs Frankreich war wirtschaftlich sehr stark, was sich vor allem in der Möglichkeit niederschlug, Armeen aufzustellen, auszurüsten und zu unterhalten. Diese Armeen, ein europaweites Nachrichtensystem und sein Verhandlungsgeschick machten den »Sonnenkönig« Ludwig zum mächtigsten europäischen Herrscher seiner Zeit.

Die Verbündeten Frankreich und Osmanisches Reich expandierten beständig, und sowohl Versailles als auch die Hohe Pforte bedienten sich vor allem am Herrschaftsgebiet desselben Gegners, des römisch-deutschen Kaisers. Ludwig sicherte sich im Frieden von Nijmegen weite Teile des Rheinlandes und besetzte 1681 obendrein Straßburg. Im selben Jahr versprach Imre Thököly den Ungarn das baldige Ende der habsburgischen Herrschaft mithilfe der Osmanen. Die Planung der zweiten (und letzten) Türkenbelagerung von Wien begann, und sie war von vornherein als Paarlauf zwischen »Sonnenkönig« und Sultan angelegt. Ludwig versprach, sich nicht einzumischen, und er spekulierte darauf, nach dem Fall von Wien die westlichen Teile des Römisch-Deutschen Reiches kassieren zu können.

Er versorgte die Osmanen mit Informationen von den europäischen Höfen, die sein effizientes Nachrichtensystem mit verlässlicher Regelmäßigkeit nach Paris lieferte. Schon im Herbst 1683 sollte der Südturm des Stephansdoms nach den Vorstellungen von Großwesir Kara Mustafa das höchste Minarett des Islam sein.

Zwei Umstände machten diesem Vorhaben jedoch einen Strich durch die Rechnung. Der erste waren die Emotionen des abendländischen Adels, der sich als christlich und inzwischen auch als europäisch definierte: Freiwillige strömten dem bedrohten Kaiser Leopold zu, unter ihnen auch der illegitime Sohn Ludwigs XIV., Louis Armand Prinz Conti. Dieser flüchtete gegen das Verbot seines Vaters aus Frankreich. In einer beispiellosen Verfolgungsjagd spürte Ludwigs Geheimpolizei den Abtrünnigen auf und brachte ihn unter Androhung des Verlustes sämtlicher Privilegien dazu, umzukehren. Seinen Begleiter, den Prinzen Eugen von Savoyen, der für Ludwigs Image weniger bedeutsam war, ließ man weiterziehen. Prinz Eugen wurde in den folgenden Jahren zum wichtigsten Feldherrn der Habsburger und sollte einen entscheidenden Beitrag zur Beendigung der türkischen Bedrohung Mitteleuropas leisten. Das zweite Problem bei der geplanten osmanischen Eroberung Wiens war Überschätzung. Zum einen vertraute man zu sehr auf die Fähigkeiten des französischen Geheimdienstes, dem schlicht und einfach das entscheidende habsburgische Bündnis mit Polen entging. Zum anderen überschätzte die osmanische Armee die eigenen Kräfte. Man stellte nicht einmal ausreichend Wachen auf und wurde dadurch von der Entsatzarmee überrascht und vernichtend geschlagen. Den glücklosen Großwesir Kara Mustafa erwartete in Belgrad, der damaligen Operationsbasis der Osmanen, der Tod, und die Habsburger begannen nun ihrerseits, ihr Herrschaftsgebiet nach Osten auszubreiten. Plötzlich verlief der Expansionsdruck in die andere Richtung. Doch das Osmanische Reich, nach wie vor sehr mächtig und gut verwaltet, konnte dem europäischen Vordringen einiges entgegensetzen. Schließlich gelang es Ahmed III., einem trotz Käfighaltung aktiven und kompetenten Sultan, sein Reich durch den Frieden von Passarowitz zu behaupten.

Das Osmanische Reich begann nun, sich stärker für Einflüsse aus dem Abendland zu öffnen. Vor allem die Beziehungen zum alten Verbündeten wurden intensiviert: Man orientierte sich kulturell zunehmend an Frankreich, das im *Siècle des Lumières,* im »Jahrhundert der Lichter«, in allen Bereichen den Ton angab. Wie an allen großen Höfen wurde in Konstantinopel französisch gesprochen, und neue Impulse aus Paris wurden – natürlich durch die religiösen und kulturellen Schranken etwas gedämpft – begierig aufgenommen. Unter Ahmed III. entstand die erste Druckerei des Ibrahim Müteferrika, und er ließ sogar das Schloss Saadâbad nach dem Vorbild von Versailles errichten. Schon Ahmeds Vater Mehmed IV. interessierte sich für die Gartenkunst – eine Vorliebe, die er ebenfalls mit den europäischen Barockfürsten seiner Zeit teilte – und ließ im Topkapi-Saray einen Garten ausschließlich für Tulpen anlegen. Die diversen Sorten, die er aus den Niederlanden importierte, wurden klassifiziert und erhielten poetische Namen. Vom *Kafes* aus hatte Ahmed III., der seine ersten Lebensjahre als Gefangener verbrachte, einen guten Blick auf diese Tulpen.

Ahmed entpuppte sich als echter Tulpennarr, und die knapp dreißig Jahre seiner Herrschaft standen ganz im Zeichen dieser Blume. »Lasst uns lachen, lasst uns spielen, lasst uns in vollen Zügen die Freuden dieser Welt genießen«, schrieb sein Hofdichter. Ahmed veranstaltete jedes Frühjahr zur Tulpenblüte Feste, bei denen die Festräume mit Pflanzen aus gesponnenem Zuckerwerk verziert waren. Er ließ Beschneidungsfeste für seine Söhne und gleichzeitig Tausende andere Kinder ausrichten, die so viele Gäste anlockten, dass in den Häfen Istanbuls kein Platz für weitere Schiffe mehr war. Die Besucher der Tulpenfeste konnten sich zwischen den Blumen auf die Schatzsuche nach Gold und Edelsteinen machen. Die Tulpenliebe des Sultans wurde von seinen Untertanen übernommen, und es entwickelte sich ein fröhliches Züchten und Tauschen. Schnell wurde eine gute Tulpenzwiebel zum hervorragenden Bestechungsgeschenk, und schnell erkannte man, dass die Gunst des Sultans mit einer besonderen Blume zu gewinnen war. Doch die kleine Pflanze zeigte neuerlich ihre schreckliche Dynamik und begann, zur existenziellen Bedrohung für türkische Tulpenliebhaber zu werden. Der Markt wurde daher reguliert: Die Zahl der Floristen, die sich mit Tulpen beschäftigen durften, wurde limitiert, und die Hohe Pforte versuchte, die Kontrolle zu behalten. Dieselben Kräfte, die eine Dynamisierung der Wirtschaft verhinderten, ersparten Istanbul auf diese Weise das Platzen einer Spekulationsblase nach holländischem Vorbild.

Die Kontrolle war jedoch auf anderer Ebene bereits entglitten: Die höfische Dekadenz, die liberale Geisteshaltung, die sozialen Ungerechtigkeiten und die glücklosen Kriege gegen Persien führten 1730 zur Rebellion der Janitscharen. Die Elitetruppe brachte den alten *Goldenen Apfel* Konstantinopel unter ihre Kontrolle. Sie verlangte die Auslieferung von Ibrahim Pascha, dem Langzeit-Großwesir und Schwiegersohn von Sultan Ahmed III. Nicht unähnlich seinen Amtskollegen im restlichen Europa hatte dieser nicht nur als Politiker, sondern auch als eine Art Impresario für die fürstlichen Vergnügungswünsche fungiert. Seine Öffnungspolitik gegenüber dem Westen hatte auch den Versuch beinhaltet, das Militär zu modernisieren, was einer Entmachtung der Janitscharen gleichgekommen wäre. Ibrahim Pascha verlor in der Revolte sein Leben, und Ahmed kehrte in den *Kafes* zurück. Die Tausenden türkischen Tulpensorten, die unter seiner Regierung gezüchtet worden waren, verschwanden nach und nach aus den Gärten Istanbuls. Die kleine Blume wurde endgültig ein Bestandteil der niederländischen Identität.

Die Janitscharen-Revolte von 1730 bot dem eskalierenden höfischen System in Istanbul einen gewissen Einhalt. In Frankreich hingegen entwickelte sich der Hof schon unter dem alternden Ludwig XIV. zu einer Farce, und unter seinen Nachfolgern entkoppelte sich Versailles völlig von den Problemen der Zeit. Trotz eines engmaschigen Netzes von Geheimpolizisten, beeinträchtigt von einer selbstbewussten und starken Staatskirche und eingeklemmt in ein auf Militarismus ausgerichtetes Wirtschaftssystem entwickelten sich im neben Spanien unfreisten europäischen Staat die radikalsten Vorstellungen von Freiheit. Während der Adel bunt kostümiert über die Hügel von Versailles hoppelte, analysierten die *philosophes* in Paris die Grundlagen für die religiös gestützte Adelsherrschaft fort. Frankreich teilte sich in zwei Welten: in eine radikal moderne Welt, deren Ideen selbst im liberalen und fortschrittlichen England und Holland für Aufsehen sorgten, und in eine operettenhafte Adelswelt ohne jeglichen Bezug zu Staat und Volk.

Die Rebellion der Janitscharen gegen Sultan Ahmed III. setzte den schlimmsten Auswüchsen des Hofes in Istanbul zwar ein Ende, aber es war ein Aufstand reaktionärer Kräfte. Während Frankreich auf Grund seines unauflösbaren Konfliktes zwischen adeliger Herrschaftsschicht und Volk auf die Französische Revolution zusteuerte, verwalteten die konservativen Kräfte das Osmanische Reich mit Augenmaß. Der gesellschaftliche Fortschritt bahnte sich in Frankreich explosionsartig seinen Weg, während es in Istanbul schließlich die Sultane selbst waren, die in einer »Revolution von oben« die Macht der Janitscharen und der *Ulema*, der islamischen Rechtsgelehrten, brechen sollten.

Kleines Zwischenspiel im Harem

Die größte Stärke und gleichzeitig die größte Schwäche des Osmanischen Reiches war seine Fähigkeit, über die Jahrhunderte die innere Ordnung aufrechtzuerhalten. Der Haushalt des Sultans im Topkapi-Saray repräsentierte diese Ordnung. So wie sein ganzer Staat bewegte sich auch der Herrscher in einem Ordnungsgefüge, das keine Abweichungen duldete. Der Harem, Auslöser fiebernder europäischer Fantasien, spiegelte die osmanische Gesellschaft. Das arabische Wort *harim* bezeichnet einen »unverletzlichen Bereich«, mit dem auch die für Nicht-Muslime verbotenen heiligen Städte Medina und Mekka bezeichnet wurden. Im häuslichen Bereich war es der Ort, an dem sich Frauen und unmündige Kinder aufhielten. Die europäische Vorstellung vom Harem ist vor allem von jenem des osmanischen Sultans geprägt. Als eine Komponente der *À-la-turca*-Mode des Barock kam die Vorstellung über die erotischen Möglichkeiten der Sultane in den Westen. Auch europäische Herrscher dokumentierten ihren Herrschaftsanspruch gerne mit ihrer Manneskraft. An Mätressen und offiziell anerkannten unehelichen Kindern stieß sich niemand. Erst das aufstrebende Bürgertum verband Lustfeindlichkeit mit Vornehmheit. Je mehr sich in Europa das calvinistisch geprägte Arbeitsethos durchsetzte, desto wilder wurden die Vorstellungen vom Treiben im Harem des Sultans.

Das Leben der frühen Sultane bestand aus viel Krieg, wenig Sex und entsprechend wenigen Nachkommen. Man heiratete gemäß der Staatsräson byzantinische, serbische oder turkmenische Prinzessinnen. Bis zu vier Frauen durfte man nach islamischem Recht haben; dem Sultan wurden noch weitere Konkubinen zugestanden.

Allerdings blieben die Damen brav zu Hause, und der Sultan war meistens im Krieg. Die sexuelle Aktivität der Herrschenden hielt sich also in Grenzen. Mit der Zeit setzte sich der Gedanke durch, dass der Sultan seine Frauen aus der Schar der Sklavinnen aussuchen sollte. Die späten Sultane heirateten überhaupt nicht mehr und hatten nur noch vier sporadisch wechselnde Hauptkonkubinen. Daraus ergab sich die pikante Tatsache, dass Sultane in der Regel von Sklavinnen abstammten.

Die Vorstellung vom Harem des Sultans als Frauengefängnis ist allerdings irreführend. Der gesamte osmanische Hof bestand aus Sklaven, bis hinauf zum Großwesir. Die Haremsdamen bildeten da keine Ausnahme, und in mancherlei Hinsicht waren sie sogar besser gestellt als viele andere. Ein Grundproblem aller Harems, die im arabischen Raum bis in die 1950er-Jahre existierten, bestand darin, dass sie mit den Gesetzen des Islam eigentlich nicht vereinbar waren. Im Harem lebten zwei Personengruppen: die Frauen und die Eunuchen. Kastration und jede Verstümmelung von Mensch und Tier ist im islamischen Recht explizit verboten, doch schon die abbasidischen Kalifen ignorierten das nonchalant, und die osmanischen Herrscher bauten ihren gesamten Haushalt auf den »Verschnittenen« auf. Diese Sklaven, je nach Funktion in weiße und schwarze Eunuchen getrennt, bewachten die Sklavinnen, die von der Putzkraft bis zum Haushaltsvorstand alle anderen Funktionen im Haushalt des Sultans innehatten. Die Eunuchen wurden als Kinder und Jugendliche in brutalster Weise gefangen genommen, kastriert und unter unmenschlichen Bedingungen auf Sklavenmärkten verkauft. Für den Palastdienst bildete man sie sprachlich, protokollarisch und religiös aus und wies ihnen einen klaren Platz zu.

Die Frauen kamen meist noch als Kinder in den Harem. Auch sie waren Kriegsbeute, wurden auf Sklavenmärkten gekauft oder waren Geschenke von Personen, die sich die Gunst des Sultans sichern wollten. Die Mädchen erhielten eine sorgfältige Ausbildung und waren, abgesehen von den Töchtern der Istanbuler Oberschicht, bis ins 19. Jahrhundert die Frauen mit dem höchsten Bildungsniveau im Osmanischen Reich. Das Ausbildungsprogramm für die Frauen des Harems ging wie so vieles auf Mehmed den Eroberer zurück, der damit eine Parallele zur Ausbildung der Staatsbeamten geschaffen hatte. Die Frauen verfügten sogar über ein eigenes Einkommen, das

»Pantoffelgeld«, das jedem Mitglied des Haushalts zustand. Dessen Höhe richtete sich nach dem Status im Harem. Die protokollarisch am höchsten gestellte Person, die Mutter des Sultans, erhielt das Hundertfache einer einfachen Sklavin – eine Gehaltspyramide, die jener in heutigen Konzernen ähnelt.

Der Status im Harem leitete sich direkt von der Gunst des Sultans ab – oder besser gesagt davon, wie man von der *Kahya kadin*, der Haushaltsvorsteherin, protegiert wurde. Wenn man den Status einer *Kadin* erreichte, also zu den vier Favoritinnen des Sultans gehörte, die in etwa den vier im Islam erlaubten Ehefrauen entsprachen, hatte man es geschafft. Das fast bessere Los zogen aber jene Mädchen, die nicht die Gunst des Sultans erlangten, also nicht in das engere Gefolge aufgenommen wurden. Sie wurden nach einigen Jahren freigelassen. Die Freilassung von Sklaven gilt im Islam als gottgefälliges Werk, und auch Sultane wollten schließlich ins Paradies. Der Sultan trat dann als eine Art Brautvater auf. Die Mädchen wurden mit einem ihrem Rang entsprechenden Brautschatz ausgestattet und dann mit osmanischen Würdenträgern verheiratet. Zogen sie es vor, im Haushalt des Sultans zu bleiben, erhielten sie eine Festanstellung mit entsprechender Altersversorgung. So vernetzte sich der Hof beständig mit hohen und niederen Funktionären im Reich. Im Gegensatz zu europäischen Fürstenhäusern verloren die Osmanen auf diese Weise weitaus weniger stark den Kontakt zur Bevölkerung – oder wenigstens zu den Funktionsträgern. Hatte man hingegen die Gunst des Sultans erworben oder ihm sogar Kinder geboren, sah die Zukunft weniger rosig aus. Zwar genoss man für einige Jahre eine äußerst privilegierte Position, im Alter wurden die Favoritinnen allerdings in einen eigenen Saray abgeschoben, der den Spitznamen »Haus der Tränen« trug. Auch das »Haus der Glückseligkeit«, wie der Topkapi-Saray, der offizielle Sitz des Sultans, genannt wurde, war aber kein so komfortabler Wohnort; vor allem war er räumlich sehr beengt. Bis zu 40 000 Menschen drängten sich in der vergleichsweise kleinen Palastanlage. Eigene Zimmer waren ein Privileg, das nur wenigen zustand. Die Bewegungsfreiheit der Mitglieder des Haushaltes war stark eingeschränkt. Selbst das Betreten der Gartenanlage war für die Frauen ein selten gewährtes Vergnügen.

Auch das Sexualleben des Sultans, das die europäischen Gemüter so erhitzte, war bis ins Detail geregelt. Die vier Hauptkonkubinen hatten ein Beischlafrecht, das der Sultan zumindest einmal in der Woche einlösen musste. Tat er es nicht, fielen die Damen aus ihrem Status. Soweit also der Sultan eine persönliche Beziehung zu seinen Frauen hatte, musste er dieser Verpflichtung nachkommen, schon allein um sie vor dem gesellschaftlichen Abstieg zu schützen. Dazu kamen noch einige andere Konkubinen, die ebenfalls beachtet werden wollten. Ein osmanischer Prinz hatte gar keine Möglichkeit, das Repertoire zwischenmenschlichen Verhaltens im Zusammenhang mit Sexualität zu erlernen. Von frühester Jugend an wurde er einfach mit Sex versorgt. Die für alle anderen Menschen obligatorische Verknüpfung von seelischer und sexueller Bindung blieb dabei meist auf der Strecke. Die deutliche Neigung zur Homophilie, die viele osmanische Herrscher an den Tag legten, resultiert vermutlich auch daraus, dass eine freie körperliche und geistige Beziehung mit Frauen fast nicht herzustellen war. Es bedurfte großer Persönlichkeiten wie jener Süleymans und Roxelanes, um dieses »wohlmeinende« System zu durchbrechen.

In seltsam symbiotischer Beziehung bewachten also traumatisierte Eunuchen traumatisierte Mädchen und wurden von ebenso traumatisierten Sultanen beherrscht. Seit dem 16. Jahrhundert hatte man es aufgegeben, die Söhne des Sultans zur politischen Schulung in die Provinz zu schicken, wo sie den Tod des Vaters abzuwarten hatten, bevor sie sich in das mörderische Rennen um die Nachfolge begeben mussten. Das Leben eines osmanischen Prinzen war bis dahin kurz, aber zumindest nicht uninteressant gewesen. Mit der Einführung des *Kafes* verblieben die Prinzen – mit allem Luxus versorgt – im Harem. Der Prinzenkäfig war ein äußerst beengtes Gefängnis und brachte eine große Anzahl seelisch zerrütteter Herrscher hervor. Zu der traumatisierenden Gefangenschaft, in der Sultane große Teile ihres Lebens verbrachten, kam noch das ödipale Verhältnis zu ihrer jeweiligen Mutter. Die *Valide Sultan* war nach dem Herrscher selbst die mächtigste Person im Reich; zumindest protokollarisch stand sie noch über dem Großwesir. Sofern sie nicht von ihren Männern und Söhnen freigelassen wurde, war sie in der Regel eine Sklavin mit ungeheurer Machtfülle.

Die Beziehung zwischen Müttern und Söhnen war schon deshalb sehr intensiv, weil das Schicksal der Mutter direkt mit dem des Prinzen verbunden war. Das begann mit einem notwendigen Übermaß mütterlicher Sorge: Über Jahrhunderte mussten Mütter osmanischer Prinzen mit der Angst leben, dass ihre Söhne im Rahmen des Machtkampfes um den Thron getötet werden würden. Später, in der Zeit des *Kafes*, hing ihr Schicksal stark von der Fortüne des Prinzen ab. Die Alternativen hießen: Sultansaray oder »Haus der Tränen«. Hatte es eine Mutter wieder zurück in das »Haus der Glückseligkeit« geschafft, kam ihr eine einmalige Rolle zu. Sie kontrollierte den gesamten Harem und, gemäß dem Protokoll, bis zu einem gewissen Grad den Zugang zum Sultan selbst. Nicht einmal die *Kadins*, die vier Favoritinnen, hatten das Recht, unaufgefordert mit dem Sultan zu sprechen. Auch hatten sie, im Gegensatz zur Mutter des Sultans, keinen Zugang zu den Gemächern des Herrschers. Im Topkapi-Saray bewohnte die *Valide Sultan* das Appartement direkt neben ihrem Sohn, und über die Bäder gab es auch eine entsprechende Verbindung. Die Quartiere der Frauen und Konkubinen konnte sie von ihrer Wohnung aus gut im Blick behalten. Außerdem hatten die Sultansmütter eigene Ländereien und Vermögen, und über wohltätige Stiftungen beeinflussten sie die politischen Abläufe. Im 17. Jahrhundert beherrschten Sultansmütter wie Banu oder Kösem Mahpeyker, in deren Schatten zwei Sultane lebten, de facto das Osmanische Reich. Und es war Aimée du Buc de Rivéry, die Cousine von Josephine Bonaparte und Mutter von Sultan Mahmud II., die hinter den Reformen ihres Sohnes stand, der das Reich weiter nach Westen öffnete.

Die einzigen Personen, die in ihrer persönlichen Freiheit vom Haremssystem profitierten, waren die Prinzessinnen, die *Sultanas*. Als Kinder und Jugendliche standen sie außerhalb des Nachfolgerennens und damit außerhalb des Verdachtes, potenziell gefährlich zu sein. Sie waren die einzigen Familienmitglieder, mit denen man unbefangenen Umgang pflegen und gefahrlos persönliche Beziehungen aufbauen konnte. Und sie hatten die Chance, beizeiten dem Harem zu entkommen. Wie ihre europäischen Kolleginnen waren sie vor allem dafür vorgesehen, das Herrscherhaus durch Heirat abzusichern. Anders als die christlichen Prinzessinnen wurden sie aber innerhalb des osmanischen Staatsapparates verheiratet, und das verschaffte ihnen Spielraum. Die meist sehr alten Würdenträger, die sich nach Ansicht der Hohen Pforte eine Prinzessin verdient hatten, mussten dieses Privileg teuer erkaufen. Der Standesunterschied zwischen einem Sklaven – selbst wenn er Großwesir war – und einem Abkömmling des Hauses Osman blieb immer bestehen. Der Bräutigam verpflichtete sich zur Monogamie; wenn er schon Frauen hatte, musste er sich von ihnen trennen. Dann musste er der *Sultana* einen eigenen Palast bauen und sie finanziell absichern. Die Hochzeitsnacht war ein einziges beiderseitiges Demütigungsritual: Alte Männer näherten sich kriechend jungen verängstigten Mädchen und mussten unter viel demütigem Getue zu ihrem Ehevollzug kommen. War dies geschehen, wandten sich die Eheleute meist erleichtert voneinander ab. Durch den Altersunterschied wurden die *Sultanas* zumeist rasch zu Witwen und genossen ein relativ unabhängiges und unreglementiertes Leben. Seit der Tulpenzeit führten diese Prinzessinnen Salons nach französischem Vorbild, in denen sich jene Kräfte versammelten, die das Heil des Staates in der Verwestlichung sahen.

Die »Welt da draußen« verlor nicht nur für die Bewohner des Harems zusehends an Bedeutung, auch die Eliten des Landes koppelten sich immer mehr von ihrem Staat ab. Der Erfolg des Osmanischen Reiches beruhte vor allem auf Militär und Verwaltung, und beides hatte sich strukturell überlebt. Die Marksteine, die Mehmed II. gesetzt hatte, wurden nicht mehr beachtet. All das, was die frühen Osmanensultane angesichts der Lehren aus dem Untergang des Byzantinischen Reiches vermeiden hatten wollen, trat nun ein. Titel- und Ämterhandel machten sich breit, alles drehte sich nur noch um das Hofleben und um Palastintrigen. Die Meritokratie, also der gesellschaftliche Aufstieg auf Grund von Verdiensten, verlor an Boden. Wie im alten Byzanz setzte eine Feudalisierung ein: Die *Timare* wurden erblich, die Versorgung der eigenen Familie rückte an die erste Stelle.

Die Menschen unterliefen die unmenschliche Klarheit, nach der das osmanische System in der Theorie funktionieren sollte. Die Janitscharen erhielten schon Mitte des 16. Jahrhunderts die Erlaubnis zu heiraten; schließlich erreichten sie sogar, dass ihre Nachkommen zwingend in das Janitscharenkorps aufgenommen wurden. Auch die Reiterei, die mit ihren *Timaren* einen großen Teil des Inlandsproduktes erwirtschaftete, wollte ihre Kinder versorgt wissen. Wie schon in Byzanz entwickelte sich die Auseinandersetzung zwischen der tragenden Bevölkerungsschicht und dem Herrscherhaus zu einem nicht enden wollenden Prozess. Dazu kam die fast schon erstickende Ordnung und fehlende Dynamik in der Verwaltung. Jeder stand auf seinem Platz, jeder war durch eine rigide Kleiderordnung auch äußerlich in seinem Status definiert. Die Beamten rückten nach Dienstalter und nicht nach Verdienst auf. Es war eine gemütliche Welt – überschaubar, berechenbar und nicht überraschend. Das Problem war bekannt. In der *Abhandlung des Mustafa Koçi Bey* wurden schon Mitte des 17. Jahrhunderts all diese Fehlentwicklungen aufgezählt. Auch die Osmanen hatten ihre Aufklärer, doch die Beharrungskräfte innerhalb des Apparates wussten jeden Reformansatz zu vereiteln. Janitscharenaufstände und damit verbundene Absetzungen des jeweiligen Sultans destabilisierten sogar die Hauptstadt und sorgten gleichzeitig dafür, dass sich an den Prinzipien der Staatsführung nichts änderte.

Die Osmanen hatten vor allem ihre Provinz vernachlässigt. Strukturelle oder andere wirtschaftsfördernde Maßnahmen unterblieben vollständig. Dazu kam, dass die Funktionsperioden der Steuerpächter immer länger und die Provinzen dadurch systematisch ausgebeutet wurden. Schon um 1600 begann Konstantinopel die Kontrolle über Anatolien zu entgleiten. Osmanische Gouverneure hielten sich eigene Truppen, um Steuern einzutreiben und die staatliche Ordnung aufrechtzuerhalten. Jeder neue lokale Machthaber brachte seine eigenen Söldner mit und entließ die Vorgänger. Mit der Zeit trieb sich eine brotlose Soldateska in Anatolien herum, die sich organisierte und schließlich ganze Landstriche und Städte kontrollierte. Dies war ein gegengleicher Prozess zu den abendländischen Staaten, die es zur selben Zeit endlich schafften, ihr Militär in den Staatsapparat zu integrieren.

Das Expansionssystem der Türken war vom Erfolg abhängig; Beute war ein Teil des Staatssystems. Erfolglosigkeit trieb den Staat in die Rezession. Die geringer werdenden finanziellen Möglichkeiten verführten die Regierenden dazu, Leistungen wie die Ausstattung der Armee immer öfter unbezahlt zu lassen. Das schwächte die Wirtschaft zusätzlich, und so waren Kriege für die Kapitalmärkte Europas Phasen der Hochkonjunktur, während sie die Osmanen in die Rezession trieben. Die regionalen Unterschiede waren sehr groß: Im rumelischen, europäischen Teil blühte eine starke Exportwirtschaft, die einerseits Getreide und Vieh in den Westen verkaufte, andererseits mit ihren Baumwollstoffen bis nach Indien Handel trieb. Gerade diese Reichsgebiete gingen Stück für Stück an die neuen Mächte

Habsburg und Russland verloren. Der andere prosperierende Teil des Reiches, Ägypten, zeigte ebenfalls Abspaltungstendenzen: Die mamelukischen *Karimi*-Kaufleute, die alten Handelspartner Venedigs, hatten das Land wirtschaftlich nach wie vor im Griff. Sie versorgten das Reich mit Gewürzen und Kaffee, und die landwirtschaftlichen Flächen produzierten trotz zunehmender Vernachlässigung des Kanalsystems immer noch ausreichend Baumwolle und Zuckerrohr. Schließlich verbündeten sich die Mameluken sogar mit Russland. Das Osmanische Reich verlor zwar die Herrschaft über die Krim und die Ukraine, konnte aber Ägypten gerade noch halten. Während das Reich bröckelte, verkam das Herrschaftszentrum nicht nur in der Wahrnehmung seiner ehemaligen Feinde in Europa zusehends zur Operette.

À la turca

Der preußische König Friedrich der Große spottete: »Datteln essen gehört in Berlin zum guten Ton, und die Gecken pflanzen sich einen Turban aufs Haupt.« Anlass für die Bemerkung des »Alten Fritz« war die grassierende Türkenmode, die sich anlässlich der ersten Gesandtschaft der Hohen Pforte in Berlin breitmachte. Mitte des 18. Jahrhunderts setzte sich im Osmanischen Reich der Gedanke durch, dass Reformen nach europäischem Muster hermussten. Vor allem das Kernstück des Staates, das Militär, brauchte dringend eine neue Ausrichtung. Dabei ging es nur zum kleinen Teil um Ausrüstung und moderne Organisationsform – das Militär an sich, vor allem die Janitscharen, hatte sich in ein Problem verwandelt.

Das Janitscharenkorps wuchs beständig, aber die Kosten für seinen Unterhalt konnten vom Staat nicht mehr aufgebracht werden. Der Krieg ernährte seine Kinder, die Janitscharen, nicht mehr – es wurde schlicht und einfach zu wenig Beute gemacht. Die Soldaten suchten Nebenbeschäftigungen in diversen Handwerken, und sie entdeckten, wie lukrativ es sein konnte, Bürger zu »beschützen« – oder anders ausgedrückt: Es kam zu organisierter Schutzgelderpressung. In Kairo geschah das schließlich in einem Ausmaß, das den unteren

Einkommensschichten jede Existenzgrundlage entzog. Die Sultane erkannten das Problem. Seit die Janitscharen kein keuscher Kriegerorden mehr waren, sondern die Erlaubnis hatten, zu heiraten, galt es auch noch Familien zu versorgen. Entsprechend hartnäckig waren ihre Bemühungen, den Staat unter Kontrolle zu bekommen. Militärreformen im westlichen Sinn waren die Antwort der Zentrale. Einer der kompetentesten Artillerieoffiziere Prinz Eugens, Claude de Bonneval, kam nach wechselvollem Schicksal schließlich nach Istanbul. Er konvertierte zum Islam und reformierte als Humbaracı Ahmed Pascha die osmanische Artillerie. Plötzlich siegten die Truppen wieder. Allerdings fühlten sich die Janitscharen dadurch bedrängt und hebelten die Erneuerungsbewegung aus.

Auch die Delegation, die sich in den 1760er-Jahren zu Friedrich dem Großen bemühte, hatte vor allem Militärreformen und -bündnisse im Sinn. Ahmed Resmi Efendi, der Leiter der Delegation nach Preußen, führte einen seinem Amt angemessenen Stab mit sich. »Sie fressen mir die Haare vom Kopf«, soll der »Alte Fritz« geklagt haben. Bei der Bevölkerung kamen die Türken, die über ein halbes Jahr in Berlin blieben, allerdings gut an. Man hörte die donnernde Janitscharenmusik, die später nicht nur von der preußischen Militärkapelle aufgenommen wurde, sondern auch die klassische Musik verändern sollte; und einige Enthusiasten versuchten, mit dem Pascha in das Osmanische Reich zurückzukehren. Auch der preußische Staat hatte »osmanische Fantasien«: Man wollte türkische Handwerkerfamilien in den durch den schlesischen Erbfolgekrieg entvölkerten neuen Gebieten ansiedeln. Friedrich der Große träumte von Plansiedlungen, in deren Mitte Moscheen mit Gemeindezentren errichtet werden sollten. Türkisches Handwerk und osmanische Verwaltung hatten immer noch einen guten Ruf.

Das europäische Interesse an den Osmanen reichte in jene Tage zurück, als sie noch eine Bedrohung gewesen waren. Man wollte »den Feind verstehen« und vor allem herausfinden, was ihn so erfolgreich machte. Dieses Anliegen war durch Herren wie den Tulpenfreund Ghislain de Busbecq oder den Reisenden Salomon Schweigger eher unsystematisch betrieben worden. Da die Venezianer im Zentrum des Osmanischen Reiches fest verankert waren und durch eine eigene Sprachschule auch in der Möglichkeit der direkten Kommunikation die Nase vorn hatten, ergab sich für den Westen, insbesondere für das

Römisch-Deutsche Reich, Aufholbedarf. Der Rheinländer Johannes Löwenklau erkannte als erster unabhängiger Gelehrter, dass »türkische Sachen vor dieser Zeit durch niemanden erklärt sind, sodass man daraus genügsamen Bericht schöpfen künd«. Also schuf er »mit großen Unkosten, Müh und Arbeyt« die *Annales Sultanorum Othmanidarum*, einen geografischen, ethnografischen und geschichtlichen Überblick über das frühe Osmanenreich. Löwenklau bereiste 1584 das Herrschaftsgebiet des Sultans und wertete darüber hinaus auch andere Quellen aus. Die Türkengefahr wurde zum Motor einer ersten intensiven Beschäftigung mit dem Gegner.

Noch vor der zweiten Türkenbelagerung von Wien gab es an der dortigen Universität erste Vorlesungen in Orientalistik. Ein Meilenstein für die kulturelle und politische Annäherung war das erste türkisch-lateinische Wörterbuch, das der als Francisci à Mesgnien in Frankreich geborene Franciszek Meninski 1680 in Wien publizierte. Meninski, der in seiner Jugend nach Polen emigrierte, verbrachte in Begleitung des polnischen Gesandten drei Jahre in Istanbul. Als junger Mann, der sich die Sprache seiner neuen Heimat erarbeiten musste, hatte Meninski bereits eine polnische Grammatik geschrieben. Diese Notwendigkeit erkannte er nun auch für die Kommunikation mit den Türken. Er schuf damit die Voraussetzungen für die neue wissenschaftliche Orientalistik, die sich vor allem in Wien und Paris entwickeln sollte. Die Nähe zum Osmanischen Reich und der große Nachholbedarf im Wissen über den ehemaligen Feind ließ im kaiserlichen Wien das Interesse an der Orientalistik schnell wachsen. Kaiserin Maria Theresia gründete die Orientalische Akademie, damit »fähige Jünglinge in den nötigen Sprachen des Orients und des Okzidents und außerdem noch in allen Wissenschaften, die zur Bewahrung der kommerziellen und politischen Interessen im Oriente geschickt machen möchten«, ausgebildet würden – ein klarer, praktisch ausgerichteter Auftrag, der durch das umfassende Archiv der Akademie schnell zur wissenschaftlichen Beschäftigung führte. Einer der Schüler war Josef von Hammer-Purgstall, der sich zu einem der wichtigsten Orientalisten entwickeln sollte. Er erkannte den wissenschaftlichen Wert des Archives osmanischer Schriften in Wien und verhinderte während der napoleonischen Besatzung dessen Plünderung durch französische Orientalisten. »Die Türken leben uns nahe genug, aber wir kennen sie doch nicht hinlänglich«, hatte schon Voltaire festgestellt. »Fast alles, was man über ihre Religion und ihre Rechtsgelehrsamkeit gesagt hat, ist falsch.« Voltaire bezog sich in seiner Kritik am Wissen der Zeit vor allem auf die *Lettres persanes,* die »Persischen Briefe« von Montesquieu. Die Aufklärung benützte einen fiktiven Orient, um Kritik am eigenen Gesellschaftssystem zu üben. Als Aussage über die realen Nachbarn im Osten, die seit dem Frieden von Passarowitz ihren Schrecken verloren hatten, taugten diese Publikationen aber nicht.

Europa war im Türkenfieber, und der letzte Schrei an den Höfen des 18. Jahrhunderts war die *tuerkische Manier*. Modebewusste Teile der Oberschicht – im Jargon des »Alten Fritz« die »Gecken« – bemühten sich um türkische Lebensart oder zumindest um das, was sie dafür hielten. Die produzierende osmanische Wirtschaft reagierte flexibel, und der Export von Tuchwaren stieg vor allem nach Frankreich sprunghaft an. Was die Authentizität der Ware betraf, nahmen es Händler und Kunden nicht übergenau. Eines der beliebtesten Stoffmuster war die Fälschung von ursprünglich indischen Vorlagen, die eigentlich als kostengünstige Alternative für den osmanischen Markt gedacht waren. Das europäische Publikum bemerkte davon nichts.

Auch die *türkische Musik,* die in Europa schon im frühen 18. Jahrhundert populär wurde, hatte nur in geringem Ausmaß mit den Originalen zu tun. Die Tradition der eigentlichen türkischen Musik geht in vorosmanische Zeit zurück, und Kapellen hatten dort immer auch eine protokollarische Bedeutung. Der Status einer Person ließ sich aus der Besetzung und Größe seiner Musikkapelle ableiten. Als *Osman Ghāzī* von seinem seldschukischen Oberherrn zum *Bey,* also zum eigenständigen Fürsten, ernannt worden war, erhielt er als Zeichen seiner hoheitlichen Macht Schwert, Rossschwanz und eine Trommel (*tabl*). Selbst als es keine seldschukischen Oberherren mehr gab, hörten osmanische Sultane aus Respekt für die Vorgängerdynastie das Konzert der *tabl* immer stehend an. Erst Mehmed der Eroberer brach mit dieser Tradition. Die *mehterhâne,* die türkische Musikkapelle, die ab dem 15. Jahrhundert eine einheitliche Besetzung hatte, wurde in Europa als »Janitscharenkapelle« bekannt. Die Standardbesetzung der *mehterhâne* bestand aus kleineren und größeren Trommeln, Pauken, Becken, Trompeten und Schalmeien. Allerdings waren diese Kapellen nicht ausschließlich für die militärische Verwendung gedacht. Da die Sultane den größten Teil ihres Lebens in Feldlagern verbrachten – ihre Residenzen waren eher Urlaubs- als Wohnort –, hatte die *mehterhâne* weitreichendere Aufgaben. Sie unterhielt Sultan und Truppe und wurde für diplomatische Missionen eingesetzt. Der Standard war hoch, und die permanenten Feldzüge gingen mit einer beständigen Weiterentwicklung der Musik einher.

Vor allem die hohe Dramatik osmanischer Musik hatte es den europäischen Gegnern der Osmanen angetan. Man übernahm die Instrumentierung und das musikalische An- und Abschwellen, das den Sound der *mehterhâne* so unverwechselbar machte. Jeder Fürst, der auf sich hielt, hatte bald eine türkische Kapelle. Trendsetter wie der sächsische Kurfürst August der Starke, der es auch nicht verabsäumt hatte, eine hübsche Türkin aus der Kriegsbeute vor Wien zu seiner Geliebten zu erwählen, machten den Anfang. Schon 1699 wurde in Dresden auf erbeuteten Instrumenten gespielt. Allerdings war die Herkunft der Musiker nur bedingt orientalisch, und die Kenntnisse osmanischer Musik beruhten auf Hörensagen. Findige Kapellmeister befriedigten die fürstlichen Bedürfnisse mit erfundenen Orientalismen. Der Dichtermusiker Christian Friedrich Daniel Schubart, der während einer Festungshaft *Ideen zu einer Ästhetik der Tonkunst* verfasste, berichtete, dass die europäischen Bemühungen um die türkische Musik bei den Osmanen nicht auf große Resonanz stießen: »Als man dem türkischen Gesandten in Berlin, Achmet Effendi zu Ehren, ein türkisches Concert aufführte, schüttelte er unwillig den Kopf, und sagte: ›Ist nicht türkisch!‹ – Seit dem aber hat der König von Preußen wirkliche Türken in seine Dienste genommen, und die wahre türkische Musik bey einigen seiner Regimenter eingeführt. Auch zu Wien unterhält der Kaiser ein treffliches Chor türkischer Musikanten, die der große Gluck bereits in den Opern gebraucht hat.«

Der Einfluss auf die europäische Kunstmusik war eher indirekter Natur. Man übernahm die Pauken, räumte den Bläsern eine eigenständige Bedeutung ein und verließ vor allem Schritt für Schritt die strenge und einengende Ordnung der barocken Komposition. Farbiger, lebendiger und voller Emotionen wurde die Musik. Das musikalische An- und Abschwellen türkischer Kapellen wurde im Symphonieorchester zum *crescendo*. Johann Stamitz begründete die Mannheimer Schule, die Wegbereiterin der Klassik. Die Ausdruckskraft der sinfonischen Musik wurde verstärkt. *Mannheimer*

Seufzer, Mannheimer Rakete oder *Mannheimer Walze* schufen neue Ausdrucksmittel. Empfindsamkeit und Leichtigkeit, wie sie durch die beliebten Romane des Aufklärers Jean-Jacques Rousseau schon in ganz Europa populär waren, wurden Werte in Komposition und Darbietung. Komponisten wie Wolfgang Amadeus Mozart nahmen diese neuen Trends begierig auf. Wenn die Musik *türkisch* war, dann war sie wild und ungebändigt, »sodass die Frauenzimmer erschraken«, so ein zeitgenössischer Bericht. Häufige Wechsel zwischen Dur und Moll und die Lautstärkenkontraste, die auch durch das neumodische Hammerklavier unterstützt wurden, schufen einen völlig neuen Sound. Es war vor allem die Militärmusik, die direkt vom osmanischen Einfluss profitierte. Alles, was wir heute als typische Militärkapelle kennen, geht auf diese Zeit und diesen Einfluss zurück. Als das Janitscharenkorps wegen seiner unablässigen Putschversuche 1826 blutig aufgelöst wurde, verschwand vorübergehend auch die typische osmanische Militärmusik. Es kam jedoch zu einer Wiedereinführung aus Europa: Giuseppe Donizetti, der Bruder des berühmten Opernkomponisten Gaetano, wurde als *Donizetti Pascha* zum obersten Hofmusiker des Osmanischen Reiches. Er brachte die weiterentwickelte Instrumentierung zurück nach Istanbul, führte die westliche Notenschrift ein und gründete das erste Symphonieorchester, das heute noch als *Orchester des türkischen Präsidenten* in Ankara existiert.

Zur Kriegsbeute vor Wien gehörten aber nicht nur Instrumente, sondern auch Menschen, die als Kuriosa an europäischen Höfen gehalten wurden. Bei einer großen »Türkentaufe« in Berlin bekamen 15 Personen preußische Namen. Sie wurden in den Hofdienst übernommen und erhielten Vertrauenspositionen. Bekannt wurden die beiden »Kammertürken« Friedrich Hassan und Friedrich Aly. Ein Nachfahre Alys, der Historiker Götz Aly, ist heute ein namhafter Erforscher der NS-Geschichte. Die erste eigenständige türkische Gemeinde in Berlin ging aus einer kleinen Gruppe von Soldaten hervor, die König Friedrich Wilhelm I. geschenkt bekam. Man erlaubte den Soldaten, ihre Religion auszuüben, und richtete ihnen in der Kaserne einen eigenen Betraum ein. Allerdings wurden sie – um den Dienstablauf nicht zu stören – gezwungen, ihren Feiertag vom Freitag auf den christlichen Sonntag zu verlegen. Der wohl berühmteste Wiener »Türke«, Angelo Soliman, war jedoch gar keiner. Er stammte vermutlich aus dem Tschad und wurde als Geschenk nach Wien gebracht. Angelo Soliman eignete sich großes Wissen an. Er stieg zum Erzieher des Prinzen von Liechtenstein auf, wurde Mitglied einer Freimaurerloge und Gesellschafter von Kaiser Joseph II. Sein Enkel war der Literat und Bergbauingenieur Eduard von Feuchtersleben. Doch wahre Integration fand nicht statt: Nach seinem Tod wurden Solimans sterbliche Überreste ausgestopft, und der *Mohr* wanderte ins kaiserliche Kuriositätenkabinett.

Es galt auch als besonders schick, sich in türkischer Tracht malen zu lassen. Dem französischen Maler Jean-Étienne Liotard, der einige Jahre in Istanbul lebte, gelang es, das *türkische Porträt* zu professionalisieren. Er führte einen ganzen Fundus originaler und auch nach westlichen Modevorstellungen adaptierter Kostüme mit sich. Liotard reiste von Hof zu Hof und malte die gekrönten Häupter der Zeit in türkischen Outfits.

Durch die Eroberungen im Südosten Europas kamen Bevölkerungsgruppen unter habsburgische Herrschaft, die über Jahrhunderte osmanisch verwaltet gewesen waren. Und mit diesen Menschen kam der türkische Lebensstil. Die Badekultur und vor allem Nahrungsmittel und Konsumgüter begannen Europa zu erobern. Obwohl es schon vor der zweiten Türkenbelagerung von Wien armenische Kaffeehäuser gegeben hatte, setzte der Boom erst danach ein. Das Kaffeegetränk, dessen bitterer Geschmack anfangs gar nicht gut ankam, entwickelte sich zum Modegetränk des Barock. Die scharfzüngige Liselotte von der Pfalz, eine Schwägerin von Ludwig XIV., beschwerte sich über den Rußgeschmack und den schlechten Atem, den das neumodische Getränk, das sie aus medizinischen Gründen trinken musste, machte: »Es wird mir davon ganz kotzerich!« Ein deutscher Zeitgenosse, der das Getränk in Versailles kennenlernte, hatte sogar richtiggehend Angst vor dem Kaffee: »Der an solchen Genuss nicht Gewöhnte fürchtet um seine Nerven!«

Das aufputschende Getränk wurde zuerst von Derwischen im Südosten des Osmanischen Reiches genutzt, um eine mystische Verschmelzung mit Gott zu erreichen. Das brachte natürlich die islamische Orthodoxie in Opposition zum Kaffeegenuss. Verschiedene islamische Rechtsgutachten bezeichneten Kaffee als Unrat und lehnten den Konsum entschieden ab. Der Popularität des Getränkes tat das aber keinen Abbruch. Schnell entstanden Kaffeehäuser, die sich zu Vergnügungsstätten entwickelten. Sultan Murad IV. ließ im 17. Jahrhundert Kaffeehäuser und das Rauchen verbieten; die Strafe bei Zuwiderhandeln war Enthauptung. Murad befürchtete vor allem, dass bei dem gesellschaftlichen Zusammensein auch politische Inhalte diskutiert werden könnten. Das »Laster«, sowohl des Kaffeetrinkens als auch des Diskutierens über den osmanischen Staat, hatte sich allerdings schon durchgesetzt, und in Istanbul entstand ein blühender Schwarzmarkt. Nach Murads Tod kam es zu keinen Einschränkungen mehr.

Die europäische Kaffeekultur war vorerst höfisch. Erst mit der Erschließung neuer Handelswege wurde das Modegetränk so billig, dass es für weite Teile der Bevölkerung interessant wurde. Das rief dann auch die europäischen Tugendwächter auf den Plan, und man unterstellte dem Kaffee verheerende moralische Auswirkungen. »Warum schreiet der Säugling und lärmen seine Geschwister die ganze Nachbarschaft voll? Warum lernen diese Knaben zu Hause nichts, und warum haben jene Mädchen verdächtigen Zuspruch? Vater und Mutter trinken anderswo Kaffee!«, beschwerte sich etwa der Ökonom Johann Georg Krünitz. Doch trotz einiger Verbote und Einschränkungen setzte sich das türkische Getränk durch – ebenso wie Mais, der über die Osmanen nach Zentraleuropa kam; der Paprika als künftige identitätsstiftende Pflanze der Ungarn; die Salamis von armenischen Selchern; der Tabak, der in Europa zuerst auf osmanischem Gebiet gepflanzt wurde; sowie Süßspeisen. Morgensuppe oder Morgenbrei wurden zunehmend durch den Kaffee ersetzt, dazu aß man Gebäck. Aus dem Schrecken des Abendlandes war die Vorlage für Modetrends geworden. Und auch wenn man im 19. Jahrhundert gerne postulierte, dass »der kranke Mann am Bosporus« nur noch vor sich hindämmere, liefen die grundlegenden gesellschaftlichen Entwicklungen auch weiterhin synchron ab.

IV.

Tanzimat / Neuordnung: Von 1839 bis in eine Gegenwart, die sich wieder auf religiöse Grundlagen zu berufen versucht

Das Gespenst der Freiheit

Im Zeitalter der Französischen Revolution entwickelte sich jene Grundsituation, die auch heute noch das Verhältnis von Orient und Okzident bestimmt. Da in den vergangenen beiden Jahrhunderten hauptsächlich das Abendland agierte und das Morgenland reagierte, ist man gewohnt, das Verhältnis der beiden Erdteile als sehr einseitig zu betrachten. Der Kolonialismus und die drückende technologische Überlegenheit des Westens vermitteln den Eindruck, dass die eine Hemisphäre die andere zusehends vereinnahmen konnte. Doch trotz der in der jüngeren Geschichte klaren Dominanz des Abendlandes, dessen oft widersprüchliche Vorgaben sich zusehends zur globalen Leitkultur entwickelten, wurden viele zukunftsweisende Trends durchaus selbstständig im Orient geschaffen. Vieles wie die Industrialisierung des alten Wirtschaftsstandortes Ägypten wurde nur aus dem europäischen Hegemonialstreben heraus verhindert. Und auch große gesellschaftliche Entwicklungen wie der varianten- und fintenreiche Versuch, zu verhindern, dass die Moderne in der gesellschaftlichen Mitte ankommt, gehör(t)en zur »großen Parallelaktion« von Orient und Okzident. Seit gut 200 Jahren werden Neoabsolutismus, Nationalismus, Faschismus, obskure pseudoreligiöse Kulte, wiedererwachte christliche und islamische Identitäten, Esoterik und sogar ein ins Kultische überhöhtes Wirtschaftsdenken aufgeboten, um sich der klaren, aber schmerzhaften Ansage der Aufklärung zu widersetzen, dass wir allein in diesem Kosmos sind und über unsere Geschicke selbst bestimmen müssen. All diese »Ismen« und Konzepte lassen sich auf den kleinsten gemeinsamen Nenner eines einzigen »Ismus« reduzieren: den Paternalismus, also den Wunsch, von irgendjemandem oder irgendetwas bevormundet und geleitet zu werden. Diesem zutiefst menschlichen Wunsch, Teil eines größeren Ganzen zu sein und darin aufzugehen, trug auch die Aufklärung Rechnung. Doch der von ihr angebotene »Ismus«, der reine Materialismus, war von so erschreckender Kargheit und in letzter Konsequenz so unsinnlich, dass er sogar von vielen Aufklärern relativiert wurde.

Den Anfang nahm das philosophische Denken der Aufklärung in einem finsteren Keller der Unterdrückung, dem Frankreich von Ludwig XIV. Kirche und König hielten dort alle Fäden der Macht in der

Hand. Wer politisch ausscherte, geriet unweigerlich in die Maschinerie von Geheimpolizei und politischer Justiz. Immer mehr Menschen beschlich das Gefühl, dass die Aufgabe, für Ordnung und Sicherheit zu sorgen, bei Kaisern, Königen und Sultanen nicht in den besten Händen lag. Die Nähe zwischen militärischem Apparat und Herrscherhaus ließ die Herrschenden ihre Ressourcen immer mehr gegen die Beherrschten richten. Der Verdacht lag nahe, dass man im Lauf der Geschichte den Bock zum Gärtner gemacht hatte. Die Zustände waren derart bedrückend, dass sie einen der radikalsten Aufklärer, den Dorfpfarrer Jean Meslier, zu der Aussage brachten: »Die Welt kann nicht glücklich werden, bevor nicht der letzte König mit dem Darm des letzten Priesters erdrosselt worden ist!«

Mesliers Schriften, die er in ländlicher Abgeschiedenheit hinter den verschlossenen Türen seines Pfarrhauses verfasste, wurden erst posthum publiziert – und zwar von einem Mann, der durchaus einen Weg fand, liberales und fortschrittliches Gedankengut zu verbreiten, ohne dafür Priester ausweiden zu müssen: François-Marie Arouet, genannt Voltaire. Sein Ausweg hieß *esprit* und Naturwissenschaft. Das französische Unterdrückungssystem verstand nämlich die neuen Naturwissenschaften nicht als politisch – ganz im Gegensatz zur Kirche, die schnell verstand, dass Erkenntnisse über das Universum auch auf das gesellschaftliche Denken rückwirkten. In Versailles dagegen ging brutale Autokratie mit regem Interesse an wissenschaftlichen und literarischen Neuigkeiten einher. Schaffte man es, einen Gedanken mit Geist vorzutragen, hatte man ihm sozusagen die Lebensberechtigung gegeben; da war die Radikalität des Inhalts oft zweitrangig. Und Geist und Form konnte Voltaire in hohem Maß bieten. Alle Ikonen der Aufklärung wie Voltaire, Diderot oder Rousseau waren geistig beweglich, im Gespräch unterhaltsam und vor allem stilistisch herausragend. Auf diese Weise erreichte das Denken der Aufklärung in Form populärer Romane sein Publikum. Die Geduld des Systems war jedoch nicht endlos: Rousseau und Voltaire verbrachten den Großteil ihres Lebens außerhalb der Reichweite des französischen Staates, und Denis Diderot, der Herausgeber der ersten Enzyklopädie, war zeitweise im Gefängnis eingesperrt und mit Publikationsverbot belegt.

Der Sündenfall des freien Geistes, die Relativierung der Erkenntnis, wurde schon von Voltaire selbst vollzogen. Ihn erreichte der

Nachlass von Jean Meslier: eine bittere, aggressive Abrechnung mit Gott, Staat und Kirche. Voltaire publizierte die Schriften des Dorfpfarrers zwar, allerdings stark zensuriert und ihrer Radikalität mehr oder minder beraubt. Wie die meisten Aufklärer glaubte Voltaire an ein Bildungsideal. Solange das Volk nicht in seinem Wissen mit den Aufklärern gleichzog, schien Erkenntnis in letzter Konsequenz für die Massen unzumutbar. Der radikalen demokratischen Ordnung, die durch die Französische Revolution geschaffen wurde, standen die Aufklärer – die großteils vor dem magischen Jahr 1789 verstarben – skeptisch gegenüber. Pöbelherrschaft und die blutrünstige Diktatur Robespierres schien ihnen recht zu geben.

Die Aufklärer, allen voran der Pionier Voltaire, aber dann vor allem die Materialisten und Atheisten Denis Diderot, Guillaume Raynal, Paul Thiry d'Holbach, Friedrich Melchior Grimm und der große »Emotionalisierer« Jean-Jacques Rousseau, verabschiedeten sich von einem Weltbild, das auf tradierter Ordnung beruhte. Die Natur und die natürlichen Rechte des Individuums rückten in den Vordergrund. Man versuchte, sich vom Königshaus abzusetzen. Das ging so weit, dass Rousseau eine königliche Rente – damals die einzige Möglichkeit für einen Menschen ohne persönliches Vermögen, halbwegs sorgenfrei zu leben – ausschlug. Rousseau, der großes Talent zur Selbstinszenierung mitbrachte, stilisierte sich vor einem begeisterten europäischen Publikum zum prinzipientreuen Opfer absolutistischer Verfolgung. Ein empfindsamer Mensch trotzte *coram publico* der Unterdrückung von Staat und Kirche. Rousseaus Beispiel trug alle Züge von religiösen Erlösungslehren, wie sie seit den Zeiten Zarathustras bekannt waren: Ein Opfer, gereinigt durch Leiden, erhebt sich am Ende in einen vergöttlichten Zustand. Die Mechanismen wurden, unter Missachtung der eigentlichen, rein rationalistisch geprägten Aufklärung, die durch Holbach und Diderot repräsentiert wurde, vermenschlicht und von religiösen Dogmen entkoppelt. Das »Gefühl« überlagerte die brillante Kühle der modernen Philosophie und erschloss der Aufklärung ein großes Publikum.

Voltaire, unerbittlich in seiner Kritik an den Auswüchsen der religiösen Institutionen, wollte den beruhigenden Gedanken, dass es hinter allem Sein einen ordnenden Sinn gab, nicht aufgeben. Sein »Ismus« wurde der Deismus, eine Position, die schon die Neuplatoniker eingenommen hatten, als sie Gott und die göttlichen Offenbarungen in eine möglichst große Abstraktion uminterpretierten. Das veränderte zwar viel, ließ aber gleichzeitig das Grundprinzip unangetastet. Diese »Aufklärung light« entwickelte sich zur größten Kraft der Veränderung. Sie beließ aber genau jenen Konflikt ungelöst, der uns heute noch beschäftigt: jenen zwischen dem wissenschaftlichen Materialismus und der Vorstellung eines höheren Sinnes der Schöpfung. Es schien fast, als ob das alte Match der Averroisten mit der Kirche wieder aufgenommen werden sollte – nur dass jetzt der Gegner nicht mehr in den Institutionen der Kirche fassbar war, sondern so weit abstrahiert wurde, dass er jede Gestalt annehmen konnte.

Die junge französische Republik zerschlug mit Vehemenz alle alten religiösen Strukturen. Die Kirche der heiligen Genoveva wurde in das Panthéon verwandelt, eine Ruhmeshalle der Republik. Die sterblichen Überreste von Rousseau und Voltaire wurden dorthin überführt, und es wurde ein regelrechter Kult um die Vernunft inszeniert, der schnell die Züge religiöser Clownerie annahm. Rousseaus Büste, symbolträchtig aus einem Stein der Bastille gehauen, entwickelte sich zu einem zentralen Kultobjekt. Der Maler Jacques-Louis David baute Kulissen für »Umzüge der Vernunft« – der etwas zu gewollte Kult verkam zum Mummenschanz. Die Ernüchterung trat in Form eines neuen Autokraten auf: Napoleon Bonaparte. Der anfängliche Konsul und spätere französische Kaiser zähmte die Revolution und schuf die modernen staatlichen Strukturen, die bis heute Europa bestimmen. Napoleons großen Würfen wie dem *Code civil,* einem allgemeinen bürgerlichen Gesetzbuch, und der Institutionalisierung der republikanischen Strukturen muss man jedoch seinen Militarismus entgegenhalten. Infiziert vom uralten Weltherrschaftsgedanken des Kaisertums tauchte Napoleon Europa in Blut.

In Istanbul war man von den Ereignissen in Frankreich zunächst ähnlich überrascht wie an den europäischen Höfen, und man fand ebenfalls zu keiner klaren Position zur Republik. Konstantinopel, immer noch eine Drehscheibe internationaler Politik und auf Grund der starken wirtschaftlichen Verflechtung mit Frankreich dessen wichtigster Handelspartner, übte sich in Neutralität. Im »Krieg der Kokarden« versuchten sowohl Republikaner, gekennzeichnet durch die dreifarbige Kokarde, und Vertreter des *Ancien Régime,* also des abgesetzten Königs, gekennzeichnet durch eine weiße Kokarde, die

Hohe Pforte auf ihre Seite zu ziehen. Drei Monate vor dem Sturm auf die Bastille war der neue Sultan Selim III. auf den Thron gelangt, der als Prinz noch mit König Ludwig XVI. korrespondiert hatte. Wie jeder traditionelle Herrscher stand Selim dem Gedanken des gewaltsamen Umsturzes reserviert gegenüber. Der junge Sultan war aber auch ein Modernist und wollte seinen Staat und vor allem seine Armee nach westlichem Vorbild erneuern. Prinzipiell war er also durchaus empfänglich für das rationalistische Gedankengut der Französischen Revolution, zumindest in praktischen Belangen. Das änderte sich freilich schnell, als das Direktorium, das nach dem Sturz Robespierres die Geschicke Frankreichs lenkte, den ehrgeizigen jungen General Napoleon Bonaparte zu einem Feldzug nach Ägypten schickte. Zum ersten Mal seit den Zeiten Mehmeds des Eroberers lagen Frankreich und das Osmanische Reich im Krieg. Zwar gelang es Napoleon trotz seiner überlegenen Militärtechnologie nicht, seine Eroberungen nachhaltig abzusichern; eine Koalition aus Briten und Osmanen zwang die Franzosen nieder. Das Gedankengut der Aufklärung, bisher in Istanbul durchaus wohlwollend betrachtet, hatte aber nun keine Chance mehr, sich im Osmanischen Reich zu etablieren.

Eine der fehlenden Voraussetzungen für die Verselbstständigung aufklärerischen Denkens lag in der Gesellschaftsstruktur einiger europäischer Staaten und des Osmanischen Reiches: Die tragende Schicht, das Bürgertum, fehlte im Orient fast vollständig und war auch in den habsburgischen Erblanden, in Spanien und bis zu einem gewissen Grad im Römisch-Deutschen Reich unterentwickelt. Zwar war die Ausgangssituation am Beginn der Neuzeit ähnlich gewesen – die ursprünglich römische Organisation von Handwerkern in Zünften entsprach einander –, aber das europäische Bürgertum hatte sich seitdem viele Freiheiten geschaffen. Die Selbstorganisation mit Bürgermeistern und einer Form der repräsentativen Demokratie in den städtischen Gremien schuf auch ein anderes Selbstbewusstsein. Im Osmanischen Reich existierte diese Selbstorganisation nicht. Die Trennung der Religionen, lange Zeit Garant für den inneren Frieden, hatte auch zwei nicht miteinander kompatible Systeme erschaffen: Die muslimische Bevölkerung war privilegiert und beherrschte Militär und Verwaltung. Die Nichtmuslime hielten zwar die Wirtschaft am Laufen und entsprachen daher am ehesten dem europäischen

Bürgertum. Sie hatten aber keine politische Entfaltungsmöglichkeit. Während das europäische Bürgertum sozusagen »nur« die Minderheit des Adels beiseiteschieben musste, standen alle potenziellen Reformkräfte im Osmanischen Reich einer reformunwilligen muslimischen Mehrheit gegenüber.

Diese eigentlich recht heterogene Mehrheit hatte sich außerdem im Zeichen des gesellschaftlichen Konservatismus zusammengefunden. Die Allianz von *Ulema* und Janitscharen bündelte die Reaktionäre, obwohl es sich im Sinne der osmanischen Reichsgründer dabei eigentlich um zwei Gruppen handelte, die miteinander konkurrieren sollten: Die *Ulema* waren die Religionsgelehrten, die einen orthodoxen, schrifttreuen Islam vertraten. Diese Kräfte dominierten über Jahrhunderte die Verwaltung und den osmanischen Hof. Die Janitscharen hingegen waren vom Sufismus geprägt, einer eher individualistisch und mystisch angelegten Variante des Islam. Erst der osmanische Versuch, ein weiteres neues, europäisches Element in den Staat zu integrieren, ließ diese beiden Konkurrenten zusammenrücken. Und diese »Koalition der beharrenden Kräfte« sollte funktionieren.

Nachdem Napoleon seine Interessen auf Europa fokussiert hatte, machte sich Sultan Selim zügig an sein Reformwerk. Er begann damit, dass er Lehen von illoyalen Untertanen einfach einzog – eine Machtdemonstration, die einen gewaltigen Block von Oppositionellen schuf. Diese Opposition rekrutierte sich aus einem Feudaladel, der im osmanischen System eigentlich gar nicht existieren durfte. Außerdem straffte Selim den Zentralismus in der Verwaltung und im Fiskalsystem. Mit der Gründung neuartiger Militärakademien wollte er den »Staat im Staat«, das Janitscharenkorps, unterlaufen. Und Selims Pläne gingen noch weiter: Um den militärischen Block endgültig zu brechen, wollte er nach französischem Vorbild – also Jahrzehnte bevor diese Idee im restlichen Europa Schule machte – eine allgemeine Wehrpflicht einführen. Der Sultan plante, mithilfe der breiten Masse den eigenen Machtapparat zu stürzen – eine Art Revolution von oben und unten gegen die Mitte. Doch wie so viele »Reformer von oben« wollte Selim zu viel auf einmal: 1807 verfasste der Scheik ül-Islam, die oberste religiöse Autorität des Osmanischen Reiches, ein *Fetwa,* ein religiöses Gutachten, das die Reformen als unislamisch verwarf. Dies war zwar eine Grenzüberschreitung im osmanischen System, das immer bestrebt gewesen war, den religiösen Einfluss von politischen Entscheidungen fernzuhalten. Doch die *Ulema*-Janitscharen-Allianz setzte sich durch, und Selim verlor Amt und Leben. Auch in Istanbul wurde also ein Herrscher gestürzt – jedoch vom Establishment. Was dabei allerdings in keinem Moment in Frage stand, war der prinzipielle Herrschaftsanspruch des Hauses Osman. Nur dessen Repräsentant stand, wie schon öfter in der Geschichte, zur Disposition.

Nach einem kurzen Zwischenspiel gelangte Selims Cousin Mahmud II. auf den Thron. Ihm schwebten ähnliche, wenn auch nicht so weitreichende Reformen vor, doch er ging die Angelegenheit taktisch klüger an. Um die Eifersucht der Janitscharen gar nicht erst aufkommen zu lassen, wurden die neuen, europäisch trainierten Truppen in der Zahl klein gehalten und in Ausbildungslagern außerhalb Istanbuls versteckt. Als der Sultan die Zeit für gekommen hielt, ließ er die Eingliederung der Janitscharen in die neue Armee öffentlich verkünden. Dabei wurde ausdrücklich betont, dass nur aktive Soldaten anerkannt wurden – die janitscharischen Familienverbände waren explizit ausgeklammert. Erwartungsgemäß brachten die Janitscharen daraufhin ihr gesamtes Repertoire zum Einsatz: Sie plünderten das Haus des Großwesirs und forderten dessen Kopf und damit indirekt auch die Absetzung des Sultans. Doch die neuen militärischen Kräfte, vorwiegend Artillerieeinheiten, hielten dem Druck stand und begannen, die Kaserne der Janitscharen zu beschießen. In den folgenden Bränden und den von der Istanbuler Bevölkerung mitgetragenen Pogromen wurden die Janitscharen, das ehemalige Rückgrat des Reiches, physisch ausgelöscht. Ob aus Zynismus, Erleichterung oder schlicht dem Bedürfnis, dieses ungeheure Blutbad mit einem freundlichen Bändchen zu versehen: Die Hohe Pforte bezeichnete die Vernichtung der Janitscharen ab da als das »Wohltätige Ereignis«.

Um den Rücken für die Staatsreform frei zu haben, arrangierte sich die Hohe Pforte mit der Feudalgesellschaft. Das »Dokument der Einhelligkeit« (*Sened-i İttifāḳ*) räumte der türkischen Oberschicht ähnliche Freiheitsrechte ein, wie sie die Magna Carta 600 Jahre zuvor dem englischen Adel garantiert hatte. Erstmals wurde Grundbesitz privat und erblich. Bei allem Reformeifer machte Mahmud damit aber erst recht die rückwärtsgewandten Kräfte zur staatstragenden Schicht. Ein Trend, der sich nach den Napoleonischen Kriegen auch in Europa durchsetzen sollte: In erstaunlicher Eintracht marschierten Orient und Okzident zurück in vergangene Herrschaftsstrukturen, den Neoabsolutismus.

Gott und Maschinen

Das »Gespenst der Freiheit« ließ sich zwar nicht mehr in allen Lebensbereichen bannen. Doch die neuen Herren, die Bürger des frühindustriellen Europas, setzten vorerst weiterhin auf dasselbe Amalgam aus roher Gewalt und Religion, mit dem die Herrscher über so viele Jahrhunderte gut gefahren waren. Gott blieb im Amt, ihm wurden aber Götzen wie der Nationalismus und der Kapitalismus zur Seite gestellt. Die Könige und Kaiser behielten zwar ihre Pracht, aber auch sie mussten sich mit diesen Götzen arrangieren. Was dabei auf der Strecke blieb – vor allem im ehemaligen Römisch-Deutschen Reich und in der Habsburgermonarchie –, war die Demokratie.

Im Mutterland der Revolution Frankreich hatte es durch den Wiener Kongress, der Europa nach der Beseitigung Napoleons neu ordnete, wieder das alte Königshaus der Bourbonen auf den Thron geschafft. Doch man unterschätzte, wie sehr sich das bürgerliche Denken schon verfestigt hatte. Revanchegelüste für die erlittene Schmach führten zunächst zum »Weißen Terror« der neuen / alten Herren und unter Karl X. im Jahr 1830 zu einer weiteren Revolution, diesmal einer der moderaten bürgerlichen Kräfte: Die Julirevolution, die den »Bürgerkönig« Louis-Philippe an die Macht brachte, wurde auch im Orient genau verfolgt. Hier kamen Prinzipien zum Tragen, die das osmanische System gut kannte, und die relative Kultiviertheit des Umsturzvorganges gefiel den orientalischen Beobachtern. Der Autor Rifa'a Al-Tahtawi, der sich als religiöser Betreuer einiger ägyptischer Studenten zur Zeit der Julirevolution in Paris aufhielt, beschrieb seinen Lesern die Ereignisse und bereitete auf sehr sachliche Art den Boden für Veränderungen in seinem Heimatland auf. Als ersten Schritt harmonisierte er die Revolution mit dem religiösen Glauben, indem er im *Hadith,* der Überlieferung über Aussprüche und Handlungen des Propheten Mohammed, ein Zitat aufstöberte, das Revolutionen prinzipiell gutheißt: »Wer das Schwert des Despoten zückt, gegen den erhebt sich das Schwert des Sieges, und er wird vom Kummer verfolgt bleiben.« Dann prüfte er in einer für das muslimische Publikum gut nachvollziehbaren Form die Unrechtmäßigkeit der Handlungen der französischen Könige. Da gewisse Rechte wie Versammlungs- und Pressefreiheit gegeben gewesen waren, war der Versuch von Karl X., sie einseitig aufzukündigen, rechtswidrig. Daraus leitete der orientalische Beobachter ab, dass die Revolution berechtigt war.

Al-Tahtawi schwebte bei seiner Beurteilung allerdings keine Revolution vor, die auf Demokratie hinauslief. Er unterstützte vielmehr die Loslösung Ägyptens von der osmanischen Oberherrschaft. Die Vertreibung Napoleons war vor allem durch Truppen des lokalen Kommandanten Mohammed Ali Pascha erfolgt, der als Dank dafür vom Sultan die Statthalterschaft über Ägypten verliehen bekommen hatte. Mohammed Ali verfügte über moderne Truppen, die denen der Zentralregierung zahlenmäßig überlegen waren. Durch gute Dienste, zum Beispiel im griechischen Freiheitskrieg, baute er seine Privilegien weiter aus. Sein Ziel: eine eigene ägyptische Dynastie.

Die Voraussetzungen für die ägyptische Eigenständigkeit waren nicht nur auf militärischem Gebiet gut. Das alte mamelukische Sklavensystem war still und heimlich ab dem 17. Jahrhundert durch die Hintertür wieder hereingekommen. Die *Karimi*-Kaufleute, einstmals Impulsgeber für die Entwicklung der europäischen Wirtschaft, hatten das alte Wirtschaftszentrum neu belebt. Mohammed Ali setzte sich in Ägypten intern mit drastischen Methoden durch: Er ließ die alte mamelukische Oberschicht kurzerhand umbringen, unterband die weitere Rekrutierung von neuen Sklaven und übernahm einen frühindustriellen Wirtschaftsraum, dem es vorerst mühelos gelang, Anschluss an die Entwicklung Europas zu finden. Die Separatisten in Kairo exerzierten der Zentrale in Istanbul das Erfolgsrezept vor, mit dem man sich an der Prosperität Europas beteiligen konnte: mit Technik und Ideen europäischer Herkunft dem kolonialistischen Europa die Machtbasis nehmen. Der Staatskapitalismus der *Karimi*-Kaufleute bewährte sich erneut; Ägypten brachte es schnell zu einer funktionierenden Industrie, die vor allem Waffen, Munition und Stoffe herstellte. Das Ganze funktionierte so gut, dass sich die einzige relevante europäische Industriemacht der damaligen Zeit, England, bedroht fühlte. Das Osmanische Reich, sowohl Absatzmarkt als auch

Rohstofflieferant für Europa, beging nun einen strategischen Fehler von historischer Tragweite: Um die neue ägyptische Dynastie wieder unter die Kontrolle der Zentrale zu bringen, stellte man Mohammed Ali vor die Alternative, entweder alleine einen Krieg gegen England durchzustehen oder, unter Zuerkennung einer erblichen Statthalterschaft, wieder unter den Schutzschild der Osmanen zu kriechen. Die Ägypter wählten die »osmanische Karte« – und England gewann auf lange Sicht alles. Unter der Fiskalpolitik Istanbuls verkümmerte die Industrialisierung Ägyptens, und das Land am Nil verkam zum reinen Rohstofflieferanten. Englische Waren, vor allem Stoffe, überschwemmten den osmanischen Markt. Erst zu dieser Zeit, um das Jahr 1840, wurde das wirtschaftliche Ungleichgewicht zwischen Orient und Okzident endgültig festgeschrieben.

Doch die Hohe Pforte hatte auch einiges von Mohammed Ali gelernt – vor allem, wie wichtig die Adaption technologischer, militärischer und institutioneller Neuerungen aus Europa war. Man verstand, dass man die eigenen Strukturen erneuern musste, um auf lange Sicht nicht in völlige Abhängigkeit von Europa zu gelangen. Im frühen 19. Jahrhundert hieß das vor allem: Abhängigkeit von England. Doch auch der alte Verbündete Frankreich hatte inzwischen mit der Filetierung des Osmanischen Reiches begonnen: 1830 fielen die Franzosen in Algerien ein; in weiterer Folge wurde auch versucht, Marokko zu kolonisieren. Im Norden knabberte Russland am Reich, und nationalistische Bestrebungen entzogen den Balkan zusehends der Kontrolle Istanbuls. Ägypten kam mit der Schuldenkrise rund um den Bau des Suezkanals in den 1850er-Jahren de facto unter die Verwaltung von Frankreich und England. Eine Kolonisierung des Kerngebietes des Osmanischen Reiches schien nur noch eine Frage der Zeit. Mit dem *Gülhane*-Erlass von 1839 begann daher der große Umbau nach westlichem Muster – die Zeit des *Tanzimat*, der Umgestaltung, der Neuordnung. Vor allem die Persönlichkeitsrechte der Untertanen wurden gestärkt, und das Verwaltungs- und Steuersystem wurde nach europäischen Vorstellungen umgebaut. Ähnlich wie in Europa führte die Verbürgerlichung des Staates aber zur neuen Unfreiheit des Neoabsolutismus.

Mit dem Wiener Kongress hatten die europäischen Herrscherhäuser versucht, die Uhren wieder zurückzudrehen. Man erkannte die Ursachen der Revolution und stellte Neuerungen wie das Bürgerliche Gesetzbuch nicht infrage, setzte aber alles daran, die Herrschergewalt wieder in der Hand einzelner Fürsten zu vereinen. Der österreichische Kanzler Klemens von Metternich war die zentrale Figur dieser Restaurationszeit, die eine strukturelle Moderne mit systematischen Repressionen verband. Die Menschenrechte, die der zentrale ideologische Inhalt der Französischen Revolution gewesen waren, konnte man zwar noch für einige Jahre unterdrücken, aber die Verwandlung der Welt in eine bürgerliche war längst vollzogen. Es folgte daher bald neuerlich der Aufstand: In den Jahren 1848 und 1849 kam es in ganz Europa zu bürgerlichen Revolutionen – neben Frankreich, das die zweite Republik ausrief, vor allem in den Staaten des Deutschen Bundes, in Österreich, Ungarn, im noch nicht vereinten Italien, in Polen. Selbst im Kirchenstaat forderte die Bevölkerung eine Verfassung. So ähnlich die Anliegen waren, so unterschiedlich endeten die verschiedenen Aufstände. In Italien waren die bürgerlichen Revolutionen eine Art Vorstufe zur nationalen Vereinigung und wurden mit kriegerischen Mitteln durch Österreich beendet. In den Kleinstaaten des Deutschen Bundes setzten die Revolutionäre viele Forderungen nach Freiheitsrechten durch, das greifbarste Ergebnis war aber auch hier eine Vorbereitung der nationalen Einigung. In der Habsburgermonarchie reagierte der junge Kaiser Franz Joseph mit militärischer Gewalt und ließ die Bevölkerung von seinen Soldaten abschlachten. Nur die Schweiz und Frankreich kamen mit demokratischen Strukturen aus diesem Prozess heraus. Die Schweiz hielt sich als Demokratie; der französische Präsident Charles Louis Napoléon Bonaparte nützte hingegen die erste Gelegenheit zum Staatsstreich, um sich als Kaiser der Franzosen zu installieren.

Europa, zumindest Kontinentaleuropa, geriet in eine Art Zwischensituation, die Staaten hervorbrachte, die einerseits nach den Kriterien und im Auftrag des bürgerlichen Kapitalismus funktionierten, andererseits von Herrscherfiguren repräsentiert wurden. Die Herrscher wurden gleichzeitig überhöht und von den verschiedensten Interessengruppen vereinnahmt. Es war ein unausgesprochenes Stillhalteabkommen zwischen den Gestaltern der Moderne und den wackelnden Thronen der Vergangenheit. Im Osmanischen Reich konnte man mit dem europäischen Neoabsolutismus einiges anfangen, schließlich hatten die Sultane jahrhundertelange Erfahrung damit, eine effiziente Armee und Verwaltung zu garantieren und sich sonst überall herauszuhalten. Was den Osmanen allerdings fehlte, war eine hungrige Aufsteigerschicht, die das System von innen aushöhlte. Denn das »Stillhalteabkommen« setzte in Europa eine Dynamik frei, die zu einer der größten Veränderungen der Menschheitsgeschichte werden sollte.

Um 1800 beherrschten Nordamerika und Europa ungefähr 35 Prozent der Erde; 1915 sollten es 85 Prozent sein. Gleichzeitig reduzierte sich im Lauf des 19. Jahrhunderts der ländliche Bevölkerungsanteil Englands auf 10 Prozent; im später auf den Zug der Industrialisierung aufspringenden Deutschland sollte das sogar nur eine Generation dauern. Die Menschen zogen in die neuen Ballungszentren und bildeten eine völlig neuartige Bevölkerungsschicht: das städtische Proletariat. Im gründerzeitlichen Enthusiasmus wurden Städte wie Paris und Wien fast vollständig abgerissen und nach dem Geschmack der Zeit neu aufgebaut. Eisenbahn und Dampfschifffahrt beschleunigten und verbilligten die Transportmöglichkeiten dermaßen, dass es – trotz krassester sozialer Gegensätze – zu einer nie dagewesenen allgemeinen Steigerung der Lebensqualität kam. Auch die Saat der Naturwissenschaft ging auf: Medikamente, Kunststoffe, völlig neue Technologien und Hilfsmittel entstanden, die alles Bisherige über den Haufen warfen. Die Elektrizität schuf ein neues »Zeitalter der Lichter« – diesmal waren die Lichter sichtbar und zweckorientiert.

Es war die materielle Welt der Kausalketten, die hier an die Macht kam; und mit den neuen Techniken kam auch eine völlig neue Lebensstruktur. Die Menschen wurden aus ihren Familien und Dorfverbänden herausgelöst. Einerseits bedeutete das eine nie gekannte Unabhängigkeit, andererseits auch den Verlust von Identität. Durch die Manufakturen und Industriebetriebe verloren die zünftisch organisierten Handwerke an Gewicht, und der Arbeitsmarkt wurde regelloser – beziehungsweise mussten durch die Interventionen der Arbeiterbewegung erst neue Regeln entstehen. Die vielen kleinen Patriarchen in Dorf, Familie und Handwerk verloren an Einfluss. Ein ideelles Vakuum entstand, man suchte Orientierung. Vorstellungen von nationaler Zugehörigkeit oder Zugehörigkeit zu einer Klasse ersetzten die alte Selbstverständlichkeit einer gesellschaftlichen Position, in die man hineingeboren wurde. Und man besann sich einer Personengruppe, deren Absetzung vor nicht allzu langer Zeit die selbstverständliche Forderung aller fortschrittlichen Kräfte gewesen war: der gekrönten Häupter. Obwohl de facto um einiges machtloser als noch ein Jahrhundert zuvor, wurden Kaiser und Könige in einem Ausmaß idealisiert und dem Alltag entrückt, wie es die Geschichte noch nicht gekannt hatte. Das Bild des gütigen Landesherrn begann jenes des strengen Herrschers zu ersetzen. Das Gedichteaufsagen und Blümchenüberreichen bei Auftritten des Souveräns hielt Einzug – eine Form der Vertraulichkeit, die sich ein Ludwig XIV. noch verbeten hätte. Der Herrscher, einst noch gottgesandter Besitzer ganzer Landstriche, wurde zum papierenen Ideal von Schulmeistern und Bibliothekaren. Die Organe des Staates, bisher murrend ertragene Instrumente der Macht, wurden zu Institutionen, denen man zu vertrauen hatte und deren persönliche Reputation von Bedeutung war. Die alten persischen Herrscher, die »Erfinder der Moral«, hätten ihre Freude gehabt.

Auch die Religion machte eine Wandlung durch. Sie war nicht mehr selbstverständlicher Teil des Lebens und wie über die Jahrhunderte zuvor Taktgeber des Alltags; auch sie musste idealisiert werden. Selten wurden so viele Kirchen gebaut wie in der Gründerzeit, und die aggressive weltweite Missionierung, vor allem durch protestantische Kräfte, gab der Brutalität des Kolonialismus einen moralischen Anstrich. Man begann Ideen zu generieren, die vorangehende Generationen noch als blasphemische Anmaßung verstanden hätten. So wurde im Ersten Vatikanischen Konzil 1870 die Unfehlbarkeit des Papstes in Fragen der Lehre als Dogma festgeschrieben. Die rückwärtsgewandte Inszenierung von Staat und Gesellschaft deckte jedoch vor allem die Probleme zu, die von der neuen gesellschaftlichen Dynamik aufgeworfen wurden. Wenn man bedenkt, dass der Bischof von Rom sich sein Monopol auf die Interpretation des göttlichen Willens über zwanzig Jahre nach dem Erscheinen des *Kommunistischen Manifestes* schriftlich fixieren ließ, kann man ermessen, mit welcher Kraft alles auseinanderstrebte. Auch die Sultane in Istanbul besannen sich der Religion: Abdülhamid II. war der erste Sultan, der sich mit dem Titel *Kalif* anreden ließ. Diese Instrumentalisierung der Tugend und religiöser Werte brachte jedoch beides in Verruf. Philosophen wie Nietzsche und Marx wandten sich gegen die Idee von Tugend und Moral, aber vor allem gegen die damit verbundenen Institutionen. Damit wurde der Materialismus der Aufklärung in Europa zur ideologischen Grundlage unterprivilegierter und revolutionärer Schichten, während er im Orient eher die Oberschicht beeinflusste.

In Istanbul, aber auch in Kairo und in zunehmendem Maße auch in Persien wurde das europäische Denken von den Eliten mit einer

Offenheit angenommen, wie man es in den Ursprungsländern selbst nicht kannte. Abgesehen davon, dass die beschleunigten Kommunikationswege über Druckerzeugnisse und das persönliche Kennenlernen europäischer Länder zur Verbreitung dieser Ideen beitrugen, waren es vor allem die Flüchtlinge des Revolutionsjahres 1848, die neue Impulse an den Bosporus brachten. Vor allem die große polnische Flüchtlingsgemeinde – diese war mit dem Versuch, einen Nationalstaat zu bilden, an den Repressionen von Russland, Preußen und Österreich gescheitert – integrierte sich schnell in Istanbul. Gesellschaftliche Formen lockerten sich auf, gemischtgeschlechtliche Abendunterhaltungen wurden Standard, und über die vielen neuen Frauenzeitschriften emanzipierten sich türkische Frauen von ihrem Schattendasein. Wie auch in Europa wurde das Theater zur Bildungsinstitution schlechthin. Hier lernte man Verhalten, Ansichten und vor allem neue Umgangsformen. Die städtischen Eliten der *Tanzimat*-Zeit isolierten sich jedoch zusehends von ihrer eigenen Unterschicht. Ein Nebeneinander und in späterer Folge – auch heute noch hinsichtlich der Auswüchse des Islamismus deutlich zu spüren – ein Gegeneinander spaltete die Bewohner des Orients. Die Bruchlinien verliefen und verlaufen zwischen Stadt und Land sowie zwischen Ober- und Unterschicht.

Auch in institutioneller Form verliefen die Entwicklungen parallel. In Persien erkannte der stark durch das europäische Revolutionsjahr 1848 geprägte Premierminister Amir Kabir, dass sein Land alle Voraussetzungen für die Industrialisierung hatte. Der Iran war reich an Bodenschätzen und hatte darüber hinaus eine durch Handwerk geprägte städtische Bevölkerungsstruktur, die die neuen Aufgaben umsetzen konnte. Mit Vehemenz begann Amir Kabir einen Prozess der Umgestaltung, der vor allem den schwächeren Bevölkerungsschichten nützte. Die bedrängten Eliten stürzten ihn daraufhin durch Intrigen. Sein Los war dasselbe wie später das des Schöpfers der ersten osmanischen Verfassung Midhat Pascha: Verbannung und Ermordung. Seine Nachfolger vergaben Konzessionen gegen Vorkasse an ausländische, vor allem an britische Unternehmer. Statt der schon in Gang gesetzten Industrialisierung sank Persien dadurch auf einen halbkolonialen Status herab, der erst durch die »Konstitutionelle Revolution« ab 1905 beendet wurde.

Als halbkolonial konnte man auch den Zustand des Osmanischen Reiches zur Mitte des 19. Jahrhunderts bezeichnen. Seit der fatalen Verhinderung der Industrialisierung Ägyptens hatte sich die Handelsbilanz auf galoppierende Weise zu Ungunsten des Osmanischen Reiches entwickelt. Vor allem englische Industriegüter überschwemmten den Markt. Die Zeichen der Zeit standen auf Staatsbankrott. An den neuen Militär-Verwaltungsschulen, die seit Beginn des 19. Jahrhunderts entstanden waren, hatte sich eine Elite gebildet, die vor allem in technischen Berufen einer völlig neuen Bevölkerungsschicht den Aufstieg ermöglichte. Aus dieser Technokratenriege sollte auch der spätere Staatsgründer Mustafa Kemal Atatürk hervorgehen. Im *Tanzimat* waren diese westlich geprägten Personen Zulieferer für modernes Gedankengut. Im Zentrum aller Wünsche stand – so wie auch in den reaktionär verwalteten Gebieten Europas, also in Spanien, Italien, dem gesamten Osten und vor allem in Preußen und Österreich – die Hoffnung auf eine Verfassung.

Schon der Vater von Ahmed Şefik Midhat Pascha war ein den Reformern zuzurechnender Richter gewesen. Der Sohn bekam eine hervorragende Ausbildung und machte im Staatsapparat schnell Karriere. Midhat Pascha war ein energischer Beamter, der es zunächst schaffte, in Nordbulgarien Gesetz und Ordnung wieder zur Geltung zu bringen. Damit stoppte er die schleichende Abwanderung der Bulgaren nach Serbien. Die Hohe Pforte war beeindruckt, und Sultan Abdülaziz beauftragte den ambitionierten Staatsdiener, diese Reformen für das ganze Reich auszuarbeiten. Midhat Pascha entwickelte wunschgemäß einen Plan zur Restrukturierung. Allerdings war Geduld nicht gerade seine Stärke. Als die Hohe Pforte zu lange mit der Umsetzung zögerte, spann er eine Intrige, die – ganz nach osmanischer Tradition – mit der Absetzung und Ermordung des Sultans endete. Danach ging es steil bergauf: Midhat Pascha wurde Großwesir, und das Osmanische Reich war auf Verfassungskurs. Doch die Beteiligung an der Ermordung des Sultans wurde ihm zum Verhängnis. Er wurde schließlich nach Arabien verbannt und, vermutlich auf Befehl der Hohen Pforte, ermordet. Sein Werk, die Verfassung von 1876, wurde zwar wieder aufgehoben, bildete aber später die Grundlage für die Entwicklung der modernen Demokratie in der Türkei.

Auch die späteren osmanischen Bündnispartner im Ersten Weltkrieg, das Deutsche Reich und Österreich-Ungarn, zierten sich bei der Einführung einer Verfassung. In Österreich gab es erst 1867 ein Grundgesetz; im Deutschen Bund hatte es zwar schon 1849 die eher wirkungslose »Paulskirchenverfassung« gegeben, zum zentralen Element der Staatsverwaltung wurde ein Grundgesetz allerdings erst 1871 mit der Gründung des Deutschen Kaiserreichs. Der Widerwille, mit dem Deutschland, Österreich und das Osmanische Reich in die Moderne gingen, führte gegen Ende des 19. Jahrhunderts zur Annäherung der drei Mächte.

Die unreflektierte Hingabe zum Militär und die damit verbundenen antibürgerlichen Reflexe passten jedoch nicht mehr in eine Welt, die zusehends von Konzernen und international verflochtenen Wirtschaftsinteressen dominiert wurde. Die Einführung des Fließbandes in der Ford Motor Company fand vor Beginn des Ersten Weltkrieges statt, also in einer Zeit, in der Kaiser noch in bunten Fantasieuniformen auf Pferden paradierten und die Erlangung eines Adelstitels als höchstes Ziel galt. Während die Frauenrechtlerin Halide Edip Adıvar 1912 ihren Roman *Yeni Turan* veröffentlichte, unterhielt Sultan Mehmed V. ein paar Gassen weiter einen Harem mit rechtlosen Sklavinnen. Und noch während heute Börsenbroker in Sekundenbruchteilen ihre weltweiten Geschäfte abwickeln, versuchen Lehrer in Dorfschulen die Antworten auf brennende Fragen der Moderne im Koran zu finden. Auf der anderen Seite des Globus versuchen ähnlich ausgebildete, ähnlich von der materialistischen Weltsicht traumatisierte Bibelexegeten, das Evolutionsmodell Darwins mithilfe von Bibeltexten zu widerlegen. Die Grenze verläuft damals wie heute zwischen der Moderne und jener großen Gruppe von Menschen, die sich von deren Lebensmodell entweder selbst ausschließt oder im Laufe der Geschichte ausgeschlossen wurde. Die Grenze zwischen Orient und Okzident war und ist dabei nur eine Hilfskonstruktion, so wie es die Behauptung ist, dass es eine islamische und eine christliche Welt gebe. Der alte Kulturraum rund um das Mittelmeer war und ist eine Einheit.

Zwischen Orient und Okzident

Es hat Symbolcharakter für die heutige Situation orientalischer Gesellschaften, dass ausgerechnet jene Person, die für eine strenge, ja radikale Trennung von Religion und Staat steht, Mustafa Kemal

Atatürk, der Gründer der modernen Türkei, ein *Fetwa,* ein religiöses Gutachten, einholte, um seine Aktionen gegen die Regierung des Sultans zu legitimieren. Bevor sich die türkischen Nationalisten durchsetzen konnten, musste das 600 Jahre alte Osmanische Reich erst gehörig gegen die Wand gefahren werden.

Der erste Paukenschlag war der Staatsbankrott von 1876. Dessen Ursachen waren die Defizite in der Handelsbilanz zugunsten der europäischen Industrienationen, aber auch das Unverständnis der Hohen Pforte für die Erfordernisse moderner Wirtschaft. Investitionen waren nicht in die Infrastruktur, sondern zum großen Teil in das Militär und in den Bau von Palästen gesteckt worden. Eine Industrialisierung war, obwohl von vielen als Notwendigkeit erkannt und gefordert, von den Sultanen nicht in Angriff genommen, ja sogar unterlaufen worden. Erst mit der Republikgründung sollte der Staat eine aktive Wirtschaftspolitik betreiben. Mit größter Selbstverständlichkeit übernahmen es nun die europäischen Mächte, die finanziellen Angelegenheiten der Osmanen zu regeln. Schon seit dem Krimkrieg von 1853, dem ersten modernen Stellungskrieg, waren Frankreich und England sehr präsent in Istanbul. Im Krimkrieg waren die beiden führenden Kolonialmächte zwar nominell die Verbündeten des Osmanischen Reiches, es ging aber weniger um die Unterstützung der Türken als um die Eindämmung der russischen Expansion nach Süden. Die »Orientalische Frage« beschäftigte sich nicht damit, *ob* man das Osmanische Reich aufteilen sollte, sondern *wie* das zu bewerkstelligen war. Die Uneinigkeit der Europäer verschaffte der Hohen Pforte dabei gerade noch so viel Spielraum, dass sie dem Kern des Reiches die Selbstständigkeit erhalten konnte.

Beim Berliner Kongress von 1878 gingen zwar weitere südeuropäische Teile für die Osmanen verloren, aber immerhin wurde ihre Selbstständigkeit garantiert. Wie wenig diese Garantien wert waren, erkannte man, als kurz darauf England Ägypten kassierte und Frankreich Tunesien – beides war beim Berliner Kongress noch explizit ausgeschlossen worden. Doch eine neue Verbindung tat sich für den »kranken Mann am Bosporus« auf: Der noch recht fit wirkende »Mann in Berlin«, der deutsche Kaiser, und der ebenfalls am Nationalismus kränkelnde, schon etwas geschwächte »alte Herr in Wien«, der Kaiser von Österreich-Ungarn, wurden zu neuen Verbündeten. Vor allem das Deutsche Reich, das bemüht war, seine neue, durch umfassende Industrialisierung geschaffene Macht auch in einem Kolonialreich umzusetzen, schien ein idealer Partner. Bismarcks Behauptung, dass es keine deutschen Interessen am Balkan und im Osmanischen Reich gebe, verhalf den Deutschen zur Rolle des »ehrlichen Maklers«, und sie wurden zu den Profiteuren. Wie schon die Handelsnationen des 16. Jahrhunderts und die Briten Anfang des 19. Jahrhunderts war man auch in Berlin an den Absatzmärkten im Vorderen Orient interessiert. Ab 1880 begann sich der Deutsche Handelsverein genau darauf zu konzentrieren. Die Krupp-Werke wurden zum Hauptlieferanten der Armee des Sultans, und vor allem die Finanzierung der Bagdadbahn, einer Eisenbahnverbindung von Istanbul bis in den heutigen Irak, wurde zum Herzstück der deutsch-türkischen Zusammenarbeit. Das gewaltige Bauvorhaben überdauerte das Ende von Deutschem und Osmanischem Reich und wurde erst 1940, also im Zweiten Weltkrieg, abgeschlossen.

So viel Zusammenarbeit bedeutete auch Nähe. Und diese war in den beiden Staaten mit der verhängnisvollen Nähe zu allem Militärischen leicht herzustellen. Kaiser Wilhelm bereiste als einziger europäischer Souverän das Osmanische Reich und ließ sogar auf eigene Kosten das Grab des im Orient völlig in Vergessenheit geratenen Saladin, des Eroberers von Jerusalem, restaurieren. Preußische Tugenden standen in hohem Ansehen, und türkische Jugendliche wurden auf Berliner Militärschulen gedrillt. Diese neue Nähe war aber auch von Klischeevorstellungen genährt. So wurde der Journalist Ali Efendi, der auf Einladung Bismarcks Deutschland bereiste, vom Kanzler genötigt, Zigaretten zu rauchen. Für Fürst Bismarck war ein nichtrauchender Orientale schlicht nicht vorstellbar. Der Istanbuler Publizist, ein Nichtraucher, wagte nicht, das Angebot abzulehnen, und er musste die Audienz wegen Übelkeit verfrüht abbrechen. Die Türken ihrerseits propagierten zwar zu Hause die deutschen Tugenden, empfanden aber Berlin im Vergleich zu Paris als sehr provinziell. Die beliebte deutsche Abenteuerliteratur, wie jene von Karl May, schrieb zwar gegen gängige Vorurteile an, schuf dabei aber neue und festigte vor allem die Vorstellung des europäischen Primats. Deutsche Ingenieure brachten auch die neue Sachlichkeit der europäischen industriellen Moderne mit, einen alten Bekannten aus den Tagen vor der Französischen Revolution: den wissenschaftlichen Materialismus. Besonders die Schriften von Ludwig Büchner, des jüngeren Bruders des *Woyzeck*-Autors Georg Büchner, wurden im Orient sehr populär. Büchner propagierte eine »natürliche« mechanistische Weltordnung und popularisierte vor allem die Evolutionstheorie von Charles Darwin im Orient. Dieser Einfluss wurde von der neuen Bildungsschicht dankend aufgenommen.

Eine Besonderheit des osmanischen Systems war das Stiftungswesen. Zahlreiche religiöse Stiftungen finanzierten die Ausbildung an den Koranschulen und bestimmten über Jahrhunderte das intellektuelle Leben in Istanbul. Schon unter Sultan Mahmud II. wurden diese Stiftungen ab 1826 verstaatlicht, hauptsächlich um die neuen Armeeeinheiten zu finanzieren. Das bedeutete für die traditionellen Rechts- und Religionsgelehrten einen starken Verlust an Einfluss. An den neuen säkularen Schulen wurde nun ein ganz anderer Menschenschlag unterrichtet, der sich als äußerst kompatibel mit den tonangebenden Kräften in Europa erwies. Diese Schulen brachten Techniker, Verwaltungsbeamte und Militärs hervor, die alles Islamische als Hemmschuh für die Entwicklung ihres Landes betrachteten und Religion zu einer reinen Privatangelegenheit machen wollten. Die spätere Bildungsreform unter Abdülhamid II., die scheinbar so gar nicht zu dem autoritär und neoabsolut herrschenden Sultan passte, brachte schließlich auch jene politische Bewegung hervor, die die Monarchie zu Fall bringen sollte: Die jungtürkische Bewegung trieb das Osmanische Reich in den Ersten Weltkrieg, und aus ihr ging schlussendlich auch die nationale Bewegung des Mustafa Kemal Atatürk hervor – und damit die Gründung der modernen Türkei.

Die modernen türkischen Bildungssysteme des 19. Jahrhunderts liefen parallel zu den alten, traditionellen. Zwischen den Abgängern der *Medrese,* der religiös ausgerichteten Schule, und den säkular ausgebildeten Offizieren, den *Mektepli,* entstand ein hartes Konkurrenzverhältnis um den Einfluss im Staat. Der Sultan misstraute den *Mektepli,* und so wurde diese gut ausgebildete Schicht von sozialen Aufsteigern in ihrem größten Anliegen, dem sozialen Aufstieg, behindert. Ein Heer an kompetenten Unzufriedenen formierte sich, vorerst im französischen Exil. Der zunehmende Einfluss der europäischen Mächte auf die inneren Angelegenheiten des osmanischen Staates forderte die europäisch gebildeten Eliten zum Widerspruch heraus. Dabei ging es einmal mehr um die Wirtschaft: Einige osmanische Provinzen, vor allem Syrien und der Irak, waren in einem

Maße in die Ökonomie von Frankreich und Großbritannien eingegliedert, dass man sie kaum mehr als Teil des Osmanischen Reiches ansehen konnte. Der Maghreb und Ägypten waren de facto schon verloren. In Istanbul gaben Menschen europäischer Herkunft den Ton an; die muslimische Bevölkerung fühlte sich benachteiligt. Man suchte eine Identität und fand sie darin, Türke zu sein. Und man wollte demokratische Mitbestimmung.

Die Übersetzungen und Kommentare, die der türkische Schriftsteller Namık Kemal im französischen Exil von den Schriften Rousseaus, Montesquieus und anderer Klassiker der Aufklärung anfertigte, fanden im muslimischen Teil der Bevölkerung und besonders bei den *Mektepli* großen Widerhall. Dabei spielte Rousseaus Gesellschaftsvertrag eine besondere Rolle: Anders als im Demokratieverständnis des angloamerikanischen Raums, der sich einem freien Spiel der Kräfte verpflichtet sah, hatte Rousseau die etwas nebulöse Vorstellung eines übergeordneten »Gemeinwohls« eingeführt. Diese *Volonté générale* eignete sich hervorragend dafür, demokratische Prozesse zu relativieren. Gesellschaften wie die osmanische, aber auch die des Deutschen Reiches oder Österreich-Ungarns, taten sich leichter damit, das freie Spiel der Kräfte mit einem übergeordneten Prinzip zu »deckeln«, und sie leiden bis heute an den Folgen.

Rousseaus »Gemeinwohl« eignete sich nicht nur für konstitutionelle Monarchien, sondern auch für alle autokratischen Strömungen des 20. Jahrhunderts. Die übergeordnete Idee war immer das entscheidende Stückchen wichtiger als der demokratische Vorgang. Die jungen Republiken Mitteleuropas nach dem Ersten Weltkrieg, die von den Siegermächten erst in die Demokratie gezwungen worden waren, trugen ihr Verfallsdatum schon in sich. Man verlangte nach etwas Übergeordnetem, einer Vaterfigur oder zumindest einer »Vateridee«. Die Idee des Nationalismus und seine Pervertierung durch den Faschismus bediente sich aller modernen demokratischen Strukturen, allerdings immer unter der Vorgabe, dass es ein übergeordnetes »Wohl« – im schlimmsten Fall die Rassenreinheit, das Recht aus Expansion, der Führergehorsam als Tugend, oder was immer sich gerade zur Lenkung der Massen anbot – über diesen Strukturen gab. Diese De-facto-Aushebelung der Demokratie fand auch im kommunistischen Osten Anwendung, wo die Revolution – ähnlich wie nach der Französischen Revolution – in ein pseudoreligiöses System überhöht wurde. Der Wille vergöttlichter Führer wie Mao oder Stalin war immer bedeutsamer als die kargen und unpoetischen Mechanismen, die dazu erfunden wurden, diesen Willen zu regulieren.

In einer Rede vor dem britischen Unterhaus meinte Winston Churchill 1947: »Demokratie ist die schlechteste aller Regierungsformen, abgesehen von all den anderen Formen, die von Zeit zu Zeit ausprobiert worden sind.« Diese lapidare Haltung, die gleichzeitig den größten Respekt vor der Fehlbarkeit des freien menschlichen Willens ausdrückt, findet sich damit ab, dass ausschließlich dem freien Gestaltungswillen des Menschen die Verwaltung menschlicher Bedürfnisse zukommt. Eine Haltung, die selbst in den – inzwischen als gefestigt geltenden – Demokratien Europas immer wieder hinterfragt wird. Für den Orient, der in seiner Gesamtheit erst in den 70er-Jahren des 20. Jahrhunderts in die Eigenstaatlichkeit entlassen wurde, steht die Annäherung an diese Vorstellungswelt erst am Anfang. Die städtischen Eliten vollziehen sie zwar, stellen aber immer wieder fest, dass sie dies innerhalb einer tief im Paternalismus verwurzelten Gesellschaft tun müssen. Die Konflikte sind vorprogrammiert. Die Lösung bedeutet oft die Installation von »Übervätern«, egal ob es prowestliche, prosowjetische wie Gamal Abdel Nasser in Ägypten oder islamische wie Ajatollah Khomeini im Iran sind. Die Angst vor der freien Entfaltung der Republiken und vor den Dingen und Gedanken, vor denen man seine Bevölkerung glaubt »beschützen« zu müssen, führt die Strukturen dabei immer wieder ad absurdum.

Das einzige islamische Land, das aus dem Ersten Weltkrieg mit einem leidlich funktionierenden demokratischen System hervorging, die Türkei, hat das aus eigenem Bedürfnis getan – wahrscheinlich sogar aus mehr innerer Bereitschaft als seine ehemaligen Bündnispartner Deutschland und Österreich. Aber auch hier geschah dies im Rousseau'schen Sinn eingeschränkt durch das Dogma des Kemalismus. Der Namensgeber des türkischen Paternalismus, Mustafa Kemal, war einer jener *Mektepli,* die den gesellschaftlichen Aufstieg schafften. Er galt als Held der Schlacht von Gallipoli, die für das türkische Selbstbewusstsein im Ersten Weltkrieg von großer Bedeutung war: Es war dort den osmanischen Truppen gelungen, die alliierte Invasionsarmee zurückzuschlagen. Nach dem Krieg wurde Mustafa Kemal von den Briten die Aufgabe übertragen, die türkische Armee zu entwaffnen. Er tat allerdings das Gegenteil und organisierte die

Truppen neu. Die Hohe Pforte, eine Schattenregierung unter britischem Diktat, enthob ihn daher seines Amtes. Die Briten besetzten Istanbul, um die geplante Kolonialisierung nicht zu gefährden. Mustafa Kemal proklamierte daraufhin eine nationale Bewegung, wobei sein Verständnis von »Nation« nicht ethnisch war, sondern »alle islamischen Elemente«, also auch die diversen Sufi-Traditionen, die Aleviten und die Sunniten, umfasste. Der Mann, der später den strengen Laizismus als einen der »sechs Pfeile« des Kemalismus einführen sollte, bezeichnete sich – wie einst Osman selbst – als *Ghāzī*, »Krieger«. Den ihn über alle religiösen Vereinnahmungen stellenden Namen *Atatürk*, Vater der Türken, nahm er erst gegen Ende seines Lebens an, als die religiösen Kräfte bezähmt schienen.

Genau mit diesen religiösen Kräften wollte der Sultan, der ja auch Kalif war, Mustafa Kemal zunächst aushebeln. Er ließ ein *Fetwa* erstellen, das alle Nationalisten zu Feinden des Glaubens erklärte. Die Nationalisten wiederum ließen ein Gegenfetwa mit der Erklärung veröffentlichen, dass der Kalif ein Gefangener der Ungläubigen sei. Religiöse Kräfte wurden bei der Republikgründung instrumentalisiert und danach marginalisiert. Mit militärischen Erfolgen brachten sich die Nationalisten in eine Verhandlungsposition mit den Briten und verlegten ihre Regierung in die Provinzstadt Ankara. Istanbul, die Stadt, die fast zwei Jahrtausende der Nabel der Welt oder zumindest des Vorderen Orients gewesen war, wurde zu einer von Ankara verwalteten Provinz herabgestuft. Die Nationalisten spalteten sich in zwei Lager: Die Konservativen wollten eine neue Türkei unter alten Vorzeichen. Ihnen schwebte als Alternative zum gerade erst geflohenen Sultan-Kalifen eine Art Präsident-Kalif vor, also eine starke und religiös legitimierte Symbolfigur. Die Kemalisten hingegen wollten einen fundamentalen gesellschaftlichen Umbau. Erst im Jahr 1923, als die Grenzen der Republik Türkei völkerrechtlich anerkannt wurden, schwenkten Mustafa Kemal und seine Mannen um. *Laiklik*, »Laizismus«, war das Zauberwort, das den neuen Staat in die Moderne führen sollte. Nicht bloßer Säkularismus, also die Trennung von Religion und Staat, sollte hergestellt werden, sondern die Kontrolle der Religion durch den Staat. 1924 wurde das Kalifat einfach abgeschafft. Religiöse Prinzipien hatten sich ausschließlich den neuen Staatszielen unterzuordnen; die Derwischorden wurden verboten; der Islam diente nur noch dazu, die Durchsetzung des Reform- und

Erneuerungsprogramms zu legitimieren. Und Mustafa Kemal holte weit aus: Technik und Wissenschaft wurden als »der beste Leitfaden im Leben« definiert; Modernismus wurde *in*. Frauen bekamen ein vorher nicht gekanntes Selbstbestimmungsrecht, und man versuchte sich vor allem kulturell von der Vergangenheit abzusetzen.

Mustafa Kemal, trotz allem ganz Patriarch, versuchte mit gutem Beispiel voranzugehen. Wie Jahrhunderte vor ihm Karl der Große reiste er herum und erteilte Schulunterricht. Die Einführung des lateinischen Alphabets, das der vokalreichen türkischen Sprache besser entspricht, sollte die arabischen Schriftzeichen ersetzen. Er heiratete in einer Zivilehe die äußerst selbstbewusste Latife Uşşaki, die sich für das Frauenwahlrecht einsetzte und offen politisch Stellung bezog. Die Ehe hielt zwar nur zwei Jahre, war aber ein deutliches Signal. Man übernahm die christliche Zeitrechnung, den Sonntag anstelle des muslimischen Freitags als Ruhetag, das metrische System, das deutsche Handelsrecht, das schweizerische Zivilrecht und das italienische Strafrecht. Nichts konnte schnell genug gehen, und öffentlicher Widerspruch wurde erbarmungslos ausgeschaltet. Ein kurdischer Aufstand, der sich für die Wiedereinführung des Sultanats und des Kalifats einsetzte, wurde militärisch niedergeknüppelt. Die junge Republik nahm Züge einer Diktatur an, angeführt von einem manischen Veränderer. Allerdings wurde auch der Keim des Pluralismus gelegt, als mit Billigung Atatürks bereits im Jahr 1924 die »Fortschrittspartei« als Sammelbecken für all jene entstand, die Gewissensfreiheit und Religiosität hochhielten.

In allen anderen Teilen der islamischen Welt fand die Europäisierung unter völlig anderen Bedingungen statt, nämlich als Kultur der Kolonialisten. Die Eliten, vor allem im Militär und in der Verwaltung, wurden europäisch erzogen. Doch das Anerzogene war Teil eines Systems, das man innerlich – und ab der zweiten Hälfte des 20. Jahrhunderts auch äußerlich – ablehnte. Nach dem Ende der Kolonialzeit modernisierten die erfolgreichen Rebellen ihre Staaten im europäischen Sinn, übersahen dabei jedoch, dass die Masse der Menschen mit diesen Reformen schlicht überfordert war. V.S. Naipaul ortete in seiner *Islamischen Reise* die emotionale Wurzel des Islamismus in der Sehnsucht nach der einfachen Überschaubarkeit des Dorfverbandes, also in einer romantischen Verklärung der Vergangenheit; der Vorstellung einer abgeschlossenen, behüteten

Welt. Man versucht, einfach alles auszublenden, das einen in dieser Vorstellung irritiert. In seiner schlimmsten Ausformung führt das zu theokratischen Diktaturen und zu Terrorismus. Doch auch die westliche Welt kennt dieses Unwohlsein in der Moderne. Auch hier führt es zu dogmatischen Weltbildern, in denen die Evolutionstheorie abgelehnt wird und von den Apologeten alles auf biblische Texte zurückgeführt werden muss. Per Olov Enquist zeichnet in *Der Sekundant* ein Bild, das die rückblickende Sehnsucht aller Schweden beschreibt, sich abends am Lagerfeuer zu versammeln und im offenen, freien Gespräch Probleme zu erörtern. Die Sehnsucht nach dieser Welt, die alle grundlegenden Konflikte gelöst hat und in sich ruht, ist jedoch eine Utopie. Diese Lagerfeuer haben nie gebrannt, und diese Dörfer haben niemals existiert.

Wieder einmal laufen heute Entwicklungen in Orient und Okzident unter ähnlichen Vorzeichen parallel ab. Diese Entwicklungen, die sich vorrangig gegen den Materialismus oder gegen eines seiner Kinder, den Konsumismus, richten, werden oft als Konflikt zwischen den Hemisphären fehlgedeutet. Der Rückgriff auf Religionen oder, wie es in Europa der Fall ist, auf die Ersatzreligion des Nationalismus und auch immer mehr des Rassismus enthält ein großes Gefahrenpotenzial. Gegenläufige Bewegungen wie der »Arabische Frühling« oder die »Gezi-Park-Bewegung« in der Türkei zeigen aber auch deutlich, dass es Alternativen zum Rückfall in alte Mechanismen gibt. Das Zauberwort heißt Zivilgesellschaft: eine möglichst ideologiefreie Gemeinschaft auf der Basis von Menschenrechten. Das »Gespenst der Freiheit« geht einmal mehr um, und es trägt ein lächelndes Gesicht, das es versucht, über Smartphones zu verschicken.

Danksagungen

Mein Dank gilt jenen unzähligen Historikern und Publizisten, die zu den sehr unterschiedlichen Wissensgebieten, die in diesem Buch behandelt werden, veröffentlicht haben. Ich hoffe, die Puzzlesteine ihres Spezialwissens hier zu einem Gesamtbild zusammengefügt zu haben, das es dem Leser ermöglicht, sich einen klaren Überblick über die gemeinsame Geschichte von Orient und Okzident zu machen. Großer Dank gebührt meinem Lektor Stephan Gruber, der in zwei entscheidenden Phasen der Entstehung dieses Buches geholfen hat, dass sich der Stoff nicht in den »unendlichen Weiten« der Fakten und Themen verliert. Weiters bedanke ich mich bei meinem alten Freund Konrad Kramar, mit dem ich schon zwei Bücher geschrieben habe, für sein geduldiges Lesen, für seine Bereitschaft, sich mit dem Thema auseinanderzusetzen, und für einige spätabendliche Biere. Mein besonderer Dank gilt meiner Frau Gundi Mayrhofer, die sich persönlich nicht für historische Sachbücher interessiert – und gerade deswegen einen klaren Blick auf das ganze Projekt bewahrt hat. Ihre anfänglich gestellte Frage – »Du musst dir überlegen: Warum sollst gerade du dieses Buch schreiben?« – kann ich endlich beantworten: »Warum nicht? Es geht mich etwas an!«

Zeittafel

10 000 v. Chr.	Erste mesopotamische Kultur in Mureybet
2500 v. Chr.	Frühe Fassungen des *Gilgamesch-Epos*
1900 v. Chr.	Verwendung einer Näherung der Kreiszahl π und Bruchrechnungen in Ägypten
1500 v. Chr.	Ugaritische Schrift, erstes Alphabet unter Benutzung von Keilschriftzeichen; Aussagen des Satzes des Thales und des Satzes des Pythagoras in Babylon
1400 v. Chr.	Erste chinesische Schriftzeichen
1100 v. Chr.	Entstehung der phönizischen Schrift
800 v. Chr.	Entstehung der *Ilias* und der *Odyssee*
624 v. Chr.	Geburt des Thales von Milet
600 v. Chr.	Verschriftlichung von *Ilias* und *Odyssee*
570 v. Chr.	Geburt des Pythagoras
500 v. Chr.	Anatolien und Mesopotamien werden Teil des Persischen Reiches
469 v. Chr.	Geburt des Sokrates, Begründer der klassischen Philosophie
480 v. Chr.	Schlacht an den Thermophylen, Seeschlacht bei Kap Artemision (Perserkriege)
428 v. Chr.	Geburt Platons
387 v. Chr.	Gründung der Akademie von Athen (Platonische Akademie)
384 v. Chr.	Geburt von Aristoteles
356 v. Chr.	Geburt Alexander des Großen
146 v. Chr.	Griechenland und *Asia minor* (Teile Anatoliens) werden römische Provinz
100	Geburt von Claudius Ptolemäus; römischer Seehandel über das Rote Meer bis Ceylon
271	Gründung der Akademie von Gundischapur
330	Konstantinopel wird Hauptstadt des Römischen Reiches
375	Beginn der Völkerwanderung
383	Christentum wird Staatsreligion des Römischen Reiches
476	Formelles Ende des Weströmischen Reiches
485	Geburt von Flavius Cassiodorus, Kanzleileiter Theoderichs, Begründer des klösterlichen Buchwesens
532	Baubeginn der Hagia Sophia in Konstantinopel
570	Geburt des Propheten Mohammed

661 Gründung des erblichen Kalifats der Omajaden
674 Abu Ayyub stirbt bei der Belagerung Konstantinopels
735 Geburt Alkuins, Begründer des karolingischen Schulwesens
756 Córdoba wird Hauptstadt des Kalifats von Córdoba
800 Kaiserkrönung Karls des Großen; Ja'far ibn Yahya Barmaki begründet die Übersetzungsbewegung, griechisches Wissen wird Arabern zugänglich
801 Geburt von Al-Kindi (Alkindus), »erster« arabischer Philosoph
um 900 Beginn des Bankenwesens in Bagdad
980 Geburt von ibn Sina (Avicenna), Verfasser des *Kanon der Medizin*
1071 Geburt des Wilhelm IX. von Aquitanien, des ersten Troubadours; Sultan Alp Arslan besiegt die Byzantiner bei Manzikert, Auslöser des Ersten Kreuzzugs
1077 Ende des Investiturstreites in Canossa
1079 Geburt des Petrus Abaelardus, bedeutendster Wegbereiter der Scholastik
1126 Geburt von Ibn Ruschd (Averroes), Verfasser der Kommentare zu Aristoteles
1187 Sultan Saladin erobert Jerusalem
1204 Eroberung Konstantinopels durch Kreuzfahrerheer, Gründung des Lateinischen Kaiserreiches
1214 Geburt von Roger Bacon, Wegbereiter der Empirie in Europa
1225 Geburt des Thomas von Aquin
1261 Ende des Lateinischen Kaiserreiches, Konstantinopel fällt zurück an die Byzantiner
um 1280 Übersetzerschule von Toledo unter König Alfons X. dem Weisen
1288 Osman I. wird vom Seldschukensultan zum *Bey* ernannt
1313 Geburt von Giovanni Boccaccio, Verfasser des *Decamerone*
1355 Geburt des Georgios Gemistos Plethon, Wegbereiter der Renaissance
1389 Erste Schlacht auf dem Amselfeld, Serben unterliegen den Osmanen
1400 Geburt Johannes Gutenbergs, Erfinder des Buchdrucks mit beweglichen Lettern
1452 Geburt Leonardo da Vincis
1453 Eroberung Konstantinopels durch die Osmanen
1466 Geburt des Erasmus von Rotterdam, Humanist und neuzeitlicher Gelehrter
1483 Geburt Martin Luthers, Begründer des Protestantismus

1492 Entdeckung Amerikas durch Christoph Columbus
1529 Erste Wiener Türkenbelagerung
1555 Augsburger Reichs- und Religionsfrieden, konfessionelle Praxis wird an die jeweilige Herrschaft gebunden
1564 Geburt von Galileo Galilei, Wegbereiter der modernen Wissenschaft
1596 Geburt von René Descartes
1603 Ende der Prinzenmorde; der *Kafes*, »Prinzenkäfig«, wird gebräuchlich
1618 Beginn des Dreißigjährigen Krieges
1637 Die teuerste Tulpenzwiebel aller Zeiten wechselt zum Gegenwert von zehn hochseetauglichen Schiffen den Besitzer.
1648 Anerkennung der Niederlande als eigener Staat
1660 Gründung der *Royal Society* in London, wichtigste Institution der modernen Naturwissenschaften
1675 Entwicklung der Infinitesimalrechnung durch Isaac Newton und Gottfried Wilhelm Leibniz, Voraussetzung zur Erstellung komplexer mathematischer Modelle
1683 Zweite Wiener Türkenbelagerung
1694 Geburt von Voltaire, französischer Aufklärer
1712 Geburt von Jean-Jacques Rousseau, französischer Aufklärer
1713 Geburt von Denis Diderot, französischer Aufklärer und Herausgeber der ersten Enzyklopädie
1776 Unabhängigkeitserklärung der Vereinigten Staaten von Amerika
1789 Beginn der Französischen Revolution
1798 Ägyptischer Feldzug Napoleon Bonapartes
1821 Beginn des Griechischen Aufstandes gegen die Osmanen
1826 Auslöschung des Janitscharenkorps
1839 Edikt von Gülhane, Beginn des *Tanzimat*
1848 Karl Marx und Friedrich Engels veröffentlichen das *Kommunistische Manifest*
1853 Beginn des Krimkrieges
1863 Gründung des »Internationalen Komitees vom Roten Kreuz«
1876 Gründung des »Roten Halbmondes« als Schwesterorganisation des Roten Kreuzes
1918 Ende des Ersten Weltkrieges, Ende des Deutschen Kaiserreiches und des Kaiserreiches Österreich-Ungarn
1923 Republik Türkei wird gegründet
1924 Auflösung des osmanischen Kalifats (letzter Kalif: Abdülmecid II.)

Literaturverzeichnis

Feroz Ahmad: *Geschichte der Türkei,* Magnus 2005.

Rifa'a al-Tahatawi: *Ein Muslim entdeckt Europa,* C. H. Beck 1989.

Franz Babinger: *Die Aufzeichnungen des Genuesen Iacopo de Promontorio – de Campis über den Osmanenstaat um 1475,* Verlag der Bayerischen Akademie der Wissenschaften 1956.

Philipp Blom: *Böse Philosophen – Ein Salon in Paris und das vergessene Erbe der Aufklärung,* Hanser 2011.

Georg Brunold (Hrsg.): *Nichts als die Welt. Reportagen und Augenzeugenberichte aus 2500 Jahren,* Galiani 2009.

Bertrand Michael Buchmann: *Österreich und das Osmanische Reich. Eine bilaterale Geschichte,* Facultas 1999.

Robert Dankoff / Sooyong Kim (Hrsg.): *An Ottoman Traveler. Selections from the Book of Travels of Evliya Çelebi,* Eland Publishing Ltd. 2011.

Mike Dash: *Tulpenwahn. Die verrückteste Spekulation der Geschichte,* List 2001.

Gültekin Emre: *300 Jahre Türken an der Spree. Ein vergessenes Kapitel Berliner Kulturgeschichte,* Ararat 1983.

Suraiya Faroqhi: *Geschichte des Osmanischen Reiches,* C. H. Beck 2010.

Suraiya Faroqhi: *Kultur und Alltag im Osmanischen Reich. Vom Mittelalter bis zum Anfang des 20. Jahrhunderts,* C. H. Beck 2003.

Inanc Feigl / Valeria Heuberger / Manfred Pittioni / Kerstin Tomanendal (Hrsg.): *Auf den Spuren der Osmanen in der österreichischen Geschichte,* Peter Lang 2002.

Egon Friedell: *Kulturgeschichte Griechenlands,* dtv 1994.

Hilke Gerdes: *Türken in Berlin,* be.bra 2009.

Roland Girtler: *Irrweg Jakobsweg. Die Narbe in den Seelen von Muslimen, Juden und Ketzern,* Leykam 2007.

Roswitha Gost: *Die Geschichte des Harems,* Albatros 2002.

Tobias Heinzelmann / Henning Sievert (Hrsg.): *Buchkultur des Nahen Ostens im 17. und 18. Jahrhundert,* Peter Lang 2010.

Judith Herrin: *Byzanz. Die erstaunliche Geschichte eines mittelalterlichen Imperiums,* Reclam 2013.

Almut Höfert: *Den Feind beschreiben. »Türkengefahr« und europäisches Wissen über das Osmanische Reich 1450–1600,* Campus 2004.

Samuel P. Huntington: *The Clash of Civilizations and the Remaking of World Order,* Simon & Schuster 1996.

Konrad Kramar / Georg Mayrhofer: *Prinz Eugen. Heros und Neurose,* Residenz 2013.

Konrad Kramar / Petra Stuiber: *Die schrulligen Habsburger. Marotten und Allüren eines Kaiserhauses,* Ueberreuter 1999.

Thomas Kramer: *Der Orient-Komplex. Das Nahost-Bild in Geschichte und Gegenwart,* Thorbecke 2009.

Klaus Kreiser: *Geschichte Istanbuls. Von der Antike bis zur Gegenwart,* C. H. Beck 2010.

Richard F. Kreutel (Hrsg.): *Der Gefangene der Giauren. Die abenteuerlichen Schicksale des Dolmetschers Osman Ağa aus Temeschwar,* Styria 1962.

Richard F. Kreutel / Erich Prokosch (Hrsg.): *Im Reiche des Goldenen Apfels,* Styria 1988.

Bernhard Lewis: *Die Araber,* dtv 2002.

Niccolò Machiavelli: *Der Fürst,* VMA 1980.

Ferenc Majoros / Bernd Rill: *Das Osmanische Reich. Die Geschichte einer Großmacht 1300–1922,* Nikol 2011.

Georg Ostrogorsky: *Byzantinische Geschichte 324–1453,* C. H. Beck 2006.

Elvin Otman: *The Role of Alvise Gritti Within the Ottoman Politics,* Bilkent University Ankara 2009.

Sevket Pamuk: *A Monetary History of the Ottoman Empire,* Cambridge University Press 2004.

Bertrand Russell: *Denker des Abendlandes. Eine Geschichte der Philosophie,* dtv 2004.

Edward Said: *Orientalismus,* Ullstein 1981.

Memo G. Schachinger: *Janitscharenkapelle und Europa,* mc publishing 2005.

Annemarie Schimmel: *Rumi. Ich bin Wind und du bist Feuer. Leben und Werk des großen Mystikers,* Diedrichs Gelbe Reihe 2003.

Gereon Sievernich / Hendrik Budde (Hrsg.): *Europa und der Orient 800–1900,* Bertelsmann 1992.

Tamara Talbot Rice: *Die Seldschuken,* DuMont 1963.

Ilija Trojanow / Ranjit Hoskoté: *Kampfabsage. Kulturen bekämpfen sich nicht, sie fließen zusammen,* Blessing 2007.

Immanuel Wallerstein: *Das moderne Weltsystem,* Promedia 2012.

Stéphane Yerasimos: *Konstantinopel. Istanbuls historisches Erbe,* Ullmann 2009.

Otto Zierer: *Kultur- und Sittenspiegel,* Prisma 1970.

Personenregister